STRASBOURG,
CREUSET DES SOCIOLOGIES ALLEMANDES ET FRANÇAISES

Logiques sociales

Collection dirigée par Bruno Péquignot

En réunissant des chercheurs, des praticiens et des essayistes, même si la dominante reste universitaire, la collection « Logiques Sociales » entend favoriser les liens entre la recherche non finalisée et l'action sociale.

En laissant toute liberté théorique aux auteurs, elle cherche à promouvoir les recherches qui partent d'un terrain, d'une enquête ou d'une expérience qui augmentent la connaissance empirique des phénomènes sociaux ou qui proposent une innovation méthodologique ou théorique, voire une réévaluation de méthodes ou de systèmes conceptuels classiques.

Dernières parutions

Claude GIRAUD, *Consentir, adhérer, s'opposer. Contribution à une sociologie de l'engagement*, 2019.

Lucie France DAGENAIS, *L'art à Vienne et l'unité de l'empire (1897 à 1905)*, 2019.

Janina GLAESER, *Politiques du* care *en France et en Allemagne. Parcours des assistantes et assistants maternels issus de l'immigration*, 2019.

Paul GRELL, *Les modes de débrouillardise des jeunes chômeurs, Chômeurs pendant la crise des années 80*, 2019.

Isabelle PAPIEAU, *Les représentations du monde rural, Des arts antiques à la télé-réalité*, 2018.

Piero-D. GALLORO (dir.), *Conflictualités, représentations et médiatisation de la violence et de la radicalisation, Radicalisme(s), radicalisation(s), radicalité(s), violence(s)*, 2018.

Piero-D. GALLORO (dir.), *Discours et parcours de radicalisation et de violence, Radicalisme(s), radicalisation(s), radicalité(s), violence(s)*, 2018.

Bernard HILLAU, *Le livre de la compétence, Trajectoires d'acteurs et changement social*, 2018.

Patrick GABORIAU, *Le terrain anthropologique, Archéologie d'une pratique*, 2018.

Sous la direction de
Suzie Guth et Roland Pfefferkorn

Strasbourg, creuset des sociologies allemandes et françaises

Max Weber, Georg Simmel, Maurice Halbwachs, Georges Gurvitch...

5-7, rue de l'École-Polytechnique, 75005 Paris

http://www.editions-harmattan.fr

ISBN : 978-2-343-17198-2
EAN : 9782343171982

Sommaire

DEUXIEME PARTIE
L'UNIVERSITÉ FRANÇAISE APRES 1919

Introduction
La sociologie et l'université de Strasbourg au tournant du XIXe et XXe siècle

Suzie Guth et Roland Pfefferkorn[1]

Les nouveaux bâtiments de l'université allemande de Strasbourg, nommée *Kaiser-Wilhelms-Universität*, l'université de l'Empereur Guillaume, furent inaugurés avec faste le 27 octobre 1884 en présence de l'Empereur Guillaume Ier[2]. Voici ce qu'en dit l'homme politique alsacien, député de l'Alsace au *Reischstag*, catholique, francophile, auteur de nombreux travaux scientifiques, Charles Grad[3] : « Aucune ville d'Europe, sans en excepter les grandes capitales, dont nous avons visité tous les établissements d'instruction ne présente pour l'enseignement supérieur une installation aussi riche ou dont les diverses parties sont mieux combinées et réunies. Chaque branche d'étude dispose ici de ses locaux propres et distincts avec ses laboratoires, ses collections, sa bibliothèque et un outillage spéciaux. L'utile et l'agréable se trouvent prodigués avec un luxe inusité. On a voulu faire grand : on a réussi. Gouvernement et représentants du peuple alsacien se sont entendus et ont rivalisé d'efforts, sans reculer devant aucun sacrifice pour doter l'Alsace-Lorraine d'une haute école sans rivale pour ses dispositions, pour son luxe de construction. Ceux-là mêmes que la douleur de l'annexion à l'Allemagne touche le plus profondément,

---

[1] Tous deux professeurs émérites de sociologie, Université de Strasbourg, Laboratoire CNRS Dynamiques européenne, UMR 7367.

[2] Kaiser-Wilhelms-Universität Strassburg, *Die Einweihung Der Neubauten Der Kaiser-Wilhelms-Universität Strassburg : 26-28 Oktober 1884*, Offizieller Festbericht, Classic Reprint, Forgotten Books, 21 septembre 2018 [1ère éd., Strasbourg, 1884].

[3] L'œuvre de Charles Grad (1842-1890) ressort, selon Antoine Savoye, de la géographie, de l'économie, de la démographie et de l'économie sociale. C'est un adepte d'une méthode positive d'observation des faits naturels et sociaux, plus proche de Le Play que de Durkheim. Savoye s'interroge, dans sa contribution à ce volume, si son œuvre relève de la sociologie au sens moderne du terme. Il a été député protestataire au Reichstag de 1877 à 1890.

conviennent qu'en élevant ce splendide monument de la nouvelle Université de Strasbourg, ils ont voulu servir les intérêts de la science, sans s'inspirer de considérations nationales mesquines ou étroites »[4]. Il termine son article élogieux par les mots suivants : « Dotée plus richement, l'Université nouvelle, en appliquant ses meilleures forces au développement de l'esprit humain, saura que les représentants du peuple de l'Alsace-Lorraine ont voulu favoriser ses efforts de la manière la plus généreuse et la plus large dans l'intérêt supérieur de la science. La science doit contribuer à l'union des peuples ; elle n'a point de caractère national exclusif, et elle sert à avancer dans le règne de la paix dans le monde, en nous assurant une prospérité plus grande, avec plus de lumière, tout en développant en nous l'amour de la patrie ! »[5]

La *Kaiser-Wilhelms-Universität*

Cette nouvelle université *Kaiser Wilhelm* a comme objectif, outre celui d'exhiber la puissance du Reich sur les marches de l'ouest, de germaniser ces provinces devenues allemandes après la défaite de la France en 1870 et leur annexion le 1er mai 1872. Dans un article de la *Revue des Sciences Sociales de la France de L'Est*, Marie Noëlle Denis évoque les différentes facettes de ce pangermanisme, un objectif politique que les professeurs d'université auront bien du mal à remplir[6]. Comme le remarque la fille du Professeur Georg Friedrich Knapp, ils étaient dans l'incapacité de faire autre chose que le métier de savant qui les occupait en priorité et entièrement. Le professeur Knapp, bien oublié aujourd'hui, avait des étudiants qui deviendront des célébrités dans leurs pays, songeons à Robert E. Park qui l'a toujours considéré comme étant le meilleur enseignant de l'Université *Kaiser Wilhelm*, ou à Max Weber qui lors de ses enquêtes sur le monde rural prussien fera référence à son

---

[4] Charles Grad, « La Nouvelle Université de Strasbourg », *Revue Internationale de l'enseignement*, 1884, p. 564.

[5] Charles Grad, op. cit. p. 572.

[6] Marie Noëlle Denis, « L'Université impériale de Strasbourg et le pangermanisme », *Revue des Sciences Sociales de la France de l'Est*, 1993, pp. 6-17.

magistère et sera soutenu par lui. De plus, il va devenir membre du *Verein für Sozialpolitik* du pasteur et homme politique libéral Friedrich Naumann qui regroupe nombre de professeurs de Strasbourg, dont les économistes Gustav Schmoller, son successeur Lujo Brentano, et en 1888 un jeune docteur nommé Max Weber[7].

Nouvelle université, nouvelle conquête mais aussi nouvelles sources de conflits entre *Argentina* et *Germania*[8] ; l'histoire de la nouvelle université est émaillée de monômes, d'assauts, de bagarres dans les bistrots, mais aussi dans les salles de cours dès lors que les étudiants alsaciens et lorrains deviennent plus nombreux, comme ce sera le cas vers la fin du XIXe siècle et au début du XXe siècle. Ces tensions se poursuivront dans un autre contexte après 1919 dans l'université française entre étudiants francophiles et étudiants germanophiles. Dans cet ouvrage consacré à la sociologie et à ses sociologues, nous souhaitons montrer comment et dans quel cadre cette institution universitaire a accueilli, soit comme professeurs soit comme étudiants, un grand nombre de sociologues qui deviendront des représentants de la sociologie, dans leur pays, puis à l'échelle mondiale, et souvent ils y forgeront certains de leurs concepts ou de leurs analyses[9].

Nous avons déjà cité l'étudiant Robert E. Park qui prépara son doctorat avec Wilhelm Windelband[10], et qui a vécu trois ans avec sa famille à Strasbourg, selon sa fille *Greta* les plus belles années de leur vie familiale se déroulèrent à Strasbourg. Ferdinand Tönnies entama lui aussi en 1872, année de l'ouverture, un cursus

---

[7] Jean-Marie Vincent, « Aux sources de la pensée de Max Weber », *L'Homme et la société*, n° 6, 1967, pp. 49-66.

[8] *Argentina* et *Germania* sont les deux statues allégoriques qui ornent la façade du bâtiment principal de l'université *Kaiser Wilhelm* (aujourd'hui le Palais universitaire). *Argentina* représente la ville de Strasbourg, *Germania* l'Allemagne.

[9] Voir aussi le très riche numéro de la *Revue des Sciences Sociales*, n° 40, « Strasbourg, carrefour des sociologies », 2008.

[10] Sa thèse a été soutenue à Heidelberg en 1903 après le départ de Windelband pour la *Ruprecht-Karls*-Universität. Elle a été traduite en français par René A. Guth avec une préface de Suzie Guth : *La foule et le public*, Lyon, Parangon, collection Situations et critiques, 2007 [Titre original : *Masse und Publikum : Eine Methodologische und Soziologische Untersuchung*, 1904].

strasbourgeois pour des raisons patriotiques, cependant en raison des conditions précaires qu'il rencontra dans la capitale alsacienne, il décida de s'inscrire à Jena. Celui que nous allons évoquer plus longuement en quatre chapitres ne fréquentera que le séminaire de son oncle : le professeur Hermann Baumgarten. En 1883, Max Weber fit ses classes en tant que soldat à Strasbourg, puis il suivit une formation d'officier de réserve, et revint dans la ville où exerçaient ses oncles, Hermann Baumgarten et Ernst Wilhelm Benecke ; Suzie Guth cherchera à saisir l'influence qu'ont exercée sur le soldat Weber ces universitaires, piliers de l'université de Strasbourg depuis sa renaissance dans le monde germanique. Comme le rappelle Karen Denni dans sa contribution à ce volume, c'est le père de Max Weber qui en tant que député au Reichstag avait mené à bien, à la demande de son beau-frère, une mission financière pour trouver des moyens pour la construction de l'Université de Strasbourg.

Trois décennies plus tard, dans les cercles strasbourgeois de la jeunesse cultivée francophile et germanophile, l'attente de la venue de Georg Simmel est manifeste ; il avait été jusque-là professeur extraordinaire à Berlin (sans chaire) il obtint enfin, en 1914, un poste de professeur ordinaire à l'Université de Strasbourg qui entretemps était devenue une ville significative, une *Großstadt*, de 180 000 habitants[11]. Il participa au cercle auquel appartenaient Albert Schweitzer et sa fiancée *Altdeutsche*[12], Helene Bresslau, fille du professeur d'histoire, Harry Bresslau qui avait encouragé la venue de Georg Simmel à

[11] La ville de Strasbourg est désormais une ville moderne, qui a triplé sa surface urbanisée et presque doublé sa population en 40 ans (exactement 178 891 habitants suivant le recensement de 1910).

[12] On désigne par le terme *Altdeutsche*, ou Vieux Allemands, les Allemands venus du reste du Reich. C'est aussi devenu une catégorie statistique aux contours flous (quid des descendants nés en Alsace ? quid des couples mixtes et de leurs descendants ?). Les Alsaciens et Mosellans sont aussi des Allemands, mais ils le sont devenus après l'annexion. Les *Altdeutsche* représentent en 1910 d'après les données du recensement près de 30 % de la population de l'agglomération de Strasbourg (221 000 habitants), en incluant les militaires qui représentaient près du quart de la catégorie (Cf. Henri Baulig, « La population de l'Alsace et de la Lorraine en 1921 », *Annales de Géographie*, t. 32, n° 175, 1923. pp. 12-25). Sur les langues parlées en 1900 voir la note 36.

Strasbourg. Peu avant sa mort en 1918, Simmel espérait encore rencontrer Albert Schweitzer. Jean-Paul Sorg publie dans sa contribution une lettre d'Ernst Stadler, poète alsacien favorable à l'idée d'une Alsace comme lieu de rencontre des cultures française et allemande, adressée à René Schickele, homme de lettres alsacien écrivant en langue allemande, pour lui annoncer la venue de Georg Simmel et mentionner le fait que le médecin francophile Pierre Bucher s'agitait déjà[13].

Ce que les weberiens considèrent comme un des concepts centraux de l'œuvre de Max Weber, la *Wertfreiheit* est discuté dans la contribution de Roland Pfefferkorn. On peut imaginer que cette notion qui vise ses collègues qui professent des positions nationalistes dans le contexte d'une Première Guerre mondiale qui s'éternise, fit son chemin en raison des interrogations de l'oncle Hermann Baumgarten qu'il fréquenta assidûment durant son service militaire à Strasbourg. Ce dernier était plus libéral que son père et avait pris ses distances vis-à-vis de la politique de Bismarck après 1878. Il critiquait sévèrement l'œuvre de l'un de ses amis l'historien Heinrich von Treitschke, plus nationaliste que libéral. Ce dernier n'affirma-t-il pas, fin août 1870 : « Nous, Allemands, savons mieux ce qui est bon pour les Alsaciens que ces malheureux eux-mêmes ». Treitschke est aussi l'auteur en 1879 de la formule qui sera reprise plus tard par les nazis : « Les Juifs sont notre malheur ». Hinnerk Bruhns examine la production sociologique de Max Weber, tout à fait considérable, pendant la guerre de 1914-1918, et discute les interprétations postérieures de ses analyses et prises de positions. Il montre que la perception du « sociologue politique » Max Weber a été largement influencée par ses engagements politiques. Il a été tout au long de sa vie, et plus particulièrement durant la Première Guerre mondiale, un fervent nationaliste, plaçant « les tâches historiques de la nation allemande au-dessus

[13] Pierre Bucher (1869-1921) est un des fondateurs du Musée alsacien qui ouvre ses portes en 1907. Il dirige aussi de 1901 à 1914 la *Revue alsacienne illustrée* créée par Charles Spindler qui avait pour objectif de faire connaître la culture et les traditions alsaciennes en mettant en valeur leurs racines françaises. Il soutient la création du *Cercle des étudiants alsaciens-lorrains*. Ami de Maurice Barrès, c'est une des principales figures francophiles de l'époque.

de toutes les questions ayant trait à la forme de son Etat »[14]. Mais pour autant, malgré l'ambiguïté de certaines formulations ponctuelles, Weber ne privilégie jamais le registre émotionnel et fait toujours appel à la raison.

Max Weber et Georg Simmel

Max Weber, étudiant, s'intéresse à bien des disciplines, le voilà qui aime à discuter avec son oncle, historien et bismarckien malheureux. L'oncle semble être une figure tourmentée, il a épousé une des sœurs Fallenstein ; celles-ci ont des espérances et vont recueillir un riche héritage. Il peut donc grâce à des émoluments supérieurs, et grâce à l'héritage de sa femme vivre dignement dans une villa à côté de l'Orangerie. Son beau-frère Max Weber (père du jeune Max Weber) pour les mêmes raisons pécuniaires va agrandir la maison de Charlottenburg pour arriver à mieux recevoir ; voici ce que nous laissent percevoir les *Jugendbriefe* de Max Weber publiés par Marianne Weber en 1936.

Le séjour strasbourgeois marque un tournant dans la carrière de Max Weber, le voici qui se rend à Waldkirch en pays de Bade pour suivre sa cousine Emmy dont il semble épris. Il poursuit ses études à Berlin dans la mesure où ses dépenses militaires et estudiantines ont grevé le budget de ses parents qui ont encore sept enfants à charge. Dans la plupart des biographies de Max Weber on insiste sur le rôle de sa mère, avec laquelle, lui et sa femme vont entretenir une longue correspondance, Dirk Haessler va jusqu'à évoquer *l'enfant à soucis* qu'était Max Weber. La correspondance avec son père pendant ses années militaires semble tout aussi importante, son rôle dans les jeunes années de ses fils, paraît lui aussi essentiel. Grâce au métier paternel, l'analyse politique coule de source chez le jeune Weber, il regrette que les journaux n'évoquent pas plus le *Reichsland* d'Alsace-Lorraine. N'est-ce pas grâce au père qu'il entreprend les enquêtes sur le monde agraire à l'Est de l'Elbe, où il s'était rendu pour faire une période d'officier militaire ? La renommée

[14] Max Weber, *Œuvres politiques (1895-1919)*, Paris, Albin Michel, 204, p. 307.

acquise au sein du *Verein* le propulse en avant, le voici bientôt professeur au pays de Bade à Freiburg in Breisgau. Ce seront ensuite les années Heidelberg qui vont devenir décisives ; c'est là, que peu à peu, en raison de ce que nous appellerions aujourd'hui un *burn out*, il sombre dans les affres de la maladie mentale, dans un état maniaco-dépressif ; c'est l'enfer disait-il ; il ne peut plus rien faire.

Il abandonne son poste universitaire, et, après un séjour aux Etats-Unis de trois mois pour l'Exposition Universelle de Saint Louis en 1904, une renaissance semble se profiler à l'horizon. Il reprend goût à la vie, celle-ci est cependant rythmée par la crainte constante de rechuter et l'auteur vit avec des calmants. On le considère comme malade des nerfs, le diagnostic exact semble impossible à formuler à l'époque. Aussi, les réunions avec les collègues sur l'étude de la religion, la venue d'étudiants, nouveaux et anciens, la révolution russe, l'incitent à reprendre le collier des études universitaires sans aller jusqu'à enseigner, sauf vers la fin de sa vie. Plus tard en 1910, en habitant l'étage de réception de la maison Fallenstein de Heidelberg, le couple pourra enfin recevoir et tenir salon, le cercle weberien va s'agrandir, et ce sont les habitués qui vont créer la légende weberienne. Les exilés allemands aux Etats-Unis, lors de la période nazie, vont se remémorer la figure du grand homme et écrire sur sa personne et ses travaux, n'oublions pas que la reconnaissance de Max Weber en tant que sociologue nous vient en partie des Etats-Unis et en particulier grâce à Talcott Parsons. Comme le relate Hinnerk Bruhns les années de guerre seront parmi les plus fécondes de Max Weber.

Georg Simmel, un ami des Weber, philosophe et sociologue aurait de loin préféré aller à Heidelberg plutôt qu'à Strasbourg. Il hésite avant de venir en Alsace, mais il n'avait pas obtenu Heidelberg pour des raisons diverses dont certaines tiennent à la sociologie, car il fut reproché à Robert E. Park lors de la soutenance de son doctorat de philosophie d'invoquer de tels auteurs ! D'autres arguments tiennent à la religion, et Strasbourg était considéré comme une université acceptant les professeurs d'origine juive grâce au professeur Bresslau[15]. Longtemps après les faits, Robert E. Park reconnaît qu'au fond, il n'avait suivi qu'un seul cours de sociologie dans sa vie, c'était celui de Georg Simmel à Berlin en 1899.

Quand le professeur extraordinaire berlinois arrive à Strasbourg, il a derrière lui une longue carrière universitaire en tant que chargé de cours. C'est un homme connu et reconnu qui arrive, et les groupes de jeunes se réjouissent de voir venir celui qui a écrit sur les arts, sur la philosophie et la sociologie et qui appartient au cercle du poète Stefan George. Georg Simmel est invité à enseigner la pédagogie et à donner un cours sur la formation des enseignants ; il est loin de ses sujets habituels, mais il va traiter certains thèmes soit à l'aide de la philosophie, soit à l'aide de la sociologie en utilisant une grille de compréhension du social qu'il a lui-même élaboré. Ainsi, comme l'indique Matthieu Amat dans une communication en 2018, Georg Simmel considère qu'« avec le raffinement, l'individualisation et le niveau de culture croissants, l'éducateur se voit lui-même éduqué en retour ; il ne se protège plus contre l'intégration dans le processus d'action réciproque (*Wechselwirkung*) avec l'élève, il s'adapte à l'exigence que pose à chaque fois la nature typique et individuelle de l'élève (GSG 12, 67) »[16]. L'interaction enseignante est donc un processus de nature duelle avec une action et une réaction, en somme, un processus d'action sociale. La compétence dit-il, contrairement à la pensée commune, ne vise pas à la réalisation de la personne : « mais un ensemble de réalisations objectives qui se laissent finalement séparer de la personnalité, apparaissant comme dotées d'un sens en soi, à la manière du contenu d'un savoir. » Ainsi, se manifeste le

---

[15] Karine Stebler et Patrick Watier présentent l'essentiel des éléments à ce sujet dans l'annexe, intitulée « Autour de la nomination de G. Simmel à Strasbourg », à leur article « Simmel. La guerre et l'Europe disparue », *Revue des sciences sociales*, n° 59, 2018, pp. 108-109.

[16] Matthieu Amat, « Formation formelle et culture dans les leçons de pédagogie de Georg Simmel », *Le Télémaque*, 2, 2016, « L'éducation diffuse » (coordonné par D. Moreau), pp. 79-97. Matthieu Amat, « Le conflit interne à la pédagogie. Vie, esprit objectif et formation chez Georg Simmel », in Denis Thouard et Bénédicte Zimmerman (ed.) *Simmel, le parti pris du tiers*, Paris, Editions du CNRS, 2017, pp. 353-377.

processus d'objectivation des données ou des recherches qu'il a par ailleurs largement développé dans sa sociologie. Nous remarquons combien Simmel reste un sociologue moderne, et combien il va encore influencer les sociologies contemporaines : celles de l'interactionnisme d'une part, et celles liées au sujet, à l'objectivation et aux transactions sociales.

Les années strasbourgeoises seront à la fois des années d'échanges où il noue de nouvelles connaissances avec les amis d'Elsa Koeberlé, poète, mais aussi des années de plomb, dans la mesure où la ville redevient une frontière, un objectif militaire, une citadelle allemande, infiniment plus puissante que ce qu'elle avait été en 1870. Les forteresses couvrent la ville et le pays alentour, le fort de Mutzig est un ouvrage d'une puissance tout à fait considérable. Charles Spindler, artiste francophile, évoque dans ses journaux intimes écrits en français, l'atmosphère qui régnait en Alsace durant la guerre, faite de délation, de surveillance, d'espérances cachées, de propagande, et de régime autoritaire si ce n'est dictatorial. C'est dans ce contexte que Georg Simmel a vécu, 17, rue de l'Observatoire, en face des jardins et bâtiments universitaires. C'est là qu'il a écrit les quatre textes qui composent le volume consacré à la guerre, *Der Krieg und die geistigen Entscheidungen*[17], publié en 1917. L'un des textes *L'idée d'Europe*[18] qui clôt le recueil est présenté et discuté dans ce volume par Denis Thouard. Il va finir ses jours à Strasbourg, malade d'un cancer du foie, s'y éteindra et y sera enterré.[19]

Les étudiants de la *Kaiser-Wilhelms-Universität*

Les effectifs étudiants de l'université *Kaiser Wilhelm* vont croissant depuis son ouverture en 1872. En 1908, ils seront au nombre de 1896, autorisés à suivre les cours, y compris les auditeurs et auditrices libres ; ces dernières seront 143 à cette

---

[17] Karine Stebler et Patrick Watier proposent un éclairage suggestif sur ce recueil dans, « Simmel. La guerre et l'Europe disparue », *op. cit.*, pp. 102-107.
[18] Georg Simmel, « L'idée d'Europe », *Revue des sciences sociales*, n° 59/2018, trad. K. Stebler et P. Watier, pp. 98-101.
[19] Charles Spindler, *L'Alsace pendant la guerre. 1914-1918*, introduction de Jean-Marie Gyss, Ed. Place Stanislas, 2008 [1ère éd. 1925].

date. En 1913 il y a 2092 étudiants, chiffre qui tombe à 616 en 1917 après trois ans de guerre, dont 16 % de filles. On peut noter la proportion croissante d'étudiants d'Alsace-Lorraine : ils ne sont qu'un tiers en 1872, alors qu'en 1902 ils forment une courte majorité. Comme on le verra plus loin, les femmes apparaissent en 1902 comme auditrices libres.

L'inscription des étudiants à l'Université allemande nécessitait de disposer d'un bon niveau dans la langue de Goethe, on peut donc comprendre qu'il ait fallu attendre plusieurs années pour voir les effectifs d'étudiants alsaciens progresser de manière significative. Il en ira de même lorsque l'Université deviendra française, elle ne pourra accueillir que ceux qui sont déjà francophones ; or ces derniers sont peu nombreux. On voit donc comment le changement de nationalité affecte les études supérieures et constitue un frein pour plusieurs générations dans la mesure où l'on ne maîtrise pas la langue de l'enseignement. Les générations alsaciennes et lorraines (pour la partie dialectophone largement majoritaire) se heurtent à un véritable mur linguistique pour les études longues et la formation de cadres francophones. Cette difficulté dans la prolongation des études devint manifeste en 1871 pour les jeunes générations issues de la bourgeoisie francophone, puis en 1918 pour la plupart des étudiants alsaciens et lorrains, et enfin à nouveau dans un tout autre contexte en 1940 et en 1945. Cette difficulté n'est pas ponctuelle, car il faut des générations instruites dans la langue du nouveau souverain pour pouvoir poursuivre des études longues et spécialisées. La proportion d'Alsaciens Lorrains parmi les étudiants va devenir significative à la fin du siècle, et c'est en raison de cette progression que la contestation va pouvoir se développer[20].

[20] Stéphane Jonas, Marie-Noële Denis, Annelise Gérard, Francis Weidmann, *Strasbourg, capitale du Reichsland Alsace-Lorraine et sa nouvelle Université*, Strasbourg, Oberlin, 1995. Voir aussi Marie-Noëlle Denis, Annelise Gérard, Francis Weidmann, Stéphane Jonas, « Strasbourg et son université impériale, 1871-1918. L'université au centre de la ville », *Les Annales de la recherche urbaine*, n° 62-63, 1994, pp. 139-155.

Le mouvement H2S et l'affaire François/Martin

John E. Craig relate longuement dans sa thèse intitulée : *A mission for German learning : the University of Strasbourg and Alsatian society* le mouvement H2S ainsi que l'affaire « François contre Martin » de 1896 pour décrire les conflits entre francophones et germanophones.[21] La proportion d'étudiants alsaciens et lorrains croît progressivement et ils apparaissent dans un nombre plus grand de disciplines. Avec l'affaire François/Martin on voit se dessiner les solidarités entre francophiles, mais aussi les traitements différenciés entre Vieux Allemands et Alsaciens-Lorrains.

Ce sont les jeunes étudiants de pharmacie et de médecine qui en suivant un cours de chimie ensemble devinrent les trublions de ce mouvement. Dès lors que les manipulations des tubes à essai montraient les couleurs du drapeau du Reich, c'étaient des rires et des cris d'approbation, tandis que les précipités bleus, blancs rouges donnaient lieu aux mêmes chahuts de la part des Alsaciens et Lorrains. Le professeur Fittig de chimie organique, prix Nobel, ne maîtrisait pas sa salle de cours. Un étudiant, nommé François secouait sa table, son voisin, nommé Martin, un vieil allemand, lui fit savoir qu'il ne pouvait pas écrire et lui a demandé d'arrêter ; ce qu'il n'a pas fait. Martin a fait part du comportement de François à la section académique chargée de la discipline. Ainsi débuta l'affaire François/Martin qui allait faire long feu.

A la fin de l'année 1896, le Sénat académique suspend François de l'Université pour une période indéterminée, c'est le Recteur Lenel qui le lui apprend, en d'autres termes il est exclu des études universitaires. Cette décision va mettre le feu aux poudres, et la sévérité de la sanction va selon Craig unir les étudiants originaires d'Alsace et de Lorraine en signe de solidarité, et polariser les tensions entre les deux groupes en présence : Alsaciens et Lorrains et Vieux allemands. Des étudiants Vieux Allemands condamnés pour des faits similaires n'avaient été sanctionnés que par une mise à l'épreuve. La

[21] John E. Craig, *A mission for German learning: the University of Strasbourg and Alsatian society (1870- 1918)*, PHD, Stanford University, 1972.

discrimination semblait éclatante : trois étudiants furent envoyés chez le Recteur pour présenter une motion de protestation signée par tous ceux des Facultés de Pharmacie, Médecine et Droit, mais avec seulement un quart de signataires de la Faculté de Philosophie, de Mathématiques et de Sciences Naturelles, et aucun en Théologie Protestante. Craig considère que l'on dispose ce faisant d'un bon échantillon de l'expression des sentiments pro français et anti allemand. Le Recteur a fait comprendre aux trois étudiants que s'ils reprenaient leur motion ils ne seraient pas punis, mais que si celle-ci devait être déposée, ils seraient punis par le Sénat académique. Ils reprirent leur motion au grand dam des étudiants signataires.

L'affaire prenait de plus en plus d'importance dans les journaux nationaux et étrangers, ce fut l'équivalent en matière d'emballement médiatique d'une petite « affaire de Saverne »[22]. Deux autres étudiants portèrent la motion au Recteur, celui-ci, cette fois-ci, ne les a pas menacés, il a donné la motion au Sénat ; les deux étudiants ont été suspendus de l'Université. Après les vacances de Noël, les étudiants firent la grève des cours et ne voulurent les reprendre que si les deux étudiants étaient réadmis. Le bruit médiatique croissait, l'Empereur avait été saisi, on en parlait dans les Chambres et dans les journaux allemands et étrangers. Les étudiants trouvèrent pour le Sénat une formulation permettant à cette assemblée de ne pas perdre la face. Ils écrivirent qu'ils étaient responsables de la pétition comme les deux étudiants expulsés, mais qu'ils n'avaient jamais eu l'intention d'accuser les instances académiques de partialité comme la première motion pouvait le laisser entendre, et comme

[22] En octobre 1913, un sous-lieutenant stationné à Saverne, ville de cantonnement de deux bataillons du 99e régiment d'infanterie, avait tenu des propos humiliants à l'égard de la population alsacienne. L'armée a réagi aux protestations populaires par des actes arbitraires et, en majeure partie, illégaux, ce qui a provoqué un débat au *Reichstag* sur les structures militaristes de la société allemande et sur la position des dirigeants du pays vis-à-vis de l'empereur Guillaume II, puis a conduit à un vote contre le gouvernement. L'affaire a détérioré les relations entre le *Reichsland* d'Alsace-Lorraine et le reste de l'Empire allemand, mais elle a également atteint l'image du *Kaiser* et, par extension, celle du militarisme. L'incident a posé également la question du statut de l'Alsace-Moselle dans l'Empire et a attisé la tension entre la France et le *Reich*, le drapeau français ayant été insulté.

elle fut interprétée par la presse. Ainsi, le Sénat a décidé de réintégrer les deux porteurs de la motion, et de suspendre l'inscription de François à l'université pour un semestre seulement ; telle fut l'issue de cette longue crise qui opposa les francophiles et les institutions de l'Université ; la majorité des professeurs d'université venaient du Reich, sauf en médecine et en théologie où se trouvaient quelques enseignants alsaciens.

L'entrée des femmes à la *Kaiser-Wilhelms-Universität*

Dès 1896, les universités de Heidelberg et de Fribourg du duché de Bade, l'un des *Länder* les plus libéraux en matière d'instruction des femmes, ont ouvert une brèche en autorisant les auditrices libres (*Hospitantinnen*) à suivre des cours magistraux avec l'accord des professeurs concernés. Trois ans plus tard, les femmes sont admises sans restriction. L'Université de Strasbourg est au contraire parmi les plus conservatrices, en étant l'une des dernières à ouvrir ses portes aux femmes, au semestre d'hiver 1908-1909. La *Kaiser-Wilhelms-Universität* de Strasbourg connaît aussi la présence féminine la plus faible : celle-ci oscille, selon les semestres d'avant-guerre, entre 0 et 4 % des étudiants inscrits seulement, c'est-à-dire significativement moins que ce que l'on observe à la même période en Suisse (autour de 30 %) ou en France (autour de 10 à 12 %)[23].

D'une fermeture totale on évolue vers l'ouverture progressive de l'université aux femmes qui se contentera en un premier temps de les accueillir comme auditrices libres. Elles sont majoritairement présentes dans les filières qui mènent aux professions de l'enseignement et de la médecine. Strasbourg se situe ici dans la lignée des universités prussiennes qui avaient

---

[23] Cf. Hillenweck Nathalie, « Les femmes dans l'université allemande : le cas de la *Kaiser-Wilhelms-Universität* de Strasbourg », in R. Rogers (dir.), *La mixité dans l'éducation. Enjeux passés et présents*, Lyon, ENS Editions, 2004, 73-87 ; et Tikhonov Sigrist Natalia, « La vocation internationale de l'Université impériale de Strasbourg (1872-1914) : l'apport russe », *Revue Russe*, 2011, Vol. 35, n° 1, 87-99. Voir aussi pour une contextualisation : Roland Pfefferkorn, « L'entrée des femmes dans les universités européennes : France, Suisse et Allemagne », *Raison présente*, n° 201, 1er trimestre 2017, pp. 117-127.

déjà admis les auditrices libres deux ou trois ans auparavant. L'essentiel des effectifs féminins fréquente la faculté de philosophie qui regroupe notamment les lettres, les langues et l'histoire, suivie de loin par la faculté de médecine. Leur proportion est très faible en faculté de droit et sciences politiques. Si les hommes se concentrent aussi en faculté de philosophie, ils sont néanmoins répartis de façon plus homogène dans les autres disciplines.

D'une manière générale, les étudiantes originaires de l'Empire russe sont nombreuses dans les universités suisses, belges et françaises. Elles ne semblaient guère attirées par les institutions allemandes. Les universités du Reich firent preuve d'une certaine réticence, voire de méfiance, à l'égard des étudiantes étrangères, particulièrement est européennes, dont elles redoutaient, à tort ou à raison, le faible niveau académique, les connaissances linguistiques insuffisantes et les mœurs trop libres. Cependant, les sujettes du tsar, parmi lesquelles on trouve beaucoup d'étudiantes juives, mais aussi des Polonaises, des Caucasiennes et surtout des Germano-Baltes et des Allemandes de la Baltique et de Russie (dont la proportion en Allemagne est logiquement plus élevée que dans d'autres pays d'immigration étudiante), forment plus d'un tiers du contingent féminin étranger de l'ensemble des universités. Ceci étant dit, les effectifs demeurent faibles : le nombre d'inscriptions semestrielles des étudiantes russes ne dépasse pas une dizaine dans la plupart des universités. C'est également le cas à Strasbourg, où quelques sujettes du tsar sont présentes parmi les auditrices libres dès l'automne 1899, avant de devenir étudiantes régulières à partir du semestre d'hiver 1908- 1909. Parmi les étudiants russes recensés à Strasbourg la part des étudiants orthodoxes est de 13 %, soit 5 fois moins que leur poids dans l'ensemble de la population. Les protestants, luthériens et calvinistes, représentent 32 %, soit une nette surreprésentation par rapport aux 5 % de protestants présents dans l'Empire russe au moment du recensement de la population de 1899 (pour l'essentiel, il s'agit de Germano-Baltes, luthériens de souche allemande, venant de régions où l'allemand était la langue officielle de l'administration et de l'instruction ; et d'Allemands vivant dans les deux capitales de l'Empire depuis l'époque de Pierre le Grand). Les étudiants juifs forment plus de

25 % du corpus alors que les citoyens juifs, au nombre de 6 millions au tournant du siècle, ne représentent que 5 % de la population totale du pays.

La « renaissance » d'une université française

Pendant les quatre années de guerre la *Kaiser-Wilhelms-Universität* de Strasbourg fonctionnera au ralenti, dans une ville de garnison, relativement proche du front. Le nombre des étudiants va progressivement être divisé par plus de trois, mais la quasi-totalité des professeurs continuera à y enseigner jusqu'au 7 décembre 1918, avant d'être brutalement expulsée par les autorités françaises[24]. La plupart d'entre eux, plus d'une centaine, furent expulsés par le « train universitaire » du 6 janvier 1919, plus d'une vingtaine par le convoi du 5 février 1919[25]. Une dizaine furent expulsés plus tôt, peu après l'entrée des troupes françaises à Strasbourg. L'« épuration » entreprise par les autorités française dans une grande confusion et un climat de délation fut principalement mise en œuvre de novembre 1918 à novembre 1919. Elle s'est poursuivie, avec cependant moins d'intensité, jusqu'à la fin de l'année 1920. Elle toucha les *Altdeutsche* et leurs descendants nés en Alsace-Lorraine, mais aussi nombre de couples mixtes[26]. François Uberfill, auteur d'une des très rares études abordant cette question, relève parmi beaucoup d'autres « le sort du professeur Harry Bresslau, figure emblématique de la deuxième génération des universitaires installés à Strasbourg, [...] qui avait par son ouverture d'esprit et ses liens familiaux réussi [...] à vivre à Strasbourg en ne s'isolant pas dans sa forteresse » ; Uberfill ajoute que son cas est

---

[24] Le 27 novembre le nouveau recteur Jules Coulet ordonna que tous les cours se terminent d'ici une semaine et que les examens soient achevés dans le délai de dix jours : « Le 7 décembre la *Kaiser-Wilhelms-Universität* ferma définitivement ses portes » (François Uberfill, *La Société strasbourgeoise entre France et Allemagne. La société strasbourgeoise à travers les mariages entre Allemands et Alsaciens à l'époque du Reichsland. Le sort des couples mixtes après 1918*, Publications de la Société savante d'Alsace et des régions de l'Est. Série Recherches et documents, tome 67, 2001, p. 242).

[25] Voir François Uberfill, *op. cit.*, pp. 239-245 et pp. 259-260 pour la liste des professeurs expulsés.

[26] Voir François Uberfill, *op. cit.*, pp. 232-236.

« symbolique des humiliations subies par la totalité des universitaires allemands »[27]. Dans la section de son ouvrage qui traite de manière spécifique des *Altdeutsche* d'origine juive, Freddy Raphaël note à propos de Harry Bresslau : « Le 1er décembre 1918, alors qu'il travaillait dans son bureau, un gendarme et un fonctionnaire de police lui notifièrent son expulsion d'Alsace. Après vingt-neuf années de présence à Strasbourg, il fut chassé sans ménagement »[28].

Dès 1915, les préparatifs pour la future université française sont mis en marche à Paris. L'historien Christian Pfister, cheville ouvrière de la réouverture de la nouvelle université et futur doyen de la Faculté des lettres, souligne en 1917 l'ambivalence d'un retour à la France qui s'inscrira à la fois dans la rupture et la continuité[29]. Les liens de continuité sont affirmés symboliquement par la reprise de la devise *Litteris et Patriae* inscrite sur le frontispice du Palais universitaire depuis 1872 et surtout par l'installation dans les bâtiments grandioses de la *Kaiser-Wilhelms-Universität* « au cœur de la ville nouvelle (*Neue Stadt*) formant un quartier résidentiel moderne, accueillant universitaires, fonctionnaires et militaires » et « enrichie en 1895 d'une imposante bibliothèque »[30]. La rupture se manifeste en revanche par l'expulsion des enseignants et des étudiants allemands restés en Alsace. Enterré au cimetière de Cronenbourg après sa mort survenue le 28 septembre 1918, Georg Simmel n'aura pas connu le destin qui frappa les *Altdeutsche*, professeurs d'université, fonctionnaires, ingénieurs, professions libérales (architectes, médecins, dentistes…), mais aussi chefs d'entreprises, commerçants, artisans, ouvriers des entreprises privées, personnels de l'administration municipale, des chemins de fer d'Alsace-Lorraine ou de la Compagnie des Tramways de

---

27 Op. cit., p. 241.

28 Freddy Raphaël, *Les Juifs d'Alsace et de Lorraine de 1870 à nos jours*, Paris, Albin Michel, 2018, p. 88.

29 Christian Pfister, 1917, *Rapport sur l'université de Strasbourg*, Paris, Typographie Adrien Maréchal. Cité par Bertrand Müller, « L'université de Strasbourg dans l'immédiat après-guerre (1919-1925) », *Revue d'histoire des sciences humaines*, n° 33, Editions de la Sorbonne, 2018, p. 212.

30 Bertrand Müller, op. cit., p. 212.

Strasbourg[31]. Pour la ville de Strasbourg et son agglomération, les années 1918-1919 auront constituées sur tous les plans une « coupure plus tranchée »[32] que les années 1870-1871. La rupture se manifeste aussi par l'ambition affichée par la nouvelle université française qui veut poursuivre dans un contexte international et régional incertain et contradictoire, la guerre idéologique contre l'Allemagne. La rupture, enfin, se fait sur le plan de la langue : tous les enseignements se font désormais en français.

La « renaissance » de l'université française est célébrée le 22 novembre 1919, jour anniversaire de l'entrée des troupes françaises à Strasbourg. Les conditions institutionnelles qui ont permis la refondation d'une université française à Strasbourg en 1919 sont détaillées dans la contribution de Françoise Olivier-Utard à ce volume et dans sa monographie : *Une université idéale ? Histoire de l'Université de Strasbourg de 1919 à 1939*[33]. L'université est pensée comme un « anti — modèle français de l'expérience allemande »[34] et conçue comme un instrument de « francisation » de l'Alsace. « Il fut décidé immédiatement que

[31] La destruction (volontaire ?) des archives des « commissions de triages » rend difficile l'évaluation précise du nombre de de personnes expulsées. Joseph Schmauch avance le chiffre de 112 000 dans sa thèse soutenue en 2004 en Sorbonne (*Les services d'Alsace-Lorraine face à la réintégration des départements de l'Est* - Chapitre 2 Classement, expulsions et commissions de triage : l'épuration en Alsace-Lorraine). La comparaison du recensement de 1910 avec celui de 1921 (Cf. Henri Baulig, *op. cit.*) permet d'estimer que les expulsions et les « départs volontaires » ont probablement concerné plus de monde (combien ?) dans l'ensemble de l'Alsace-Lorraine, et au moins 36 000 dans l'agglomération de Strasbourg. François Uberfill (*op. cit.*, p. 225) en se fondant sur les statistiques (incomplètes) du 2e Bureau de la IVe Armée et sur celles des services du Commissariat Général arrive à près de 30 000 pour la seule ville de Strasbourg.

[32] François Uberfill, *op. cit.*, p. 15.

[33] Françoise Olivier-Utard, *Une université idéale ? Histoire de l'Université de Strasbourg de 1919 à 1939*, Strasbourg, Presses universitaires de Strasbourg, 2016 ; voir aussi son article « L'université de Strasbourg : un double défi, face à l'Allemagne et face à la France », dans Crawford, E., Olff-Nathan, J. (éd.), *La Science sous influence. L'Université de Strasbourg, enjeu des conflits franco-allemands (1872-1945)*, Paris, Université Pasteur/La Nuée bleue, 2005, p. 137-173.

[34] Bertrand Müller, op. cit., p. 214.

la seule langue d'enseignement serait le français »[35] alors même que seule une petite minorité de la population d'Alsace et de Moselle maîtrisait cette langue, y compris dans les milieux cultivés[36]. L'université n'était donc en phase qu'avec la fraction francophile, et surtout francophone, de la bourgeoisie locale. C'est pourquoi paradoxalement la connaissance de l'allemand a néanmoins été un critère pour le recrutement des professeurs de médecine : « Il fallait bien comprendre les malades et se faire comprendre d'eux »[37].

A partir des biographies des professeurs nommés à la faculté des lettres, Christian de Montlibert explicite dans sa contribution à ce volume les critères qui ont prévalu dans les recrutements. Il en retient cinq : la qualité scientifique des candidats (les anciens élèves de l'Ecole Normale Supérieure sont particulièrement nombreux à la Faculté des Lettres) ; la dimension patriotique (ou, plus pratiquement, le comportement durant la guerre) ; les attaches familiales des candidats avec l'Alsace (et/ou des candidats qui connaissent la culture allemande) ; l'attachement à une philosophie rationnelle de la connaissance (fortement influencés par les Lumières et la philosophie kantienne) ; et une sensibilité politique de gauche (nombre d'entre eux ont été dreyfusards et/ou défenseurs de la loi de 1905, de séparation de l'Eglise et de l'Etat). L'ensemble des critères retenus permet de comprendre qu'une proportion importante de ces professeurs arrivés à Strasbourg en 1919, ait à partir des années 1930 été liée aux mouvements de résistance au nazisme. Pour être complet il faudrait ajouter trois autres caractéristiques des professeurs et

[35] Françoise Olivier-Utard, *Une université idéale ? op. cit.* p. 52.

[36] Le recensement de 1900 dénombrait dans le *Reichsland* d'Alsace-Lorraine, 1 492 347 locuteurs natifs parlant allemand (86,8 % de la population), 198 318 le français (11,5 %), 18 750 l'italien (1,1 %), 1 410 le polonais (0,1 %) et 7 485 bilingues allemand-autre langue (0,4 %). L'allemand parlé est très majoritairement constitué des dialectes alémaniques et franciques locaux ; progressivement, à partir de 1870, principalement à Strasbourg, une immigration *vieille allemande,* constituée de fonctionnaires et de professions libérales mais aussi de chefs d'entreprises, de cheminots et d'ouvriers, allait installer une population s'exprimant naturellement en allemand standard. Le français était essentiellement parlé dans les zones francophones de la Moselle et dans certaines vallées vosgiennes alsaciennes.

[37] Françoise Olivier-Utard, *op. cit.,* p. 43.

maîtres de conférences nommés : ils sont en réalité rarement originaires de la région, mis à part quelques *revenants*, descendants d'*optants*, les plus âgés font partie de ce groupe, ils sont presque tous relativement jeunes, à l'orée de leurs carrières, parmi eux on compte beaucoup de jeunes anciens combattants qui occupaient là leur premier poste universitaire, et ce sont tous des hommes[38].

Au cours de la première année 107 chaires de professeurs et 74 maîtrises de conférence sont créées, soit 183 postes au total contre 166 dans la *Kaiser-Wilhelms-Universität* en 1914[39]. Quantitativement la nouvelle université française prend donc le dessus. Les disciplines antérieures sont conservées et même enrichies de cours nouveaux. Des champs nouveaux émergent, mentionnons la littérature comparée, la sociologie, l'histoire des religions, mais aussi une nouvelle manière de faire de l'histoire, des réseaux se tissent – au niveau national, surtout parisien, et international - et des revues s'y créent, citons, outre les *Annales*, le *Journal de psychologie normale et pathologique* ou la *Revue de littérature comparée*. Françoise Olivier-Utard et Christian de Montlibert montrent en outre dans leurs contributions respectives que les disciplines dans les sciences humaines se reconfigurent significativement dans la nouvelle université de Strasbourg, de nouvelles pratiques rendant possible une interdisciplinarité active se mettent en place, notamment les « réunions du samedi », au cours desquelles les membres des différentes facultés échangent autour de leurs travaux récents. Ces réunions n'étaient pas exemptes de débats parfois forts vifs, par exemple entre Maurice Halbwachs et ses collègues historiens,

---

[38] Cf. John E. Craig, *Scholarship and Nation Building. The Universities of Strasbourg and Alsatian Society, 1870-1939*, Chicago, University of Chicago Press, 1984, p. 220-221. L'ouvrage de Craig, « un des premier exemples d'histoire universitaire comparée (…) à travers l'analyse historique et sociale d'un cas concret » (Christophe Charles en 1988) reste le grand ouvrage de référence sur les universités de Strasbourg durant cette période. « Sa lecture est toujours utile » (Bertrand Müller en 2018).

[39] John E. Craig, *Scholarship and Nation Building...* op.cit. p. 220.

psychologues ou géographes qui souvent mettaient en cause « l'arrogance et l'impérialisme des durkheimiens »[40].

Pour autant, cette nouvelle université est-elle vraiment devenue une « université idéale », suivant l'expression de l'historien et archéologue Albert Grenier en 1936 que Françoise Olivier-Utard semble corroborer ? Dans un article récent consacré à l'université de Strasbourg dans l'immédiat après-guerre, l'historien suisse Bertrand Müller est beaucoup plus réservé, il rejoint le jugement nuancé et plus critique de l'historien américain John E Craig qui considère que l'université française « n'a pas réussi à maintenir les sommets atteints dans [les] premières années euphoriques »[41]. Bertrand Müller explique que les autorités politiques et universitaires considèrent l'université comme le lieu d'une reconquête « qui s'est jouée dans la fascination et le refoulement d'un modèle intellectuel admiré mais aussi celui d'une recomposition universitaire qui rapidement ne tiendra pas ses promesses »[42]. Le prestige de l'université humboldtienne d'avant-guerre reste considérable tandis que les conditions concrètes d'enseignement et de recherche proposées aux professeurs dans la nouvelle université française sont parfois loin de répondre à leurs attentes, même s'ils bénéficient d'un supplément de salaire de 25 % en venant à Strasbourg. A leur arrivée les nouveaux enseignants découvrent l'Université française installée dans les bâtiments dans lesquels la *Kaiser-Wilhelms-Universität* avait été investie quelques décennies plus tôt, puis vidée de ses enseignants allemands, étonnant et « singulier mélange de richesse, parfois d'opulence – et d'invraisemblable et criante pauvreté »[43]. Malgré les nouveaux projets grandioses, l'enthousiasme était en réalité très relatif dans les débuts, et variable suivant les catégories d'universitaires. Lucien Febvre se plaint dès 1923 : « Je me déplais à Strasbourg, je n'accepte pas d'y finir mes jours, et j'y suis seul avec des relations mais point d'amitiés »[44]. L'ardeur semble s'épuiser très

---

[40] John E. Craig, « Maurice Halbwachs à Strasbourg », *Revue française de sociologie*, 1979, 20-1, p. 282.

[41] Cf. John E. Craig, *Scholarship and Nation Building... op. cit.*, p. 345.

[42] Bertrand Müller, op. cit. p. 215.

[43] Suivant les mots de Lucien Febvre cités par Bertrand Müller, op. cit. p. 218.

[44] Cité par Bertrand Müller, op. cit. p. 235.

vite, déjà vers 1924-1925, « lorsque s'interrompt le 'statut transitoire', se manifeste un retournement de conjoncture économique, s'affirme aussi un autonomisme alsacien préjudiciable à la vocation nationale et internationale de l'université, s'amorcent enfin les départs des enseignants »[45].

C'est à la fin de cette brève période transitoire, en 1924, que paraissent *Les Rois thaumaturges* de Marc Bloch et, un an plus tard, *Les cadres sociaux de la mémoire collective* de Maurice Halbwachs. Si les *Annales d'histoire économique et sociale* sont créées à Strasbourg en 1929 par Marc Bloch, Lucien Febvre et leurs amis strasbourgeois, elles migrent rapidement vers un autre univers, parisien. Bertrand Müller observe que la création des *Annales* intervient « à la fin d'un cycle, en 1929, au moment où ses fondateurs cherchent avec d'autres à quitter une université redevenue « normale » sans avoir réussi complètement sa réintégration dans la ville et la région »[46]. Les contraintes politiques et financières auront eu raison des ambitions initiales. Dès 1925 Christian Pfister le reconnaît amèrement : « il faut s'y résigner, nous aurons la gloire d'être l'antichambre de la Sorbonne »[47], l'Etat centralisé français a pris le dessus.

L'université, les étudiants, la société alsacienne, l'autonomisme

La création en 1872 de la *Kaiser-Wilhelms-Universität*, et son installation douze ans plus tard dans un ensemble architectural impressionnant, n'avait guère laissé le choix à la France. La création de l'université française s'imposait. Mais l'institution issue de cette décision était loin d'être sans faiblesses, notamment au regard de son insertion dans la société alsacienne tant étaient évidentes les discriminations à l'égard de la langue parlée très majoritairement, des études régionales, négligées, ou des enseignants alsaciens, moins bien rémunérés. John E. Craig considère que l'ensemble de la politique universitaire mise en œuvre après 1919 est même « plus ouvertement nationaliste »

[45] Bertrand Müller, op. cit. p. 215.
[46] Bertrand Müller, op. cit., p. 216.
[47] Cité par Bertrand Müller, op. cit., p. 215.

que celle de l'université allemande : l'université française n'était finalement, comme son aînée allemande, qu'« un corps étranger »[48]. La *Kaiser-Wilhelms-Universität* avait encouragé l'inscription d'étudiants provenant de l'Allemagne entière. Pendant plus de deux décennies la part des étudiants provenant d'Alsace-Lorraine était restée minoritaire. A partir de la fin du XIXe siècle leur part devint majoritaire et les tensions, avec les étudiants allemands venant d'autres régions du Reich et avec les autorités, se multiplièrent comme nous l'avons évoqué plus haut. C'est aussi symétriquement vers les étudiants français que se tourne la nouvelle université française, notamment en droit et en médecine, mais elle veut aussi encourager les inscriptions locales et internationales, refusant cependant les inscriptions d'étudiants allemands. Les étudiants Alsaciens Lorrains représentaient autour des deux tiers des effectifs entre 1919 et 1938, parfois un peu moins, soit une proportion plus importante qu'avant-guerre. Mais comme avant-guerre les étudiants issus du monde populaire sont rarissimes[49]. Rapidement, le nombre total d'étudiants dépasse les niveaux atteints durant la période allemande en raison notamment de l'entrée significative des filles et de l'arrivée de nombreux étrangers.

Dès 1919, pour sa première année, on compte 1505 étudiants dont 10 % de filles, mais encore peu d'étrangers. En 1928 on atteint 2876 étudiants, dont plus de 22 % de filles et 27 % d'étrangers. Les étudiantes ont, comme ailleurs, à souffrir de considérations moralisatrices, de rappels à l'ordre patriarcal, émanant y compris du doyen de la faculté des lettres : « Epouse, mère, fille, elle est la flamme et le ciment du foyer »[50]. L'accueil des étudiants étrangers vise à la fois le rayonnement international de l'université et l'accroissement de l'influence française en particulier dans les pays anglo-saxons et en Europe orientale, où il s'agit également d'y contrecarrer l'influence allemande. Cette

---

[48] John E. Craig, *Scholarship and Nation Building... op. cit.*, p. 340. Craig utilise le terme allemand *Fremdkörpe*r.

[49] Cf. les tableaux statistiques fournis par John E. Craig, *Scholarship and Nation Building... op. cit.*, pp. 358 et 363.

[50] Françoise Olivier-Utard, *Une université idéale ? op. cit., p. 75.* Voir aussi Hillenweck Nathalie, « Les femmes dans l'université allemande… op. cit., pp. 73-87

ouverture aux étrangers faisait partie des objectifs jusqu'au milieu des années 1930. « Mais, note Françoise Olivier-Utard, la vie quotidienne de ces étudiants subit de plein fouet la dégradation de la conjoncture économique et les progrès du fascisme en Europe. Les étudiants juifs d'Europe centrale eurent à subir doublement des discriminations, dans leur pays d'origine et dans leur pays d'accueil. C'est un fait qui n'a jamais été souligné à Strasbourg. L'administration universitaire participa à la propagation de la xénophobie antisémite en Alsace »[51].

La réintégration de l'Alsace et de la Moselle dans la nation française ne s'est cependant pas effectuée sans difficultés, surtout en ce qui concerne l'Alsace, et cela aura des répercussions inévitables sur l'université. La population des trois départements s'était forgée depuis 1870 une image mythique de la France comme pays démocratique. Quarante ans après l'incorporation dans le Reich allemand, Max Weber avait analysé avec beaucoup de lucidité l'attachement à la nation française de la plupart des Alsaciens : « Les Alsaciens germanophones, note-t-il, dans un texte datant de 1911, se sentaient autrefois et se sentent pour une grande partie encore comme partie composante de la 'nation' française. Mais toutefois pas au sens plein, pas comme le Français francophone. Il y a donc des degrés dans l'univocité qualitative de la croyance en l'identité nationale. Chez les Alsaciens germanophones, le sentiment largement répandu d'une identité commune avec les Français est conditionné, outre certaines identités des mœurs et de certains biens relevant de la 'culture des sens'– sur laquelle Wittich, notamment a attiré l'attention – sur des souvenirs politiques dont témoigne toute déambulation dans le musée de Colmar, riche de ces reliques qui sont aussi triviales pour qui n'est pas concerné qu'elles n'ont de valeur et qu'elles suscitent de pathos chez l'Alsacien ». Il ajoute plus loin : « La 'Grande Nation' avait libéré de l'esclavage féodal, elle passait pour être le porteur de la 'culture', sa langue pour la véritable 'langue de la culture', l'allemand étant un 'dialecte' pour le quotidien ; l'attachement à ceux qui parlent la

[51] Françoise Olivier-Utard, « L'université de Strasbourg de 1919 à 1939 : s'ouvrir à l'international mais ignorer l'Allemagne », *Les Cahiers de Framespa*, 6, 2010, p. 13.

langue de la culture est donc une attitude intérieure spécifique, manifestement parente du sentiment de communauté fondé sur la langue, sans être identique à ce sentiment, elle repose bien plutôt sur une 'communauté de culture' partielle et sur la mémoire politique »[52].

La population alsacienne est convaincue dans sa grande majorité que la France respectera sa langue, sa culture et ses particularismes, voire l'autonomie relative que l'Allemagne lui avait octroyée en 1911 quand la Constitution d'Alsace-Lorraine a été promulguée par l'Empereur Guillaume II et qu'un Parlement fut installé à Strasbourg. C'est pourquoi les politiques assimilationnistes mises en œuvre, y compris à l'université, alimentent sans surprise le développement dès 1919 de ce que les historiens nomment avec pudeur le « malaise alsacien »[53]. Le dialecte alsacien est déconsidéré et l'allemand devient une langue étrangère. À l'école, l'enseignement de l'allemand est limité à trois heures par semaine, alors que la plupart des Alsaciens et une grande partie des Mosellans ne s'expriment qu'en dialecte et que l'allemand est la langue écrite de la plupart des publications régionales, notamment syndicales ou politiques, mais aussi la langue liturgique des luthériens et des catholiques. A l'université l'enseignement est désormais délivré en français. Or, comme l'a bien montré Anne-Marie Thiesse à propos d'autres situations en Europe[54], la formation d'une identité, nationale ou régionale, passe le plus souvent par la langue, même si dans quelques cas, comme en Alsace ou en Suisse, les choses sont plus complexes. Max Weber avait bien saisi que « des différences de langue ne sont pas un obstacle absolu au sentiment d'une communauté 'nationale' »[55]. Encore faut-il que la langue

[52] Max Weber, « Les communautés ethniques », in *Les communautés*, Paris, La Découverte, 2019, p. 150-151.

[53] Cf. John E. Craig, *Scholarship and Nation Building... op. cit.*, voir en particulier pp. 291-295. Voir aussi Jean-Marie Mayeur, *Autonomie et politique en Alsace : la constitution de 1911*, Paris, Armand Colin, 1970 ; Geneviève Baas, *Le malaise alsacien, 1919-1924*, Strasbourg, Développement et Communauté, 1972 ; et Julien Fuchs, « La jeunesse alsacienne et la question régionale (1918-1939) », *Histoire@Politique. Politique, culture, société*, n° 4, janvier-avril 2008, www.histoire-politique.fr.

[54] Anne-Marie Thiesse, *La création des identités nationales*, Paris, Seuil, 1999.

[55] Max Weber, « Les communautés ethniques », op. cit., p. 150.

différente – ici l'alsacien comme langue orale véhiculaire et l'allemand standard comme langue écrite – soit reconnue et respectée.

S'y ajoute la question religieuse. En 1924 avec l'arrivée au pouvoir à Paris du Cartel des gauches, dominé par le parti radical, réputé jacobin et anticlérical, la fronde se développe en Alsace à l'instigation principalement de l'Eglise catholique et de la presse cléricale qui cherchent à conserver les privilèges des cultes reconnus découlant du Concordat et de l'enseignement de la religion à l'école publique. Les manifestions antigouvernementales se multiplièrent dans toute l'Alsace, atteignant autour de 50 000 personnes à Strasbourg. Finalement le gouvernement recule et renonce en 1925 à mettre en place comme prévu la législation française.

L'imbrication des questions linguistique, scolaire et religieuse constituait *de facto* un bouillon de culture idéal pour le développement de l'autonomisme[56]. L'agitation se poursuivit en effet dans les mois et les années qui suivirent. L'apparition d'une presse, de groupements et de partis politiques autonomistes dans la seconde moitié des années 1920 conduisit le gouvernement français à manier la carotte et le bâton, alternant les concessions sur le droit local, notamment en ce qui concerne les dispositions religieuses, et les mesures répressives, notamment envers la presse et les militants autonomistes[57]. Ces évènements eurent un impact important sur l'université dont John E. Craig rend largement compte, tant parmi les étudiants que parmi les professeurs qui, hormis les théologiens, sont plutôt en phase avec les projets du Cartel des gauches, mais ils seront rapidement déçus[58]. L'hebdomadaire autonomiste *Die Zukunft*, créé en 1925, interdit en 1927, reproche à l'université, de ne pas être un pont entre la culture française et allemande, de discriminer les enseignants alsaciens et d'interdire aux étudiants de se rendre

---

[56] Cf. Bernard Vogler, « Catholiques et protestants alsaciens entre deux langues et deux nations de 1815 à 1945 » in Michel Lagrée (dir.), *Les parlers de la foi. Religion et langues régionales*, Presses Universitaires de Rennes, 1995, pp. 21-30

[57] Cf. John E. Craig, *Scholarship and Nation Building... op. cit.*, p. 294.

[58] Cf. John E. Craig, *Scholarship and Nation Building... op. cit.*, voir pp. 295-328.

dans des universités allemandes. La revendication d'une éducation bilingue à tous les niveaux, y compris à l'université, est très largement partagée par la population alsacienne, dès le milieu des années 1920.

Les fraternités et groupements étudiants s'organisent, les uns germanophiles à tendance autonomistes (notamment *Alsatia*), d'autres francophiles et jacobins (Jeune Alsace, puis l'Association fédérative générale des étudiants d'Alsace - AFGES, à partir de 1926). Les tensions se multiplièrent, parfois sous des formes qui relèvent plus de la farce comme dans l'affaire du *Meiselocker*. L'AFGES dénonça les cérémonies publiques organisées fin 1929, auxquelles participaient en grandes tenues des fraternités germanophiles, lors de la remise par la ville de Munich de la statue du *Meiselocker*[59] en échange de la fontaine du *Vater Rhein* offerte par la ville de Strasbourg. L'affaire du *Meiselocker* très largement couverte par la presse accentua les clivages et de part et d'autre, les groupements étudiants enregistrèrent nombre de démissions et se radicalisèrent. Les orientations développées par les courants autonomistes étaient cependant diverses. Cet autonomisme renvoyait initialement aux mentalités, aux sensibilités, aux affinités des Alsaciens et à leur héritage culturel[60]. Mais à partir des années 1930, les courants pangermaniques, voire pro nazis pour certains, se développèrent, notamment parmi la jeunesse[61], dans un contexte marqué par la crise économique, l'arrivée au pouvoir en Allemagne des nazis et l'instabilité politique en France.

Le développement des courants autonomistes en Alsace contribue avec d'autres difficultés à alourdir l'atmosphère universitaire. Dès le redémarrage en 1919, les professeurs ont parfois du mal à comprendre que les étudiants ne maîtrisent pas toujours le français. Leurs désillusions vont croissant à partir de 1924 quant à leur mission en terre d'Alsace. Quand les difficultés économiques s'accentuent en 1933, ils subissent en outre

---

[59] Elle représente un garçon attirant les mésanges à l'aide d'un flûtiau et tenant dans sa main gauche une cage, la statue se trouve Place Saint Etienne.

[60] Cf. Jean-Marie Mayeur, *op. cit.*

[61] Julien Fuchs, op. cit.

directement les restrictions budgétaires qui se traduisent par une baisse de leur supplément de salaire. Bref, ils sont déçus, voire démoralisés. Les Alsaciens ne se reconnaissent que marginalement dans cette université francophone qui veut les fondre dans le moule français. La démoralisation des professeurs – mais aussi leur attirance pour les lumières de Paris – conduit très tôt, dès 1924, à des départs qui vont se multiplier entre 1933 et 1937, particulièrement à la Faculté des lettres, qui aura perdu une douzaine de ses professeurs parmi les plus prestigieux, Bloc, Fièvre, Lefebvre, Blondel, Vermeil ou Halbwachs.

Les années Halbwachs…

John E. Craig a montré que les seize années (1919-1935) que Maurice Halbwachs passa à l'Université de Strasbourg ont été particulièrement riches du point de vue de la recherche et des échanges avec ses collègues à Strasbourg et ailleurs[62]. Il était l'un des disciples les plus en vue de Durkheim quand il a été nommé au début du mois de juillet 1919, à l'âge de 43 ans, sur une chaire de pédagogie et sociologie à la faculté des Lettres, qu'il a occupée à compter du 1er octobre 1919, après avoir été chargé de cours à Caen. Il avait longtemps séjourné en Allemagne et il était parfaitement au courant de ce qui s'y faisait dans le domaine des sciences sociales. Il était d'ascendance alsacienne, son père, professeur d'allemand, avait opté pour la France en 1871. Il devait rester à Strasbourg durant seize années, d'abord en tant que professeur de sociologie et de pédagogie puis, à partir du 1er mars 1922, comme premier professeur, en France, de sociologie. C'est un professeur relativement discret, selon Craig, « Halbwachs n'est pas un leader - c'est un homme réservé, presque timide, qui ne figurera jamais parmi les animateurs de la faculté - mais il en est un membre important »[63]. Cependant il a participé activement au climat d'innovation et de collaboration entre les disciplines propres à cette université dans l'entre-deux-guerres.

[62] John E. Craig, « Maurice Halbwachs à Strasbourg », *op. cit.*, pp. 273-292.
[63] John E. Craig, « Maurice Halbwachs à Strasbourg », *op. cit.* p. 276.

Parmi ses collègues et amis très proches qu'il rencontre, notamment aux « réunions du samedi », figure des philosophes, Martial Guéroult et Maurice Pradines, un psychologue, Charles Blondel, des historiens, Marc Bloch, Lucien Febvre, Georges Lefebvre, mais aussi beaucoup d'autres dans diverses disciplines, y compris un germaniste, Edmond Vermeil, un juriste, Gabriel Le Bras, un mathématicien, Maurice Fréchet et un physiologiste, Emile Terroine. Il a peu d'étudiants, à peine une dizaine viennent fréquenter ses cours qui portent sur les thèmes suivants : « Problèmes de sociologie religieuse », « Les classes sociales » et « Sociologie : l'organisation politique ». Il n'a aucun talent d'orateur et la plupart de ses étudiants trouvent ses cours ennuyeux, « il ne possédait ni l'éloquence grâce à laquelle Durkheim réussit à faire triompher sa discipline à Bordeaux et à Paris, ni le brillant de Simmel qui permit à ce dernier de s'imposer à Berlin et à l'université allemande de Strasbourg »[64]. Il ne dirige que deux thèses de doctorat pendant cette période de 16 ans, toutes deux soutenues par des étudiants étrangers. Mais il trouve du temps et une atmosphère favorable à ses recherches.

Gilles Montigny réévalue dans sa contribution à ce volume les éléments de continuité de la période strasbourgeoise de Maurice Halbwachs, habituellement présentée par les commentateurs de son œuvre comme un moment de réorientation de ses recherches vers de nouveaux objets ou centres d'intérêt, comme la psychologie sociale ou la mémoire collective. Il écrit en effet durant cette période *Les cadres sociaux de la mémoire* (1925) ou *Les causes du suicide* (1930). Gilles Montigny montre que c'est à Strasbourg, à travers l'enseignement qu'il dispensa, que Halbwachs a élaboré l'essentiel de ce qui deviendra son cours de Sorbonne sur les classes sociales, édité sous forme polycopiée, pour la première fois, en 1937.

Le climat intellectuel favorable de l'université de Strasbourg qui a fréquemment été souligné et les confrontations à ses collègues d'autres disciplines ont contribué au développement de ses travaux. Halbwachs prit part aux discussions qui accompagnèrent la naissance des *Annales*. Les débats avec les historiens Marc Bloch et Lucien Febvre, le psychologue Charles

---

[64] John E. Craig, *Scholarship and Nation Building... op. cit.*,. p. 288.

Blondel et le mathématicien Maurice Fréchet ont pu contribuer à convaincre Halbwachs de la nécessité pour la sociologie de ne pas s'enfermer dans des dogmes. Cette période strasbourgeoise fut également marquée en 1930 par son séjour de 4 mois aux États-Unis, à l'invitation de l'Université de Chicago. Ce qui l'amena à écrire vingt ans après sa thèse de doctorat, *La classe ouvrière et les niveaux de vie : recherches sur la hiérarchie des besoins dans les sociétés industrielles contemporaines* (1912), son deuxième grand livre sur la classe ouvrière : *L'évolution des besoins dans les classes ouvrières* (1933) et poursuivre ses travaux sur la morphologie sociale des villes.

Il est donc clair que s'il a incontestablement investi de nouveaux domaines, certains des thèmes sur lesquels il travaille à Strasbourg le préoccupaient de longue date. Il est cependant remarquable de relever, tant chez Halbwachs que chez Bloch ou Febvre, une quasi-absence de questionnements au sujet des problèmes linguistiques qui se posaient pourtant avec acuité en Alsace. De même ils ne se sont que très peu interrogés sur la place de l'université dans la société alsacienne, mêmes s'ils ont donné ici ou là l'une ou l'autre conférence. Craig note dans son article que leur influence en dehors de l'université resta médiocre[65]. Il ajoute à propos de Halbwachs : « Quant à l'influence qu'exerça l'Alsace sur Halbwachs, elle fut insignifiante. Halbwachs ne s'intéressa jamais de manière systématique aux problèmes particuliers de la région. Contrairement à ce qui se produisit à Chicago ou à Paris par exemple, ce qu'il put personnellement observer en Alsace eut, semble-t-il, peu d'effet sur sa conception générale des choses. Sur un autre plan, il ne s'identifia ni à la région ni à ses habitants. »[66]

Au cours de sa période strasbourgeoise Halbwachs se sera fortement intéressé aux sociologies allemande et américaine. Selon John Craig, il sera jusqu'en 1933, parmi les plus germanophiles des professeurs « de l'intérieur ». Il comptera parmi la petite minorité qui encourage les échanges entre enseignants. Il fut aussi l'un des rares à entretenir des relations amicales avec Werner Wittich, le seul professeur allemand de

[65] John E. Craig, « Maurice Halbwachs à Strasbourg », *op. cit.*, p. 289.
[66] John E. Craig, « Maurice Halbwachs à Strasbourg », *op. cit.*, p. 290.

l'ancienne université allemande resté en Alsace après la guerre[67], et il sera l'un des premiers à envoyer en 1926 un article, « Contribution à la théorie sociologique de la classe ouvrière », au *Jahrbuch fur Soziologie*, une revue académique allemande. Il a lié connaissance aux rencontres franco-allemandes de Davos (1928-1931) avec le sociologue Werner Sombart. Halbwachs est surtout le premier sociologue français qui a su reconnaître l'importance de l'œuvre de Max Weber, le premier qui se soit attaché à la populariser en France et le seul durkheimien qui en ait rendu compte de manière systématique. Il admire les thèses de Weber sur les origines du capitalisme, sur le charisme et la bureaucratie. Mais ce qui l'impressionne par-dessus tout, c'est son souci de rigueur et de méthode, son absence de dogmatisme et son audace intellectuelle.

Maurice Halbwachs a su s'ouvrir également à la sociologie développée par Vilfredo Pareto. Teresa Grande et Lorenzo Migliorati s'intéressent dans leur contribution à sa relation avec la sociologie italienne. D'une part, ils rendent compte de la lecture que Halbwachs a consacrée, à peine arrivé à Strasbourg, au *Trattato di sociologia generale*. D'autre part ils tentent de reconstruire les différentes étapes de la réception de Halbwachs dans la sociologie italienne contemporaine bien que les premières traductions de Halbwachs soient tardives, la *Psychologie des classes sociales* paraît en italien en 1963, et *La mémoire collective*, en 1987.

Maurice Halbwachs est resté durant seize ans à Strasbourg et a fait, suivant l'expression de Baudry Rocquin, « contre mauvaise fortune bon cœur », Georges Gurvitch qui a succédé à Halbwachs en 1935 a vécu sa nomination « comme une souffrance » et a tout fait pour rejoindre la capitale. Les stratégies académiques des deux sociologues qui sont passés par

[67] Werner Wittich dont l'épouse était alsacienne est le seul professeur qui n'a pas été expulsé « en raison des interventions répétées de ses amis parmi la population alsacienne, au premier rang desquels Pierre Bucher [...]. Par contre, malgré ses demandes réitérées, il n'obtint jamais de chaire à la nouvelle université » (Uberfill, op. cit., p. 244-245). Il militait pour une double culture, allemande et française, en Alsace. Dans le texte cité plus haut, Max Weber se réfère à son ouvrage *Deutsche und Französische Kultur im Elsass*, Strassburg, Schlesier und Schweikhardt, 1900.

Strasbourg entre les deux guerres, Halbwachs et Gurvitch sont examinées par Rocquin dans sa contribution. Gurvitch est né à Novorossiisk, dans le sud de la Russie, au bord de la mer Noire. Sa famille est d'origine juive. Il a étudié à Saint-Pétersbourg, complété sa formation en Allemagne, avant de revenir en Russie et de partir en Tchécoslovaquie après la révolution russe, puis il s'est définitivement établi en France en 1925, où il reprend des études et soutient en 1932 ses deux thèses sur *L'idée du droit social* et *Le temps présent et l'idée du droit social.*

Gurvitch a donné de 1928 à 1933 des cours libres à la Sorbonne, avant d'être chargé de suppléance à la Faculté des Lettres de Bordeaux en sociologie le 1er mai 1934. Il devient chargé de cours de sociologie à la Faculté des Lettres de Strasbourg le 1er décembre 1935, en suppléance temporaire de Maurice Halbwachs, lui-même nommé en suppléance temporaire de Célestin Bouglé à Paris. Sa suppléance fut renouvelée fin 1936 et il fut nommé, à dater du 1er octobre 1939, maître de conférences de sociologie, « l'intéressé ayant accompli à ces dates les dix années de nationalité française exigées par la loi du 19 juillet 1934 [...] pour être titulaire d'une fonction d'Etat »[68]. Gurvitch n'aura cessé de se démener pour quitter Strasbourg jusqu'à sa révocation en 1940. Entre-temps l'université de Strasbourg a été évacuée en septembre 1939 à Clermont-Ferrand, l'Alsace et la Moselle ont été annexées au Troisième Reich nazi et une nouvelle *Reichsuniversität* a été installée à Strasbourg entre 1941 et 1944[69]. Durant les années de guerre Gurvitch trouva refuge aux États-Unis à la *New School for Social Research* de New York où il participa à la fondation de l'École libre des Hautes Études. Quand il est réintégré à Strasbourg en 1945, puis nommé à compter du 1er janvier 1946 professeur titulaire de la

[68] Cité par Baudry Rocquin, *infra.*

[69] Cf. Christian Baechler, François Igersheim, Pierre Racine, *Les* Reichsuniversitäten *de Strasbourg et Poznan et les résistances universitaires, 1941–1944*, Presses universitaires de Strasbourg, Strasbourg 2005 ; et « Une université nazie sur le sol français. Nouvelles recherches sur la *Reichsuniversität* de Strasbourg (1941–1944) », sous la direction de Catherine Maurer, *Revue d'Allemagne et des pays de langue Allemande.* Vol. 43, n° 3, juillet-septembre 2011.

chaire de morale et sociologie, il n'y a pratiquement plus jamais remis les pieds avant d'obtenir un poste de directeur de recherches au CNRS à Paris le 1er octobre 1947. La contribution de Patricia Vannier au présent volume, « Georges Gurvitch, un hyperactif de retour des États-Unis » porte principalement sur son activité postérieure à la Seconde Guerre mondiale entre 1947 et sa mort survenue en 1965.

Les années Zahan…

Avec l'arrivée à Strasbourg en 1960 de Dominique Zahan, professeur d'ethnologie, une nouvelle ère commence pour la sociologie. Il a soutenu en 1960, sous la direction de Roger Bastide, une thèse d'État intitulée *Sociétés d'initiation Bambara*. La licence de sociologie a été créée avec un seul certificat de sociologie, celui de sociologie générale, les autres certificats relevaient des disciplines voisines : ethnologie, démographie, économie politique, psychologie sociale. Comme dans d'autres universités, les véritables créateurs des licences de sociologie venaient souvent de loin, Dominique Zahan né en Roumanie vint du Soudan (actuel Mali) ; il enseignait une ethnologie proche de celle de Marcel Griaule, mais il prit aussi une posture structurale dans ses derniers ouvrages. Il avait une profonde admiration pour Claude Lévi-Strauss, ses structures de parenté et ses invariants. Gaëlle Weiss nous fait part dans le dernier chapitre de cet ouvrage de l'apport à l'université strasbourgeoise des années Zahan.

En huit années, Dominique Zahan va créer un pôle d'attraction africaniste à Strasbourg, avec le musée Lebaudy-Griaule qui va concrétiser son attachement aux Dogons mais aussi à d'autres peuples, tels les Bambara ou les Mossi. Puis vinrent Henri Lefebvre nommé en 1962 et Abraham Moles. Ils ont tous deux contribué à électriser Strasbourg, à créer ce que Georges Gurvitch appelait : *un temps en avance sur lui-même*. Le premier, en introduisant la ville et une sociologie du quotidien contribuait à asseoir la sociologie dans le temps présent, le second, cybernéticien reconnu, nous plongea dans le futur et nous initia à une sociologie scientifique inspirée des États-Unis, mais revue et corrigée par la *Hochschule für Gestaltung* d'Ulm. Julien

Freund va en 1965 succéder à Henri Lefebvre et introduire une sociologie allemande classique, il va initier les étudiants aux travaux de Max Weber et de Georg Simmel et contribuer à faire connaître ces deux auteurs qui à l'époque, en France, étaient absents de l'histoire de la discipline. L'un de ses étudiants et futur collègue, Freddy Raphaël, traduira le *Judaïsme antique* de Max Weber. C'est à partir de là, que lentement, les Strasbourgeois vont renouer avec leur passé à l'instigation du sociologue d'origine hongroise Stéphane Jonas, qui n'avait de cesse de rappeler aux Strasbourgeois leurs gloires locales, et leur passé intellectuel bien qu'il fût allemand.

*

Il aura fallu plus d'un siècle pour que nous puissions porter un regard apaisé sur le passé wilhelminien de l'université de Strasbourg sans risquer d'être traité de *boche* ou d'une appellation de même acabit. Nous pouvons aujourd'hui oser reconnaître que l'installation de la *Kaiser-Wilhelms-Universität* fut une entreprise culturelle et politique de grande envergure qui a fait de Strasbourg une ville universitaire à nulle autre pareille en France. En observant l'Empire allemand et la France face à cette institution créée par la première, et utilisée par la seconde, on remarque que de part et d'autre les intentions politiques ont été similaires et que les objectifs visés n'ont jamais été atteints. L'université *Kaiser Wilhelm* ne fut pas l'instrument du pangermanisme, comme l'Université de Strasbourg ne devint pas l'instrument du nationalisme français. Dans l'un comme dans l'autre cas, la sélection linguistique des étudiants pour la poursuite des études supérieures s'avérait une tâche difficile, et l'université ne pouvait concerner qu'une fraction infime de la société. Elle est restée en marge jusqu'à la venue des étudiants issus du baby-boom de la guerre et de l'après-guerre. John E. Craig aura eu la cruauté de montrer que le Reich n'a eu des problèmes avec les étudiants qu'au bout d'une trentaine d'années, alors qu'il aura fallu à peine cinq ans pour que les réactions hostiles envers la France deviennent massives.

Aujourd'hui en Alsace, le français est devenu la langue usuelle de la grande majorité de la population. L'enseignement de l'allemand a fortement reculé dans le secondaire. La quasi-totalité des élèves du secondaire apprennent l'anglais tandis que l'espagnol a même supplanté l'allemand depuis plus d'un quart de siècle ! Nul ne semble prendre en compte le changement linguistique qui est intervenu au cours des dernières décennies[70]. Si Maurice Halbwachs et Georges Gurvitch maîtrisaient l'allemand, de même que certains des collègues recrutés dans les années 1960-1990, ce n'est plus le cas que d'une petite minorité des sociologues en activité, et encore moins en ce qui concerne les étudiants[71]. On prône pourtant aujourd'hui l'étude des relations franco-allemandes - et des dynamiques européennes - dans les laboratoires CNRS strasbourgeois. Tout se passe comme si l'on pensait au niveau local et national que la province était restée dialectophone et germanophone. On oublie que l'Alsace et la partie autrefois germanophone de la Moselle sont devenues francophones, comme le reste de la France.

---

[70] Cf. Roland Pfefferkorn, « Parler, écrire, penser : le bilinguisme hors les dialectes », *La Pensée*, n° 323, juillet 2000, pp. 99-110.

[71] De plus en plus c'est l'anglais qui sert d'idiome commun dans les rencontres entre collègues strasbourgeois et allemands…

PREMIERE PARTIE

L'UNIVERSITE *KAISER WILHELM*

Chapitre I
Max Weber à Strasbourg

Suzie Guth[72]

Max Weber a la fibre épistolaire, l'ouvrage posthume rédigé par Marianne Weber : *Max Weber : Ein Lebensbild* en est la preuve, il est fondé essentiellement sur la correspondance de son mari à partir de lettres conservées précieusement par les récipiendaires.[73] C'est donc grâce à ces liasses envoyées par Max Weber de *Strassburg,* capitale du Reichsland et adressées principalement à Helene Weber, à son père, à son frère Alfred que nous apprenons à mieux connaître cette période de sa vie allant de 1883 à 1887. Les lettres que nous allons examiner ici appartiennent au recueil de correspondances publié et intitulé : *Ecrits de jeunesse. Jugendbriefe.* Elles comportent les lettres du lycéen jusqu'à celles de l'étudiant avancé de 1873 à 1893. Dans les œuvres complètes de Max Weber, *Briefe (1887-1894),* il est indiqué que les dates et les lieux de ce recueil peuvent comporter des erreurs, néanmoins, le sujet traité, celui du service militaire et les lieux mentionnés dans les lettres permettent de situer la correspondance que nous présentons ci-dessous.[74] Nous avons ajouté à cet ensemble, une lettre citée par Lawrence A. Scaff, auteur de l'ouvrage portant sur le séjour de Max Weber aux Etats-Unis.[75] Le service militaire allemand pour les jeunes gens diplômés comportait deux phases : une période où ils devaient faire leurs classes pendant huit mois, ils devenaient ensuite sous-officiers à l'issue de cette formation, ils faisaient ensuite deux périodes de service en tant que lieutenants, puis, devenaient officiers de réserve. Max Weber fera ses classes à Strasbourg,

---

[72] Professeur émérite de sociologie, Université de Strasbourg, Laboratoire CNRS Dynamiques européenne, UMR 7367.

[73]Marianne Weber, *Max Weber : A Biography, Transaction Publishers*, New Brunswick, Londres, 2003, 3ème édition.

[74] Rita Aldenhoff-Hübinger, Thomas Gerhards, *Max Weber Gesamtausgabe, Briefe 1887-1894*, Tübingen: J.C.B. Mohr (Paul Siebeck), 2017.

[75] Lawrence Scaff, *Max Weber in America*, Princeton, Princeton University Press, 2011.

puis il deviendra sous-officier dans la même ville, enfin, il va effectuer une deuxième période à Strasbourg en 1887, puis à Posen, en Prusse en tant qu'officier. Dans les deux cas, il se trouve aux confins de l'Empire allemand et dans des zones fortement militarisées. C'est pendant la période strasbourgeoise qu'il sera le plus disert ; il évoque souvent la fatigue qu'il ressent, si ce n'est l'hébétude engendrée par ces marches et les exercices militaires en rase campagne. On pourrait penser *a priori* que son expérience ne porte que sur l'armée, ses servitudes, l'ennui qu'elle génère chez le jeune étudiant de la bonne bourgeoisie berlinoise ; on aurait tort, car même dans *Economie et Société*, on peut constater que sa réflexion fut marquée par ce séjour lorsqu'il évoque le problème de la nationalité. Cette expérience de jeunesse va beaucoup plus loin qu'il n'y paraît à première vue, elle oriente son point de vue sur les sociétés agraires qu'il va étudier dans le cadre des enquêtes du *Verein für Sozialpolitik* qui vont donner à cet homme qui aspire au professorat universitaire un viatique pour sa carrière universitaire. Le séjour strasbourgeois est donc une période particulière dans la vie du jeune étudiant de dix-neuf ans à vingt ans, il reste dans l'âme un étudiant, il va au séminaire de son oncle le professeur Hermann Baumgarten, le jeudi après-midi, il sait que c'est un privilège qui lui est accordé par l'armée. Il doit aussi faire ses classes et quitter le cocon de l'univers familial pour assurer la garde de l'Empire sur les glacis strasbourgeois, à l'Esplanade, nommée alors la Citadelle, et plus loin encore à Saverne, vers Phalsbourg, en Alsace du Nord et en pays de Bade. Max Weber écrit et parle le français, mais il ne fréquente pas l'élite strasbourgeoise francophone, un petit monde, qui veut maintenir coûte que coûte la culture française comme le note le futur professeur de droit Robert Redslob dans son ouvrage de souvenirs : *Alma Mater.*[76] Les francophones de la bonne société ne reçoivent pas les Allemands, alors que ces derniers, bardés de diplômes, et, en général, connaissant bien la langue française souhaiteraient être reçus par la bonne société strasbourgeoise francophile. Redslob

[76] Robert Redslob, *Alma Matter. Mes souvenirs des universités allemandes*, Paris, Strasbourg, Editions Berger-Levrault, 1958.

en qualité d'*Extraordinarius* faisait figure d'indigène lors de ces dîners auprès des membres de la Faculté.

Nous allons évoquer les problèmes rencontrés par l'appelé du contingent lors de sa première année de classes, des problèmes corporels principalement, puis nous mentionnerons les rencontres avec les Strasbourgeois, *Altdeutsche* et Alsaciens.

Max Weber et son corps

Max Weber jeune est corpulent. Dans son association étudiante il fallait faire la preuve de ses capacités à descendre des bières, ce qu'il a fait, dans ce domaine il montre qu'il a des dispositions ; il est grand et a pris des rondeurs. Il se sent mal dans ses vêtements militaires, ils ne sont pas véritablement à sa taille. Et pour ne pas faciliter les choses il est traité par les sous-officiers de *sac à bière* puisqu'il fait partie des gros dans leur nomenclature. Le seul sport qu'il semble pratiquer comme la majorité des étudiants de son âge est l'entraînement aux armes blanches, une salle d'armes est d'ailleurs réservée à cet effet à l'université pour les étudiants. Ainsi, les exercices militaires le désignent comme un homme ventru qui ne sait pas faire usage de son corps. N'étant pas aguerri par l'exercice des marches et contremarches, il souffre le martyre dans ses bottes dans lesquelles ses pieds enflent, ce dont il se plaint régulièrement. Maladroit, et bleu, il est moqué par les officiers et sous-officiers. Il faut rappeler que les jeunes gens qui ne font qu'une année de classes sont plus jeunes de deux ans que leurs congénères qui font le service militaire ordinaire. Ceux qui ne font les classes que pendant un an, apparaissent aux autres comme des privilégiés, des petits messieurs ; c'est la raison pour laquelle ils sont régulièrement moqués tant par la hiérarchie militaire que par les autres bleus. Dans les jérémiades de Max Weber adressées à ses parents, on peut noter aussi un certain humour que Joachim Radkau son biographe souligne, il a rencontré aux Etats-Unis certains membres du cercle de Heidelberg qui avaient connu le grand homme et qui se rappellent que le rire weberien était tonitruant, c'est l'ironie et le rire qui semblent le caractériser ; ce que l'on oublie souvent. On peut donc penser qu'en racontant ses malheurs Max Weber veuille aussi se moquer de lui-même et de certaines de ses inaptitudes. On voit que ce garçon qui se sent trop grand et trop gros, peu habitué à l'exercice physique et à la gymnastique a des difficultés et craint le renouvellement des marches de sept heures, alors que ses pieds sont déjà enflés ainsi que ses tendons. Mais ce qui l'assomme le plus lors de son service militaire, c'est l'ennui et le vide intellectuel lié à la fatigue corporelle. Il continue néanmoins de lire dans son lit des ouvrages de qualité comme ceux de Tourgueniev ou Heinrich Heine, récits de voyages qui lui permettent de ne plus penser à sa condition de soldat. Il reconnaît cependant au bout de quelques mois de ce régime qu'il s'est endurci, qu'il a perdu du poids, qu'il est plus à l'aise physiquement ; il ne fait plus partie des gros. Le jeune homme qui se plaignait à sa famille de ses pieds enflés n'est plus ; il n'est plus ce bleu dont on se moquait délibérément. Dans la lettre du 6 février 1884, il note de manière plaisante comment sont traités les recrues par les deux officiers, le premier lieutenant et le lieutenant :

« *Le premier lieutenant se déplace à cheval sur le côté droit, avec le deuxième lieutenant, on entend à gauche à ce moment-là : « - L'appelé sur le flanc, faites des pas plus grands ! et à droite : « - Vous la recrue de première année, ne foncez pas si vite, mon cheval n'arrive pas à suivre ! », « - Vous le conscrit, vous avez le nez dans la merde ! », de droite : « - Pour l'amour du ciel, appelé Weber, comment tenez-vous votre tête ? Voulez-vous faire rôtir votre nez au soleil ? », de gauche : « - Vous l'appelé, votre baïonnette pend à nouveau au-dessus du nombril ! Que le diable vous emporte ! Rajustez-la ! », de droite : « - Espèce de viande de rat ! - Vous l'appelé, votre baïonnette pend derrière vous comme la queue d'un éléphant blanc ! » etc... etc... C'est ainsi que les deux hommes, au moins au début, ont vociféré. Avec le temps, on nous a un peu mieux considérés* ».

Ensuite, il évoque l'assaut donné par les soldats, la boue dans laquelle ils se jettent, les tirs qui les rendent sourds et la mêlée où les crosses des fusils, les baïonnettes vous assomment. Après un nouvel assaut, la troupe rentre éclopée, avec un œil au beurre noir pour certains, des pieds éléphantesques pour d'autres. On voit que Max Weber se complaît dans la description des exercices militaires en prenant sa propre personne comme modèle et surtout comme antihéros.

Ce ne sont pas seulement les environs de Strasbourg qu'il mentionne dans ses récits de marches militaires, ce sont aussi des zones limitrophes de la plaine d'Alsace, à Saverne et Phalsbourg. Chaque fois il s'interroge sur les relations entre les Alsaciens et les Allemands[77] :

« *C'est triste de voir que les gens en Alsace n'entretiennent pas facilement des liens d'amitié avec nous les militaires prussiens et qu'ils nous traitent avec une telle indifférence. Seulement les mères qui ont des fils dans l'armée allemande sont différentes. Alors que nous étions avec mon capitaine, celui-ci m'a renvoyé en arrière pour livrer un message à un détachement qui nous suivait. Alors que j'attendais ces hommes à une ferme près de Phalsbourg, la femme du fermier m'a apporté un pot entier de café ainsi que du pain et du vin. Après qu'elle ait refusé d'accepter un paiement car comme elle le disait avec des larmes plein les yeux, elle a pensé que si elle était bonne avec moi, peut-être qu'il y aurait en Prusse quelqu'un qui serait bon pour son fils qui était là-bas en tant qu'appelé. Je me demande si ces Polonais de Haute Silésie, les Silésiens, et les gens d'autres régions où les régiments alsaciens sont stationnés peuvent combler le vœu de cette pauvre femme. Qui sait ?* ».

Il est fort probable qu'il se soit trompé sur l'indifférence des habitants de Strasbourg et d'Alsace, l'humiliation de la défaite est lourdement ressentie, il le reconnaît d'ailleurs plus tard dans *Economie et Société*, ouvrage écrit longtemps après, et dans lequel il évoque les reliques pathétiques vues lors d'une exposition à Colmar qui rappelaient l'appartenance à la France de l'Alsace. Bien qu'avec les autres Français ils ne partagent pas, dans leur majorité, la même langue, une certaine communauté (*Gemeinsamkeit*) de coutumes et une même culture des sens les rassemblaient. « *Cette communauté s'est fondée sur des destins politiques communs et aussi indirectement, sociaux, que les*

[77] Les représentants alsaciens aux Chambres impériales votaient à l'époque ou pour la protestation ou pour l'autonomie. Les Alsaciens nés après 1870 de nationalité allemande, et n'ayant pas connu l'appartenance à la France, auront une autre attitude et demanderont une plus grande indépendance.

masses tenaient en haute estime en tant que symboles de la destruction de la féodalité ; leur légende est l'équivalent de la légende héroïque des peuples primitifs. La « Grande Nation » avait délivré de la servitude féodale, elle était réputée porteuse de la Civilisation, sa langue était la langue même de la « Civilisation », et l'allemand un dialecte pour l'usage quotidien ».[78] Voilà en résumé, une illustration de la problématique weberienne de la nation et de la langue qui n'est pas sans rapport avec la pensée populaire.

Ultérieurement, il comparera l'accueil des Alsaciens Lorrains avec celui des Badois. Là, les militaires sont mieux reçus, et même lorsqu'ils rentrent de manœuvres la nuit, la population les accueille avec des vivres et des boissons mis à leur disposition. De plus, son logement chez le cordonnier de Saverne était pouilleux et rempli de petites bêtes ; ils sont sales, tel est le commentaire du jeune Weber sur les habitants de Saverne. On remarque l'exaspération du soldat qui rentre, fatigué de ses longues marches et qui ne peut dormir la nuit en raison de la vermine.

Outre ses problèmes de jambes qui le retiennent à l'infirmerie en 1884, il évoque une sudation excessive qui nécessite pour qu'il soit présentable le soir, qu'il emporte une chemise par jour et donc six chemises et deux uniformes lors des manœuvres. Tout ceci grève son budget dans la mesure où il doit faire acheminer lui-même ce paquetage. Le jeune Max Weber garde de son enfance dans un milieu bourgeois des habitudes conformes à son milieu. Il n'a pas encore d'ordonnance, il ne sait pas préparer, nettoyer et réparer ses vêtements, il faut qu'il ait à sa disposition un valet rémunéré qui lui rende ce service ; la stricte division des tâches de la maison bourgeoise, amène à cette situation jusque dans les casernes. Cette nécessité d'être servi, obère son budget, et induit les remontrances de son père et de sa mère qui doivent une fois de plus lui envoyer de l'argent. En bon fils, Max Weber ne récrimine pas, et sait que ses demandes seront mal reçues, il justifie sa requête par ses obligations militaires et par ses problèmes corporels. Il n'envisage pas un instant de coudre un bouton ou de nettoyer lui-même ses vêtements. Comme le

[78] Max Weber, *Economie et Société*, Paris, Plon, 1971, p. 424.

remarque Michelle Perrot, dans l'ordre bourgeois, le linge au XIXe siècle est l'apanage des femmes ; c'est avec l'armoire à linge qu'elles dominent la maisonnée[79].

En raison de sa position sociale plus marginale dans la société impériale, Norbert Elias qui se situe à la frange des cercles élitistes et qui a fréquenté en tant qu'étudiant le cercle de Marianne Weber a certainement mieux compris que d'autres, le hiatus qui pouvait exister, pour un peuple tout à la fois issu de la nation française et dialectophone, à nouveau soumis à l'aristocratie et au formalisme de l'administration prussienne. Dans l'ensemble, les Alsaciens étaient incapables de reproduire le formalisme prussien, si ce n'est dans des œuvres humoristiques ou dans les conversations de bistrot entre pairs autour d'une carafe de vin au *Stammtisch*. Après la chute de la féodalité française, et l'achat des biens du clergé et des biens féodaux, les Alsaciens voient revenir cet ordre féodal, incarné cette fois-ci par les Prussiens et l'armée allemande, très présente à Strasbourg et dans le Reichsland[80]. 200 000 Allemands vont venir s'installer en Alsace-Lorraine alors que 160 878 optants Alsaciens et Lorrains ont quitté l'Alsace et la Lorraine en 1872 pour garder la nationalité française. Ainsi, la manière de parler au *Herr*, à la troisième personne du singulier, pouvait devenir à la fois une source d'angoisse et d'humiliation pour les gens du peuple, mais aussi une source d'hilarité pour ces anciens républicains. L'armée et le service militaire auxquels les Alsaciens étaient soumis relevaient de ce formalisme et exacerbaient la distance et la différenciation sociale entre autochtones et conquérants. Cette *formalité/informalité* très bien décrite par Norbert Elias dans son ouvrage *Les Allemands*[81] explique très certainement le rapport ambigu entre le conquérant et le conquis, celui-là même, qui malgré son incompétence sociale avec les Prussiens, entendait cependant en grande partie la langue de son conquérant, bien qu'il n'ait pas disposé des mêmes compétences linguistiques. Il n'est pas certain que ce

[79] Michelle Perrot, *Histoire de chambres*, Paris, Seuil, 2009.

[80] Parmi les 104 471 personnes recensées à Strasbourg en 1880, 30 696 sont nées en Allemagne, on compte 9 056 militaires à cette date. Leur nombre va croître au fil des années.

[81] Elias, Norbert, *Les Allemands*, Paris, Seuil, 2017.

dernier ait compris les variantes du dialecte alsacien ; ainsi la langue dialectale germanique était devenue un refuge, truffée de mots français, son usage fut une manière de narguer les *Schwowe*[82]. Le tableau de ces relations de domination ne serait pas complet si nous n'évoquions pas aussi l'admiration que le peuple pouvait ressentir pour le conquérant : les modes d'organisation, la vitalité du capitalisme allemand, les salaires plus élevés, la Sécurité sociale de Bismarck de 1883 avec l'assurance maladie, et toutes les lois sociales votées jusqu'en 1890 avec la pension de vieillesse ont joué un grand rôle dans l'adhésion du peuple à la politique allemande.[83] Nombre de ces aspects positifs ne seront perçus ou compris qu'après le retour de l'Alsace à la France, ou même, bien plus tard, près de cent ans après les faits. De tous les Alsaciens, Max Weber préfère ceux du nord de l'Alsace : Haguenau, Woerth et Ingwiller. Selon lui, ils parlent un allemand plus pur, il se peut que ces « *paysans enrichis* » aient simplement voulu lui répondre en *Hochdeutsch*. L'un d'entre eux, après un apéritif et un verre de schnaps, et après avoir entendu le nom de Weber (qui est un nom assez commun) lui demande si son père n'était pas au Reichstag, il aurait lu ceci dans le *Strassburger Post* ! Max Weber conclut sur l'importance de la lecture. Il remarque aussi, que pour eux, la politique est véritablement instrumentale ; ils veulent tous pouvoir chasser !

Après son premier changement de grade, Max Weber s'est senti rasséréné ; il n'est plus le gros qu'il avait été puisqu'il a serré son ceinturon de plus de trois trous, les astreintes ne sont plus les mêmes. Il est considéré par le capitaine comme ayant été bien formé, il a cependant plus de travail, et ses dépenses loin de diminuer, progressent. La vie n'est plus la même, bien qu'en tant que sous-officier il ait beaucoup à faire dans la formation des recrues, et qu'il ne puisse se livrer autant qu'il le souhaiterait à des activités intellectuelles. Il a pris confiance en lui et ne se sent plus méprisé en raison de ses faibles aptitudes physiques et de son ventre proéminent.

---

[82] *Schwowe*, littéralement les Souabes, désigne en Alsace de manière lapidaire, si ce n'est grossière, les Allemands en général.

[83] Souvenirs des grands-parents de l'auteur, nés avant 1870.

Son réseau relationnel

Son réseau est d'abord familial, deux familles le reçoivent : la première qui est le plus souvent mentionnée, est celle de son oncle et de la sœur aînée de sa mère, la famille du professeur Hermann Baumgarten et d'Ida la sœur aînée de sa mère[84]. La deuxième, celle du professeur Ernst Wilhelm Benecke est composée de la sœur cadette de sa mère, Emilie, et de son mari qui semble atteint de surdité, ils ont de nombreux enfants, mais elle est moins souvent mentionnée.[85] Le professeur Benecke est un spécialiste de la géognosie comme se nommait la géologie à l'époque, il ne suscite pas le même intérêt épistolaire. Le premier de ses oncles fonde l'Institut d'Histoire Moderne et Contemporaine, le second, crée l'Institut des sciences de la terre qui conserve aujourd'hui encore une grande réputation ; Cohen et Benecke travaillaient l'un et l'autre à la carte géologique *Elsass-Lothringen.* Benecke deviendra en 1893 le premier président de la société de géologie du Rhin Supérieur, il est donc à la tête d'un réseau scientifique important. L'institut se distingue aujourd'hui par la deuxième collection de France de météorites à laquelle les deux hommes ont participé activement.[86] On dit de Benecke que c'est une personnalité sociale locale de première importance.[87] Max Weber va presque tous les dimanches dans l'une des deux familles, il envoie à sa mère des nouvelles de la famille Baumgarten principalement, en évoquant le devenir des enfants, les discussions avec leurs parents, il veut plaire à sa mère qui considère hautement sa sœur Ida, c'est la raison pour laquelle il mentionne l'âme du foyer, ses lectures, celle de Channing en particulier qu'il commente et son interprétation du religieux face à la guerre. Il pratique une forme d'analyse psychologique des personnalités de ce groupe familial, il s'éprendra ultérieurement

[84] Le professeur Hermann Baumgarten a été recruté par Franz von Roggenbach, l'artisan de l'Université *Kaiser Willhelm* de Strasbourg, il va contribuer avec ce dernier à opérer un certain nombre de recrutements académiques.

[85] Marianne Weber, *op cit*, p. 79.

[86] Elisabeth Crawford, Josiane Olff-Nathan (sous la direction de), *La science sous influence. L'université de Strasbourg enjeu des conflits franco-allemands de 1872-1945,* Strasbourg, La Nuée Bleue, 2005, pp. 77-90.

[87] *Dictionnaire Culturel de Strasbourg (1830-1930)*, Presses Universitaires de Strasbourg, 2017 (Notice Ernst Willhelm Benecke).

d'Emmy, Emmeline, une belle jeune fille à tendance maladive, mais il semble *a priori* ne prendre aucun engagement ferme en ce qui la concerne ; les deux familles sont informées l'une par l'autre des sentiments réciproques des jeunes gens. Les maladies nerveuses, comme le note Joachim Radkau, étaient les maladies de ce siècle, ce sont celles qui sont évoquées à propos de l'un ou l'autre des membres de cette famille, en référence souvent, à l'hérédité des Fallenstein.

Max Weber reflète dans ses lettres les préoccupations d'Hermann Baumgarten, ce dernier a été journaliste dans sa jeunesse et s'intéresse à l'actualité, il s'oppose comme beaucoup à Edwin von Mantteufel, le nouveau *Statthalter* de Strasbourg. Alors que von Moeller le Président Général du Reichsland avait introduit une sorte de *Kulturkampf* atténué en interdisant les journaux catholiques, il expulse les congrégationnistes dont la maison mère est en France, il expulse « le vicaire général[88] Rapp qui veut organiser un « parti catholique ».[89] Avec l'afflux allemand, principalement protestant, les catholiques voient leur poids baisser. Ils ne représentent désormais plus que 52 % de la population. En tant que *Statthalter,* Mantteufel, un maréchal proche de l'Empereur, va avoir une politique opposée. Il va autoriser les publications catholiques, il se réconcilie avec l'Eglise catholique qui à l'époque est protestataire dans tout le Reichsland, et il inaugure une politique de notables, permettant à ces derniers d'asseoir leur influence. En 1882, il revient sur cette politique qui n'a pas porté ses fruits, mais il s'éteint en 1885. Un diplomate, le Prince Hohenlohe Schillingfürst prend la suite, mais les élections au *Landesausschuss*[90] se transforment en véritable plébiscite protestataire en raison de la loi de programmation militaire allemande qui fait suite au boulangisme en France. Les Alsaciens ont peur d'une éventuelle guerre et ne veulent pas combattre les Français. Max Weber évoque la chute de Mantteufel dans l'estime du Kaiser, provoquée selon lui par Bismark. Il considère que « *...tous les employés et tout le corps des officiers sont contre Mantteufel. D'incroyables plaisanteries*

---

[88] Le vicaire général : le vicaire général, appelé Grand Vicaire dans le passé, est muni du pouvoir exécutif général, il est le collaborateur de l'évêque.
[89] *Saisons d'Alsace*, septembre, 2010.
[90] *Landesausschuss* : Assemblée Régionale.

sont faites à ce sujet. Et tout ceci n'arrange pas l'humeur de mon oncle, mais cela lui fait le plus grand bien d'en parler ». Ainsi, la politique des notables est condamnée par l'armée et par l'universitaire Hermann Baumgarten. Ce dernier a, comme ses collègues, la rude tâche de la germanisation des élites culturelles : celle de répandre la culture et le savoir allemands. Il a été Recteur de l'Université en 1876 et à cette occasion a commis un discours fort remarqué sur Johannes Sturm, le fondateur protestant au XVIe siècle de l'Université de Strasbourg. La politique des concessions faites aux notables et à l'Eglise catholique leur semble antinomique avec les objectifs des institutions culturelles. Rappelons que Baumgarten est fils de pasteur et qu'en tant que tel, il s'est intéressé à la Saint Barthélémy en France pour savoir s'il s'agissait d'un massacre planifié par le pouvoir ou au contraire d'un ordre qui a échappé au contrôle de ceux qui l'avaient donné ; il conclura dans ce dernier sens. Bientôt, le philosophe Windelband dira pendant son année de Rectorat que la diffusion de la culture germanophone et l'adhésion de la jeunesse à la politique impériale sont une tâche impossible ; les incidents entre francophones et germanophones se multiplient tant à l'Université qu'à l'armée entre les appelés et les officiers ; ils font d'ailleurs la joie des caricaturistes. Les moindres incidents, les moindres chahuts étudiants deviennent des affaires d'Etat et sont relatés jusqu'en France et dans le monde. La politique culturelle impériale semble ne pas atteindre les effets escomptés. Selon sa biographe, Karen Denni, Baumgarten en comprenait les causes, il a lui-même vécu en Allemagne du Sud, au pays de Bade, et l'arrogance prussienne lui est sans doute aussi insupportable qu'aux Badois qu'il a côtoyés pendant qu'il enseignait de 1861 à 1872 à la *Technische Hochschule* de Karlsruhe. Son beau-frère, Julius Jolly, est chef du gouvernement badois, et c'était pour Baumgarten une période d'intense participation politique.

Max Weber s'entretient avec son oncle de la politique du chancelier de fer, ils évoquent ensemble l'histoire allemande telle qu'elle est relatée par Heinrich von Treischke, un ami de l'oncle et un historien allemand à grand succès dont il va suivre ultérieurement les enseignements à Berlin. Baumgarten va rédiger une longue critique de 85 pages sur la manière nationaliste qu'a von Treischke d'aborder l'histoire et d'interpréter les faits.[91] Lorsque paraît le second volume de von Treischke et en lisant la longue recension qu'en fait Baumgarten, on comprend que la rupture entre les deux hommes va être consommée. On appelle la polémique : *Affäre Baumgarten-Treischke*. Comme l'observe l'historienne Denni, Baumgarten en raison de cette prise de position va se trouver de plus en plus isolé parmi ses collègues qui ne partagent ni sa vision de l'histoire, ni ses positions politiques.[92] On trouve dans les archives de Strasbourg les documents qui ont alimenté cette polémique. Pour Karen Denni, l'influence des conversations de l'oncle avec le neveu est indéniable, celui-ci a un professeur d'université à disposition qui évoque avec lui le problème des sources et le problème de l'interprétation ; on peut penser que c'est dans ce foyer que va s'esquisser à la fois la nécessité de la *Wertfreiheit* que Julien Freund a traduite par *neutralité axiologique*, mais que plus simplement nous pourrions traduire comme *objectivité par rapport aux valeurs*, et le problème lié à l'interprétation ou la compréhension des phénomènes. Pour Baumgarten, von Treischke, son ami, interprète les sources dans le sens favorable à l'empire willhelminien, pour justifier l'empire.

Max Weber trouve souvent son oncle d'humeur morose, il vieillit, il a 58 ans, il va rester à la *Kaiser-Willhelms-Universität* jusqu'à sa mise à la retraite en 1890. Il évoque souvent la mélancolie que l'on croise dans cette famille et les sautes d'humeur de l'oncle. Weber connaissait déjà Otto, le fils Baumgarten, depuis Heidelberg où ils ont été étudiants ensemble. Il pense aussi que les Baumgarten n'ont pas toujours la tête sur les épaules dans la mesure où ils prennent leurs désirs pour des réalités. Ils laissent leur fils Otto épouser une jeune femme qui a sept ans de plus que lui, la jeune femme paraît maladive et mystico-extatique. Il estime, avec la famille Benecke, que ce mariage n'aurait pas dû avoir lieu. Le jeune pasteur Otto Baumgarten a tenu, malgré les conseils et les pressions allant en sens contraire, à épouser cette jeune femme qui selon Marianne

[91] Hermann Baumgarten, *Treischkes Deustche Geschichte*, Strasbourg, Karl Trübner Verlag, 1883.

[92] Karen Denni, « Hermann Baumgarten, historien et témoin critique de la politique impériale dans le *Reichsland* », *Revue de Sciences Sociales*, 2008, 40, pp. 36-41.

Weber lui était intellectuellement supérieure et avait un don de voyance. Le jeune couple marié s'installera à la paroisse de Waldkirch, en pays de Bade. Fritz, un autre fils, va lui aussi aller enseigner à Waldkirch. Un an après le mariage, la jeune femme meurt, et laisse Otto dans une forme de déni quant à sa disparition : il poursuit son dialogue avec elle au-delà de la mort, et l'interpelle comme il le fit sur sa tombe. Max Weber est épouvanté par ce comportement.

Nous voyons apparaître un jeune Weber très à cheval sur les conventions sociales, ainsi lors d'une visite chez les Baumgarten, une jeune fille alsacienne présente avec sa famille se met à chanter devant tout le monde, Max Weber va se raidir devant ce comportement inapproprié dans la maison de son oncle. Il a lui-même été un étudiant *donnant satisfaction* ou *réclamant satisfaction*, il pratique le duel à l'épée ou au sabre, il a deux blessures qui le font encore souffrir quand il dort sur son lit de camp. En d'autres termes, Max Weber se réfère aux normes et aux valeurs en usage dans un milieu étudiant imprégné d'esprit aristocratique. Ainsi Weber règle les questions du point d'honneur comme le fait la haute bourgeoisie qui calque son comportement sur celui de la noblesse. La *satisfaction* obtenue par un duel repose sur les règles qu'impose le point d'honneur, mais elle révèle aussi la nécessaire réciprocité et la reconnaissance de l'égalité des deux protagonistes, le duel représente donc une relation sociale conflictuelle entre égaux. Pour Norbert Elias, il est important de comprendre que ce processus de formalisation qui se développe dans les Corps étudiants, est à la fois issu des catégories nobles de la société, et de l'appareil militaire ; il montre dans son ouvrage *Les Allemands*, l'influence et la structuration de la société wilhelminienne selon ces deux organisations que sont la noblesse et l'armée. Dans ses écrits sur les *Burschengesellschaften*, Weber y voit le parangon de la fraternité, de l'amour fraternel et de la communauté. La formalisation de la société allemande wilhelmienne serait comme le prolongement de ces deux institutions que sont l'armée et la noblesse. Ainsi, en raison des modalités du règlement du point d'honneur, se constitue une socialité différentielle entre les membres d'un même groupe d'étudiants, où les uns peuvent combattre les autres grâce à une apparente égalité sociale ; les autres n'entrent pas dans ces mêmes catégories, même s'ils sont les amis de ceux qui peuvent *donner satisfaction*. Dans cette hiérarchisation masculine un véritable *cursus honorum* se dessine au sein des élites culturelles de la société. Weber raconte aussi dans ses lettres la rencontre avec un de ses amis étudiant de Heidelberg, il l'abandonne pour se rendre au séminaire de l'oncle Baumgarten, puis le revoit dans la soirée. Il a quelquefois des journées extrêmement chargées dont il se plaint, qui se prolongent en soirée lorsqu'il se déplace pour entendre Emmy Baumgarten chanter du Wagner. Agée de dix-huit ans et d'une grande beauté, elle va devenir au fil du temps, l'amie, la cousine aimée par Max Weber. Lorsque Ida Baumgarten, la mère de famille comprendra ce qui se passe entre les jeunes gens, elle enverra sa fille à Waldkirch où Max Weber va la suivre.

Max Weber va poursuivre ses relations avec Otto et Fritz Baumgarten, Otto sera celui à qui il se confie et à qui il demandera de venir le voir à Waldkirch. Eduard Baumgarten, neveu de Max Weber va poursuivre cette relation entre cette famille et la sienne ; il assurera la postérité de l'auteur avec Karl Jaspers et Else Jaffé sur les aspects notamment confidentiels de leurs relations amoureuses.

On remarque qu'il conserve des relations dans un cercle essentiellement familial, il va d'ailleurs épouser un membre de sa famille, une cousine du côté paternel : Marianne Schnitger. C'est un monde rassurant, dans lequel il a sa place et qui ne lui demande aucun effort pour assumer sa position sociale. Si, comme le note Marianne Weber, son mari était curieux, et pouvait s'adresser à nombre de personnes pour s'informer, il n'en allait pas ainsi pour les relations affectives et celles avec les femmes ; il n'avait pas les capacités d'expansion sociale et de conquête de son frère Alfred, il restait dans un cercle étroit où il se sentait en sécurité.

Conclusion

Le jeune Max Weber trouve dans le séjour strasbourgeois l'occasion de s'émanciper de sa famille tout en restant dans le cadre protecteur de ses oncles, tantes, nièces et neveux. L'accès à l'intimité d'une autre famille le conduit aussi à juger les personnalités, les situations et à s'interroger sur les causes des changements d'humeur chez son oncle. Ce fut aussi l'occasion pour l'oncle et le neveu de dialoguer tant sur l'actualité du *Reichsland* que sur celle de l'Empire et de la politique de son fondateur Bismarck. Les discussions sur von Treitschke dont il va suivre les cours à Berlin nous semblent tout aussi fondamentales pour la description de sa méthode, pour la compréhension des activités sociales et leur analyse ; c'est là qu'il acquiert les fondamentaux de la *Wertfreiheit*, ce rapport aux valeurs qui se doit d'être explicité.

Le séjour dans *le Reichsland l'invite* à mettre à distance son vécu antérieur ; le voilà dans un pays antérieurement français dont il comprend en partie la langue et qui montre sa nature rebelle à l'occupant tant dans les élections que dans la vie sociale : pas d'invitation dans les familles de la *bonne société*. L'oncle et le neveu doivent non seulement décrypter la politique locale mais aussi essayer de saisir les ressorts de la société alsacienne alors qu'ils sont en position d'extériorité et qu'ils appartiennent à la catégorie des conquérants. Ils ne voient pas ce que la militarisation de la société implique pour l'habitant des villes et de la campagne ; c'est le rappel constant de la défaite et la négation de son passé personnel.

Le service militaire du jeune Max Weber l'a rendu plus apte dans les activités physiques, il n'est plus celui dont on se moque pour la générosité de ses formes, l'appelé Weber a laissé place à un homme qui cherche à assumer son commandement et à effectuer correctement les tâches qui lui sont allouées. Il n'en demeure pas moins un intellectuel qui doit effectuer de longues marches et qui bénéficie de l'hospitalité de sa famille et de la puissance politique paternelle dans la mesure où son père exercera son influence jusqu'à l'Université de Strasbourg, *Kaiser Wilhelm*. Si le jeune bourgeois Weber acquiert de l'autonomie par rapport à sa famille en effectuant ses classes à Strasbourg, la distanciation est cependant contrôlée grâce à l'environnement familial.

Chapitre II
Les liens familiaux de Max Weber à Strasbourg

Karen Denni[93]

Hermann Baumgarten a été nommé professeur d'histoire et d'histoire de la littérature à la toute nouvelle université allemande de Strasbourg en 1872. Il en sera aussi le Recteur lors de son inauguration quelques années plus tard. Nous nous attacherons dans cette contribution à montrer dans quelle mesure ses actions et ses convictions ont été marquées par cette filiation. Nous aimerions montrer en quoi les membres de la famille d'Hermann Baumgarten reflètent les idées courantes de leur époque, ou à l'inverse, en quoi ils s'y opposent. Quel rôle jouaient-ils sur les plans politiques, économiques, scientifiques et sociaux dans l'Empire allemand ? Quelle place avaient les femmes dans cette famille, quelles traces laissent leur religiosité et leur engagement caritatif ? La tâche est complexe dans une famille élargie qui lie des universitaires comme le géologue Ernst Wilhelm Benecke, des théologiens comme Adolf Hausrath et Otto Baumgarten, et enfin les sociologues Max Weber et Eduard Baumgarten, sans oublier les femmes : mères, tantes et grands-mères de ceux-ci. Le fait que le beau-père d'Hermann Baumgarten, Georg Friedrich Fallenstein, ait eu 6 enfants lors de son premier mariage avec Elisabeth Benecke et 5 enfants lors de son deuxième mariage avec Emilie Souchay, et 32 petits-enfants avec chacune ne facilite pas la tâche.

Afin de répondre aux questions posées ci-dessus, l'article est construit autour de trois axes. Dans un premier temps notre intérêt portera sur la génération d'Hermann Baumgarten, son rôle dans la construction de l'Empire allemand. L'accent sera mis dans un second temps sur les sœurs Fallenstein, qui furent les héritières de la maison Fallenstein-Souchay, elles jouaient un rôle de premier plan dans l'éducation de leurs enfants. Les rapports fusionnels entre Max Weber et sa mère sont connus.

---

[93] Docteur en histoire et sociologie, chercheure associée au laboratoire Dynamiques européennes, UMR 7367, Université de Strasbourg.

Enfin, nous finirons par la génération des enfants : les rapports entre Max Weber et ses cousins et cousines du côté Baumgarten, le philologue Fritz et le théologien Otto ainsi qu'avec sa cousine Emmy pour laquelle le jeune Weber éprouvait des sentiments profonds.

Si notre sujet porte sur la famille d'Hermann Baumgarten, ce n'est pas l'héritage biologique qui nous intéresse, nous portons un regard plus approfondi sur les liens par alliance, les rapports d'Hermann Baumgarten avec ses beaux-frères et neveux. Les lettres des sœurs Fallenstein montrent que la première raison de leur mariage était leurs sentiments amoureux. On constate néanmoins qu'elles ont choisi un mari dans la même couche sociale bourgeoise, imprégnée d'un modèle humaniste et dotée d'une culture générale à la Humboldt *(Bildungsbürgertum)*. Même si certains parmi eux étaient issus de grandes familles industrielles, les quatre maris furent des universitaires et hommes politiques éminents qui menaient une vie aisée grâce à l'argent de leur femme. Contrairement aux générations antérieures de cette famille, il ne s'agissait pas de mariages arrangés entre industriels visant une augmentation du capital. Ceci est encore moins le cas pour Hermann Baumgarten né dans une famille modeste de pasteurs.

La génération des pères : Hermann Baumgarten face à la construction de l'Empire allemand

Né en 1825 dans la principauté de Brunswick-Wolfenbüttel, Hermann Baumgarten perdit sa mère très tôt et grandit chez son oncle. Dans une lettre à son fils Fritz en 1877, il lui fait les confidences suivantes : « *J'avais deux nostalgies dans ma jeunesse, l'une était celle de ma mère, l'autre de la patrie. L'une était morte, l'autre vivait dans mes rêves et ces rêves étaient considérés comme un crime.*[94] *Vous avez les deux !* »

Alors que l'influence de son père resta limitée, Hermann Baumgarten se tourna vers le combat politique pour une Allemagne unifiée. Il a défendu ses idées libérales en tant

[94] Baumgarten fait ici allusion à la révolution de 1848 et au fort désir des libéraux de voir une Allemagne unifiée, qui ne se réalisera qu'en 1871.

qu'étudiant dans l'Allemagne de la Restauration, ce qui a failli remettre en cause sa réinscription universitaire pour motifs politiques. En 1851 il est invité à la Villa de Fallenstein-Souchay[95], aujourd'hui la *Max-Weber-Haus* à Heidelberg, elle est devenue depuis le centre d'études internationales de l'Université de Heidelberg, il devait préparer la défense du célèbre historien Gervinus accusé de trahison à cause de ses idées libérales. C'est là qu'il rencontre sa future femme Ida, fille aînée issue du deuxième mariage de Fallenstein, ancien corps franc durant la campagne d'Allemagne contre Napoléon. A l'instar de beaucoup d'hommes de sa famille[96], Baumgarten intervient pour l'unification de l'Allemagne sous l'impulsion de la Prusse. Il observe les centres du pouvoir, grâce à son beau-frère Julius Jolly, alors ministre du gouvernement badois (1866-1876)[97], et prépare le terrain pour l'unification, plus en publiciste qu'en historien.

Sa nomination comme professeur d'histoire et d'histoire contemporaine à l'Université Kaiser Wilhelm de Strasbourg en 1872 représente pour lui un tournant scientifique, mais aussi politique. En tant que protestant, fils de pasteur, il cherche à vivre en accord avec la culture de l'époque, il interprète l'actualité politique en fonction de ses références religieuses au cœur de l'Empire germanique. Le choix de ses sujets de recherches est fortement influencé par la ville. Il met en parallèle le mouvement humaniste du XVIe siècle avec la fondation de l'Université de Strasbourg et la nouvelle université impériale[98]. Cette démarche s'inscrit dans une politique de germanisation poussée par l'Empire allemand. Néanmoins, Baumgarten s'approprie davantage les méthodes historiques en exploitant les sources, contrairement à de nombreux historiens prussiens mettant leurs

95 Cette demeure devient successivement la propriété d'Ernst Wilhelm Benecke et de Max Weber junior.

96 Guenther Roth, *Max Webers deutsch-englische Familiengeschichte 1800-1950*, Mohr Siebeck, Tübingen 2001.

97 Otto Baumgarten, *Der Anteil Badens an der Reichsgründung: Akademische Festrede am 18. Januar 1924*, J.C.B. Mohr (P. Siebeck), Tübingen, 1924.

98 Baumgarten Hermann, *Jacob Sturm*, discours imprimé à l'occasion de la fondation du Rectorat de la Kaiser-Wilhelms-Universität de Strasbourg le 1er mai 1876, Trübner, Strasbourg, 1876.

recherches au service de l'Etat. De plus en plus, Baumgarten prône l'application de méthodes rigoureuses visant l'objectivité[99]. On retrouve ultérieurement cette position chez Max Weber. Baumgarten observe à Strasbourg les erreurs de la politique hégémonique de l'Empire et voit ses espoirs de rallier les Alsaciens à la cause allemande fortement compromis.

Il coupe de plus en plus les ponts avec Berlin et effectue très peu de déplacements dans la capitale du Reich.[100] Après ses controverses avec l'historien von Treitschke[101], Baumgarten se trouve isolé dans la communauté scientifique strasbourgeoise. Hermann Baumgarten ainsi que ses beaux-frères Ernst Wilhelm Benecke et Max Weber père peuvent vivre dans un confort bourgeois grâce à la fortune de leurs femmes. Les deux derniers descendent de grandes familles industrielles du textile ayant construit leur richesse grâce aux échanges commerciaux avec l'Angleterre. Ernst Wilhelm Benecke est le descendant de deux familles d'entrepreneurs, les Benecke et les Schunck, qui ont accumulé une fortune considérable en pratiquant un libéralisme manchestérien. Mais c'est surtout grâce à l'héritage de Carl Cornelius Souchay, issu d'une famille de huguenots de Francfort et ayant fait fortune lors du blocus continental, que la deuxième et la troisième génération peuvent se permettre un mode de vie assimilable à celui de la grande bourgeoisie[102].

L'argent de la famille Souchay, que la belle-mère distribue de manière généreuse à ses beaux-fils, universitaires et homme politique, permet à Hermann Baumgarten de mener une vie aisée avec du personnel, des vacances, et des cures régulières dans des villes d'eaux. Les villas strasbourgeoises d'Hermann

---

[99] Voir Baumgarten Hermann, *Historische und politische Aufsätze und Reden*, avec une introduction biographique d'Erich Marcks, Strasbourg, Trübner, 1894.

[100] Son beau-frère Ernst Wilhelm Benecke ne s'y rend même pas une seule fois en vingt-cinq ans. Ceci semble étonnant pour un universitaire dont on pourrait penser que sa présence à Berlin serait nécessaire au nouvel Institut de géologie de la rue Blessig.

[101] Treitschke H. (von), „Was fordern wir von Frankreich?“, *Preußische Jahrbücher* 26, 1870, pp. 367-409.

[102] Voir Guenther Roth, *Max Webers deutsch-englische Familiengeschichte 1800-1950*, Mohr Siebeck, Tübingen 2001, 346 pp.

Baumgarten[103] et de la famille d'Ernst Wilhelm Benecke, la plus grande des deux[104], font partie des plus belles villas professorales. Ces deux maisons ont été construites avec l'héritage de leur belle-mère, Emily Souchay. La manière dont les maris[105] des sœurs Fallenstein accèdent à l'héritage de leurs femmes et en disposent est révélatrice des relations genrées de l'époque. Les sœurs se sont plaintes du déménagement dans des maisons trop grandes à leur goût. Dans la villa de la Robertsau, Ida se sent éloignée de la population alsacienne. Helene Weber quant à elle, critique le désir de son mari d'acquérir une grande maison afin d'accueillir les hommes politiques pour des réceptions politiques.

Par la suite, nous observerons de plus près les rapports existants entre les couples et les sœurs de cette famille.

Les sœurs Fallenstein : solidarité entre sœurs, engagement religieux et caritatif

Les femmes de la famille s'occupaient de l'éducation de nombreux enfants et géraient le personnel, elles organisaient la vie sociale et les liens familiaux. Presque toutes pratiquèrent la religion protestante. Les quatre sœurs Fallenstein reçoivent par leur mère, Emilie Souchay, unc éducation religieuse dans la tradition huguenote. On leur inculqua des valeurs chrétiennes très exigeantes. Elles traversent des crises existentielles graves, comme la perte de leurs enfants en bas âge. Ceci explique une forme de ferveur religieuse, surtout chez Ida Baumgarten. Après le décès de son quatrième enfant en bas âge, elle constate qu'elle ne trouve pas de consolation auprès de son mari et cherche le salut dans la divinité. Elle croit dur comme fer en la rédemption divine et en un Dieu miséricordieux. Ida est cependant une femme qui défend, à son échelle, les droits des femmes : elle s'oppose de plus en plus au monde des savants et des politiques,

---

103 2, Orangerie-Ring, actuellement Boulevard Président Edwards.

104 La villa située au 43, rue Goethe, appartient encore aujourd'hui à l'Université de Strasbourg.

105 Baumgarten avait également besoin d'argent pour soutenir financièrement ses demi-frères et sœurs ainsi que sa belle-mère qui avait perdu sa fortune à la Bourse.

en rejetant l'élitisme des professeurs, leur distance avec le peuple et leur mépris à l'égard du mouvement ouvrier[106].

Quant à Hélène Weber, elle cherche aussi une consolation dans la religion suite au décès de ses deux enfants comme en témoigne une lettre à sa sœur Emilie Benecke à Noël 1877. Cette dernière, ayant pourtant aussi perdu sa fille, ne partage pas avec elle la même ferveur religieuse. Quant à Ida l'aînée, elle voit dans la souffrance un lien entre ses enfants défunts et les vivants.

Les rapports conjugaux se détériorent de plus en plus. Entre le mépris d'un Adolf Hausrath souffrant d'une pathologie mentale, le comportement patriarcal de l'homme politique Max Weber, et l'aliénation ou la dépression d'un Hermann Baumgarten suite aux décès de ses enfants, les femmes ont du mal à trouver leur place dans le couple, et elles s'accrochent davantage à leurs fils. Bien qu'elles cèdent aux volontés de leurs maris sur les questions financières, elles ne voient pas d'un bon œil leurs dépenses somptuaires. Lorsque les maris se plaignent de l'altruisme de leur conjoint pour le partage de l'héritage, Ida répond dans une lettre : *« De toute façon c'est notre argent avec lequel on laisse faire les hommes ce qu'ils veulent. Même s'ils règnent sur le monde, Dieu reste toujours au-dessus d'eux. »*[107]

Quant à Max Weber père, il se montre intéressé par le capital de sa femme, qui est investi dans l'entreprise familiale en Angleterre. Il fait pression sur sa femme afin qu'Hélène retire l'argent des usines anglaises, même Hermann Baumgarten s'indigne d'un tel comportement. Alors que Max Weber père cumule les dépenses pour sa vie représentative en tant que député du *Reichstag* et fonctionnaire municipal, il s'oppose au souhait de sa femme de disposer d'une partie de son héritage, aussi infime soit-elle, dans le but de le dépenser pour des œuvres caritatives.

Dans une lettre à sa sœur, Ida règle ses comptes avec son beau-frère Max Weber : *« Les pensées sont libres, pas même*

---

[106] Voir Otto Baumgarten, *Meine Lebensgeschichte*, J.C.B. Mohr (P. Siebeck), Tübingen, 1929, p. 4.

[107] Roth, p. 349.

soumises à des taxes. Ce que je dois dire explicitement à Max.[108] *Les pensées d'une femme sont également libres et justes soumises à celui qui est au-dessus de l'homme et de la femme. Je vais me soumettre ici comme pratiquement partout aux décisions des hommes, je ne vais probablement même plus me permettre de faire des propositions dans ces affaires-là. Je vais néanmoins exercer mon jugement sur ce que je considère comme juste et pas juste, bien et moins bien. Si cela fâche Max, je crains que je n'aille le fâcher souvent... »*[109]

On remarque dans ces notes une femme indépendante et pleine d'humour, respectant néanmoins les normes de la société bourgeoise du XIXe siècle.

Au regard de telles critiques, les maris essaient de contrôler la communication entre sœurs qui cherchent mutuellement du réconfort l'une auprès de l'autre. Hélène Weber se plaint à plusieurs reprises que son mari l'oblige à lui lire les lettres qu'elle reçoit de sa famille. C'est pourquoi les sœurs se mettent à échanger des informations par notes cachées[110]. De son côté, Hélène ne respecte pas plus l'intimité de son fils Max. Pour connaître les pensées de sa progéniture, elle se fait transmettre leurs lettres par le biais de ses neveux Fritz[111] et Otto Baumgarten. C'est après la mort de leurs conjoints, que les sœurs peuvent se consacrer entièrement à leurs œuvres caritatives, Hélène étant veuve à 53 ans, Ida à 56 ans. Les deux femmes veulent s'approcher de Dieu par le biais de la charité chrétienne auprès de personnes dans le besoin. La veuve de l'homme politique Max Weber s'engage davantage pour la jeunesse dans la banlieue de Charlottenburg, et elle travaille en tant que bénévole pour la mairie. Même si sa belle-fille Marianne Weber exagère en l'appelant « la première femme de Prusse employée au service des pauvres »[112], son mérite social reste significatif. Sa

---

[108] Lettre d'Ida Baumgarten à Helene Weber, le 5 novembre 1879. Cette remarque reflète l'ironie d'Ida quant à la politique économique libérale de Max Weber senior.

[109] Lettre d'Ida Baumgarten à sa sœur Helene Weber, le 5 novembre 1879.

[110] Voir Roth, p. 335.

[111] Lors de ses études à Berlin, Fritz Baumgarten loge chez les Weber.

[112] Weber, Marianne, *Max Weber, ein Lebensbild*, J. C. B. Mohr, Tübingen 1926, p. 516.

sœur aînée a pris le même chemin quelques années auparavant. Bien qu'elle vive la plupart du temps chez ses filles à Stuttgart, elle poursuit son engagement envers la ville de Strasbourg. Contrairement à beaucoup de femmes *Altdeutsche*, elle ressent beaucoup d'empathie pour la population alsacienne et elle est bien intégrée dans la vie locale. Aucun de ses enfants ne restera néanmoins en Alsace. Bien avant le retour des « provinces perdues » à la France, et même avant la disparation d'Ida en 1899, ses enfants quittent la région. Ce qui m'amène à évoquer la deuxième génération et notamment les relations entre la progéniture d'Hermann Baumgarten et celle de Max Weber père.

La génération des enfants : Les rapports de Max Weber avec sa famille strasbourgeoise

Max Weber fils commence ses études de droit à l'Université de Heidelberg où il s'attache à son cousin Otto, de six ans son aîné. Sa mère espère que le neveu théologien puisse l'influencer. En avril 1882, Otto Baumgarten écrit à ses parents :

« *Max est plutôt affectueux, il semble bien aimer ma compagnie, il est serviable et causant, il a beaucoup de centres d'intérêt et de bonnes manières. Il reste encore des doutes sur la question de la fermeté de son caractère et du développement et de l'incorporation des principes éthiques. À mon avis, il a déjà trop lu, il en connaît trop sur la littérature moderne. Il a tendance à parler de manière blasée, mais en aucun cas, il n'est mauvais et il ne se sert pas d'un langage impertinent ; il n'a pas encore trouvé d'amis ; il est beaucoup avec moi et dépend de moi* ».

Ces observations dessinent l'image d'un jeune homme timide et cultivé, grand lecteur qui commence à faire ses premiers pas dans la vie loin de sa famille. Un an plus tard, lors de son service militaire à Strasbourg, toute la famille Baumgarten a l'occasion de se faire sa propre idée sur le jeune homme qui commence à considérer les Baumgarten comme une seconde famille.

Bien que Max Weber rende également souvent visite aux Benecke dans leur résidence, l'influence de ces derniers semble moindre sur le jeune homme de 19 ans puisqu'il n'existe pas un seul échange de lettres entre eux. Ce qui n'est pas le cas avec la famille Baumgarten. Les antagonismes entre les parents au domicile des Baumgarten lui rappellent ceux de ses parents. Entre la religiosité et l'engagement de sa mère et de sa tante, et les attitudes politiques de son père et de son oncle, il commence à formuler ses propres positions en se détachant de l'influence de son père. Il prend même un ton polémique dans les lettres à sa mère. Il dénie avoir des compétences dans les affaires qui concernent sa nouvelle vie de soldat[113].

Le couple Baumgarten marque beaucoup Max Weber. C'est dans leur appartement berlinois que les parents de Max Weber se rencontrent, lorsque Helene Fallenstein cherche à fuir les tentatives de séduction de Gervinus, alors marié et d'un âge avancé.[114]

Dans une lettre de condoléances à sa cousine Emmy, il considère, plus tard, sa tante Ida comme étant une deuxième mère qui l'a marqué profondément.[115] Hermann Baumgarten fait lui aussi figure de modèle pour le jeune Weber qui reconnaît par la suite l'influence intellectuelle et éthique reçue de Baumgarten[116] que ce soit à son domicile ou à l'Université où il suivait les cours de son oncle.[117] Les convictions de Baumgarten lui servent de référence voire de positionnement, même s'il n'est pas prêt à suivre les jugements rigides et pessimistes de son oncle : « Je ne quitte jamais la maison de Baumgarten sans être stimulé », mais aussi « Je suis en opposition très ferme avec certaines convictions qui y prédominent, je ne pourrais pas renoncer à mes propres positions sans changer complètement, et ne dois pas le

---

[113] Voir Dirk Kaesler, *Max Weber : Preusse, Denker, Muttersohn*, Verlag C. H. Beck, München 2014, p. 226.

[114] Cet épisode conduira définitivement à la rupture entre Baumgarten et son ami qu'il avait défendu contre des accusations de trahison.

[115] Lettre de Max Weber à Emmy Baumgarten du 18 juin 1899. Même si le contexte de la lettre, le décès de sa tante, laisse penser que Max Weber cherche à trouver des mots de sympathie, il semble avoir retrouvé beaucoup des traits de sa mère chez Ida, la sœur aînée de cette dernière.

[116] Voir Jürgen Kaube, *Max Weber. Une vie entre les époques*, Editions de la Maison des sciences de l'homme, Paris 2016, pp. 39.

[117] Que ce soit à Heidelberg, Strasbourg ou Berlin, Weber a l'habitude d'être logé voire de suivre des cours universitaires chez des membres de sa famille ou des amis de son père.

faire, parce que je n'ai pas encore été convaincu de leur non-légitimité. » [118]

On retrouve déjà chez le jeune Weber une fermeté quant à ses idées et convictions. Les deux hommes ont néanmoins en commun le postulat de la vérité et celui de la sincérité d'un scientifique. Au-delà des séjours en Alsace où il retourne en 1885 et 1887 pour des exercices militaires[119], le neveu garde le contact avec son oncle par un échange régulier de lettres.

La correspondance strasbourgeoise ne se limite pas à son oncle et ses cousins Fritz, et Otto, mais inclut de longues lettres destinées à sa cousine Emmy alors qu'il est tombé sous son charme. Cette dernière, d'un an sa cadette, est une fille bien éduquée et protégée, mais d'une santé psychique fragile. La forme et le fond de ces lettres sont révélateurs des rapports aux femmes de Max Weber. Emmy prend la place de sa mère, à qui il la compare souvent. De plus, elle est la première femme avec qui il peaufine ses théories et concepts. Les rôles sont distribués de manière classique : la femme reste à la maison alors que l'homme raconte ce qu'il vit dans le monde extérieur. Dans ses lettres, allant jusqu'à 10 pages, il fait le récit de ses journées d'étudiants, il évoque beaucoup les questions d'éducation et de développement du caractère. Il fait aussi preuve d'humour pour impressionner la lectrice mais évite de parler de sentiments. C'est dans une de ses dernières lettres que Weber utilise le mot « amour » pour la première fois, Emmy ayant déjà appris par sa mère les fiançailles de Max et Marianne. De plus, dans cette lettre du 22 avril 1893, adressée à « sa sœur de même âge », le mot amour est utilisé dans un autre sens : Weber termine en effet sa correspondance par les mots « avec amour fraternel et amitié »[120]

On peut observer ici les premiers signes traduisant les problèmes de Max Weber face à la sexualité et ses rapports à l'autre sexe. Ces problèmes seront ceux, dont pâtira également son mariage avec Marianne Schnitger.

---

[118] Eduard Baumgarten, *Max Weber. Werk und Person*, J.C.B. Mohr, Tübingen 1964. Max Weber à sa mère, le 3 mai 1884.

[119] Voir la contribution de Suzie Guth dans cette publication.

[120] Weber, Max, *Briefe 1887-1894*, ed. Rita Aldenhoff-Hübingern, J.C.B. Mohr, Tübingen 2017.

Certains indices laissent croire qu'Ida Baumgarten et Hélène Weber se sont prononcées en faveur d'un mariage entre leurs deux enfants. Hélène cherchait pour son fils une belle-fille de même conviction qu'elle.[121] Toutefois, il ne faut pas oublier que les deux jeunes gens ne s'étaient pas vus pendant cinq ans. Ceci est dû, d'une part au long stage pour futurs avocats que Max Weber effectue à Berlin, mais aussi à la névrose d'Emmy. Il n'empêche que Weber finira par rompre avec Emmy sans vraiment lui adresser un mot d'adieu. Il ne lui rend qu'une brève visite dans une clinique privée pour névrosés à Stuttgart,[122] avant de se fiancer avec Marianne Schnitger.

Ce sera le frère d'Emmy, Otto, pasteur, qui mariera les fiancés. Max Weber garde des contacts étroits avec son cousin. Les deux ont l'occasion de travailler ensemble au Congrès social évangélique (*Evangelisch-sozialer Kongress*) fondé en 1890 par Adolf Stöcker. Otto Baumgarten poursuit deux stratégies au début de son engagement dans cette association : d'un côté un pragmatisme chrétien à l'anglaise, et d'un autre côté, avec l'aide de Max Weber, un pragmatisme économique qui manque beaucoup aux hommes d'Eglise, majoritaires dans le Congrès. Même si les deux cousins partagent les mêmes valeurs fondamentales, leurs convictions politiques divergent. Otto, défend un idéal social aristocratique, il est attaché au conservatisme de Bismarck, et ne suit pas le libéral Friedrich Naumann, Max Weber quant à lui, exprime des revendications en faveur de davantage de démocratie. La mère d'Otto, Ida en revanche, soutient financièrement la campagne politique de Naumann, à l'instar de sa sœur Hélène Weber. Ceci montre qu'elle ne vit pas seulement dans une spiritualité mais s'engage dans une théologie pratique dont le couple devient un fervent défendeur.[123]

Dans sa *Théologie pratique*, Otto Baumgarten est à l'écoute des problèmes et des réalités des gens simples alors que Weber,

---

[121] Voir Kaesler, *op. cit.*, p. 264.

[122] Max Weber raconte cette rencontre à Marianne dans sa lettre de fiançailles du 16 janvier 1893, voir Max Weber, *Briefe 1887-1894,* op. cit.

[123] Voir Stahlberg, Thomas, *Seelsorge im Übergang zur modernen Welt'. Heinrich Adolf Köstlin und Otto Baumgarten im Kontext der Praktischen Theologie um 1900, Vandenhoeck et Ruprecht in Göttingen, 1998, 220 pp.*

malgré son engagement pour une démocratisation de la politique, formule des exigences très élevées que chaque individu devrait appliquer. Contrairement à Max, Otto ne s'adresse pas à une élite mais à la meilleure moyenne afin de tenir compte de ceux qui n'arrivent pas à suivre.[124] Alors que Weber fulmine contre les pasteurs à la recherche de solutions trop idéalistes à la question sociale, et peu enclins à écouter ses explications sur une économie mondiale capitaliste, Baumgarten reste membre du Congrès social évangélique et en devient même son Président (1912-1925).

Il serait intéressant de comparer les deux hommes lors de la Première Guerre mondiale et aussi d'étudier le comportement courageux de Baumgarten contre les nationaux-socialistes. Nous nous limiterons néanmoins ici à la période de la vie d'Hermann et Ida Baumgarten.

*

Nous avons dressé le portrait d'une famille bourgeoise libérale et intellectuelle du XIXe siècle. Nous avons essayé de montrer en quoi Baumgarten et d'autres membres de sa famille se sont battus pour l'unification de l'Allemagne sous l'égide de la Prusse, bien que la politique impériale finalement mise en place finisse par pratiquement tous les décevoir. C'est notamment en Alsace qu'on peut constater ses dérives dont Hermann Baumgarten deviendra un témoin privilégié. Quant aux sœurs Fallenstein, elles se manifestent par leur religiosité, qui sera renforcée par les tragédies auxquelles elles feront face, tout au long de leurs vies. Bien qu'elles se plient aux normes du XIXe siècle, en laissant par exemple leurs époux traiter des questions et décisions financières, elles expriment à travers leurs lettres une très grande indépendance d'esprit. Cette indépendance de valeurs, Ida Baumgarten et Hélène Weber la mettront en œuvre après la mort de leurs maris, en s'investissant dans des œuvres caritatives. Enfin, nous avons exposé les relations complexes qui liaient Max Weber à sa famille

---

124 Il soutient les grévistes du port de Hambourg.

strasbourgeoise. C'est grâce aux échanges sur l'histoire et la politique du Reich qu'il entretient avec son oncle Hermann Baumgarten, que le jeune Weber commence à se détacher de son père et à forger ses propres idées politiques.

En sa tante Ida, il retrouve les traits de sa mère, il lui restera intimement lié tout au long de sa vie. Les relations aux enfants d'Ida le marqueront également. Sa cousine Emmy est la première femme avec laquelle Max Weber ait pu échanger sur ses idées théoriques. Cette relation, bien que platonique, présage déjà le statut de son mariage avec Marianne Schnitger, avec qui il partagera une amitié et une complicité intellectuelle.

Quant à son cousin Otto, Weber restera en contact étroit avec lui jusqu'à la fin de ses jours, même s'il met fin à leur collaboration au sein du Congrès social évangélique.

Chapitre III
Le sociologue et la guerre : Max Weber (1914-1919)

Hinnerk Bruhns[125]

Au cours de la Première Guerre mondiale, Max Weber a d'abord servi sous l'uniforme comme responsable des hôpitaux militaires à Heidelberg, avant de redevenir, en octobre 1915, le *Privatgelehrter* qu'il était depuis qu'il avait démissionné de son poste à l'Université de Heidelberg en 1902. La production scientifique du sociologue Weber, au cours des années de guerre, porte presque exclusivement sur des questions qui n'avaient aucun rapport avec la réalité présente : entre 1915 et 1919, il publie près de 1 000 pages de sociologie religieuse (« Confucianisme et taoïsme », « Hindouisme et bouddhisme », « Le judaïsme antique »). Ce n'est qu'après la fin de la guerre qu'il reprend son grand projet sociologique, *Économie et société*, pour le *Grundriss der Sozialökonomik,* travail qu'il avait interrompu à l'été 1914.

Pourtant, au printemps 1919, Max Weber est invité à rejoindre en tant qu'expert la délégation allemande aux négociations de paix à Versailles. Depuis la fin de l'année 1915, il était intervenu dans le débat public sur la politique de guerre menée par le gouvernement allemand. En 1917 et 1918, il avait publié d'importantes analyses de la politique intérieure et extérieure dans la presse allemande, parmi elles : « Droit de vote et démocratie en Allemagne » et « Parlement et gouvernement dans l'Allemagne réorganisée ». En raison de ses prises de position fondamentales sur la réorganisation de l'Allemagne après la guerre, Hugo Preuß lui demande, en décembre 1918, de participer à la rédaction de la constitution de la future République de Weimar. Au même moment, Weber est tenté, à la fois par un travail dans la presse comme commentateur politique, et par une carrière politique proprement dite, à travers une candidature à la *Nationalversammlung*, l'assemblée constituante. En

[125] Directeur de recherche émérite CNRS, CRH-EHESS.

novembre 1918, son nom avait circulé également pour le poste d'ambassadeur à Vienne. Aucun de ces projets ne se réalisant, Weber se résout finalement à reprendre une chaire universitaire, après avoir déjà enseigné – à titre d'essai, avait-il précisé – à l'Université de Vienne, au cours du semestre d'été 1918. Entre plusieurs alternatives, il opte, essentiellement pour des raisons privées, pour la chaire que lui propose l'Université de Munich. Au cours des premiers mois de l'année 1919, avec la même force avec laquelle il avait combattu, entre 1916 et 1918 la politique du gouvernement allemand, il dénonce, maintenant la politique des alliés et les conditions de paix imposées à l'Allemagne, se révoltant en même temps contre ce qu'il appelle un carnaval révolutionnaire qui, au pire moment menacerait l'unité, voire l'existence de la démocratie allemande qui était en train de naître. La perception du « sociologue politique » Max Weber a été largement influencée par ses engagements politiques.

Lectures politiques

Le 1er janvier 1933, quatre semaines avant la prise de pouvoir d'Adolf Hitler, Hannah Arendt écrit à Karl Jaspers pour le remercier de l'envoi de son essai *Max Weber. Deutsches Wesen im politischen Denken, im Forschen und Philosophieren.*[126] Elle dit avoir tardé à réagir, car elle se sentait en désaccord avec Jaspers qui identifiait Max Weber au « bon sens et à l'humanité qui ont leurs racines dans la passion » et qui voyait en lui *le* représentant du « caractère allemand ». Arendt avoue à Jaspers ses difficultés avec, comme elle dit, « l'impressionnant patriotisme » de Weber : « Pour moi, l'Allemagne c'est la langue maternelle, la philosophie et la création littéraire. Tout cela je peux le cautionner, et je le dois. Mais je dois garder ma distance : je ne peux être ni pour, ni contre quand je lis la magnifique phrase de Max Weber disant que, pour le redressement de l'Allemagne, il s'associerait au diable en personne. Et cette phrase me paraît précisément révéler ce qui est décisif. »[127]

---

126 Paru à Oldenburg i.O. en 1932. Pour les éditions ultérieures, Jaspers a modifié le titre en : *Max Weber. Politiker – Forscher – Philosoph.*

127 Hannah Arendt / Karl Jaspers, *Correspondance (1926-1969)*, traduit de l'allemand par Eliane Kaufholz-Messmer, Payot, Paris, 1995, p. 50 sq. trad

Si à ce moment, Hannah Arendt avait relu le discours prononcé par Jaspers le 17 juillet 1920, lors de la cérémonie de deuil organisée à l'Université de Heidelberg après la mort de Weber, elle aurait compris que Jaspers, au fond, partageait ses réserves. Dans sa nécrologie il avait parlé ainsi des positions politiques de Weber : « Ce patriotisme était son critère ultime pour sa volonté politique. [...] C'est ce qui explique qu'il était prêt, quand cela lui paraissait nécessaire du point de vue de la politique étrangère, de s'associer à tout parti, toute idéologie qui promettait le succès le plus grand pour la patrie. Toutes les considérations politiques n'étaient par conséquent que des considérations techniques à propos des moyens appropriés, et non des considérations basées sur des principes philosophiques [*Weltanschaulich*]. »[128]

Le témoignage de Karl Jaspers nous rappelle qu'un problème central de l'interprétation – encore aujourd'hui – de la pensée politique de Weber a déjà préoccupé ses contemporains. Pour Hannah Arendt, au début du mois de janvier 1933, la phrase de Weber qu'elle cite est à la fois problématique et « grandiose ».

---

mod. Édition originale : Lotte Köhler / Hans Saner (éd.), *Hannah Arendt – Karl Jaspers. Briefwechsel 1926–1969*, Piper, Munich/Zurich, 1985. Lettre du 1er janvier 1933 : « ... Für mich ist Deutschland die Muttersprache, die Philosophie und die Dichtung. Für all das kann und muß ich einstehen. Aber ich bin zur Distanz verpflichtet, ich kann weder dafür noch dagegen sein, wenn ich den großartigen Satz Max Webers lese, zur Wiederaufrichtung Deutschlands würde er sich auch mit dem leibhaftigen Teufel verbinden. Und in diesem Satz scheint mir gerade das Entscheidende offenbar zu sein » Arendt ne connaissait pas la phrase exacte prononcée par Weber : « Wenn er noch Politik betriebe, würde er sich zur Wiederaufrichtung Deutschlands in seiner alten Herrlichkeit „gewiss mit jeder Macht der Erde und auch mit dem leibhaftigen Teufel verbünden [...]. Nur nicht mit der *Macht der Dummheit* ! ». Cf. Hinnerk Bruhns, *Max Weber und der Erste Weltkrieg*, Tübingen, Mohr/Siebeck, 2017, p. 188 sq.

[128] Karl Jaspers, *Max Weber. Rede bei der von der Heidelberger Studentenschaft am 17. Juli 1920 veranstalteten Trauerfeier*, Mohr/Siebeck, Tübingen, 1926, p. 17. « ... Dieser Patriotismus war ihm letzter Maßstab auch für seinen politischen Willen. ... Darum war er bereit, wenn es außenpolitisch nötig schien, mit jeder Partei, jeder Weltanschauung zu gehen, die den größten Erfolg für das Vaterland versprach. Alle politischen Erwägungen waren ihm daher technische Erwägungen über die sachlich geeigneten Mittel, nicht weltanschaulich-prinzipielle ».

Après le 30 janvier 1933, plus personne ne la caractériserait encore de « grandiose ».

Depuis cette époque, il y a principalement deux lectures divergentes de la pensée et de la sociologie de Weber. En 1939, depuis son exil japonais, le philosophe Karl Löwith établit un lien entre la pensée de Weber et l'avènement du national-socialisme. En même temps, dans son exil américain, le sociologue Hans Gerth, élève de Karl Jaspers, d'Alfred Weber et de Karl Mannheim, utilise les catégories weberiennes comme instruments pour analyser la nature et le fonctionnement du régime national-socialiste.[129] Un exemple plus récent d'une telle lecture de Weber est constitué par les travaux de M. Rainer Lepsius, en particulier son article sur « Le modèle de la domination charismatique et son application possible au « *Führerstaat* » d'Adolf Hitler ».[130]

La critique de Weber par Löwith, apparemment peu connue dans les années 1950, sera reprise par Wolfgang Mommsen, en 1959, dans son grand livre (une thèse de doctorat !) « *Max Weber und die deutsche Politik* ». Un livre qui a fait date – encore aujourd'hui, un classique incontournable – et qui a fait scandale : après la Deuxième Guerre mondiale, Max Weber était considéré comme un des seuls grands penseurs politiques qui permettait d'établir un lien positif entre la jeune République fédérale et l'histoire de la démocratie allemande avant la prise de pouvoir par Adolf Hitler. Dans le livre de Mommsen, Weber apparaissait, à travers son nationalisme et sa théorie du chef plébiscitaire comme un des *Wegbereiter* du national-socialisme.[131] C'est en réaction au livre de Mommsen qu'au congrès de la *Deutsche*

---

[129] Karl Löwith, « Weber und seine Nachfolger », 1939 ; Hans Gerth, « The Nazi Party : Its Leadership an Composition », *The American Journal of Sociology* 1940.

[130] Trad. française dans *Trivium* n° 23, 2016 : https://journals.openedition.org/trivium/5325 ; voir aussi H. Bruhns, « Retour pratique sur la notion de « charisme » chez Max Weber », in *Que faire du charisme ? Retours sur une notion de Max Weber,* sous la direction de Vanessa Bernadou, Félix Blanc, Raphaëlle Laignoux, Francisco Roa Bastos, Presses Universitaires de Rennes, Rennes 2014, p. 149-167.

[131] Cf. H. Bruhns, « Max Weber et le politique : retour sur l'œuvre de Wolfgang J. Mommsen », in *Max Weber et le politique*. Sous la direction de Hinnerk Bruhns et Patrice Duran, Paris, L.G.D.J., 2009. p. 31-46.

Gesellschaft für Soziologie à Heidelberg en 1964, centenaire de la naissance de Weber, toute une session fut consacrée à *Max Weber und die Machtpolitik*, avec une conférence inaugurale de Raymond Aron sur « Max Weber et la politique de puissance »[132]. Des autres sessions de ce congrès sur *Max Weber und die Soziologie heute*, on a retenu surtout en France l'intervention d'Herbert Marcuse (« Industrialisation et capitalisme chez Max Weber ») qui accusa Weber non seulement de se faire le défenseur de la déshumanisation capitaliste, mais encore de dénoncer toute possibilité d'alternative au système capitaliste et impérialiste. On a retenu également l'affirmation de Jürgen Habermas que Carl Schmitt était un disciple légitime, voire un fils naturel de Weber – et donc Weber le père naturel de Schmitt.[133]

Pour Raymond Aron, Weber « avait une fois pour toutes décidé que la valeur suprême à laquelle il se vouerait, en politique, le dieu (ou le démon) auquel il avait juré fidélité était la grandeur de la nation allemande », et il « avait choisi la puissance de l'Etat national pour valeur ultime [...] ». On retrouve cette vision encore dans la biographie, par ailleurs excellente, de Weber par Jürgen Kaube, publiée en 2014 : « Finalement, tout procède d'un enchaînement nécessaire [*aus einer zwingenden Folge von Wendepunkten*]. Qui dit 1848, dit 1866 ; qui dit 1866, dit 1870/71 ; qui dit 1871 dit 1914 : qui dit l'Allemagne, dit une Allemagne unifiée, qui dit Allemagne unifiée, dit unifiée sous la férule prussienne, qui dit férule

---

132 Raymond Aron, « Max Weber et la politique de puissance », in Id., *Les étapes de la pensée sociologique. Montesquieu. Comte. Marx. Tocqueville. Durkheim. Pareto. Weber*, Paris, Gallimard, 1967, p. 642-656. Traduction allemande: « Max Weber und die Machtpolitik », in *Max Weber und die Soziologie heute. Verhandlungen des 15. Deutschen Soziologentages. Im Auftrage der Gesellschaft herausgegeben von Prof. Dr. Otto Stammer*, Tübingen, J.C.B. Mohr (Paul Siebeck), 1965, 103-120 (anschliessende Diskussion : 121-156).

133 Herbert Marcuse, « Industrialisierung und Kapitalismus", in: *Max Weber und die Soziologie heute. Verhandlungen des 15. Deutschen Soziologentages*, 161-180. Il existe au moins trois traductions françaises de cette conférence de Marcuse, en dernier lieu in : *Actuel Marx*, n° 11, 1992, 21-40. Jürgen Habermas, « Diskussionsbeitrag », in *Max Weber und die Soziologie heute. Verhandlungen des 15. Deutschen Soziologentages*, 80.

prussienne, dit État-puissance [*Machtstaat*] et donc mise à l'épreuve, par la guerre, de sa position de grande puissance au centre de l'Europe. » (p. 326).[134]

Pour Kaube, cet enchaînement logique ne laisse aucun doute, et la guerre n'était ainsi pour Weber qu'une conséquence nécessaire de l'unification allemande, de la politique de Bismarck. Raymond Aron, au contraire, qui avait introduit le sociologue Weber en France, ne pouvait apparemment se contenter de ce qu'il avait découvert en se replongeant dans les écrits politiques de Weber pour le congrès de 1964. Il terminait sa conférence sur une aporie : « Max Weber, au fond, s'est trahi lui-même dans sa théorie de la politique, car jamais la puissance, ni la sienne ni celle de la nation, n'a été son dieu. Sa pensée et son existence ont obéi à deux valeurs : la vérité et la noblesse. L'homme et le philosophe nous laissent un héritage que les erreurs du théoricien de la *Machtpolitik* ne suffisent pas à compromettre. » (p. 656).

Dans le complexe de la politique de puissance, l'attitude de Weber face à la guerre constituait naturellement une dimension centrale. Par rapport à la guerre, ce n'est pas seulement le penseur politique mais l'homme Weber, associé par Aron à la vérité et à la noblesse, qui pose problème à ses biographes.

Dans sa volumineuse biographie de Weber, Dirk Kaesler place le court chapitre qu'il consacre à la guerre sous le titre : « *Der alte Löwe leckt Blut : August 1914* » (Le vieux lion est avide de sang : août 1914).[135] Un autre biographe, Joachim Radkau, parle à la fois de « *fatales Behagen am Krieg* » (un étrange et inquiétant plaisir procuré par la guerre) et de fuite hors du monde.[136]

---

[134] Jürgen Kaube, *Max Weber. Ein Leben zwischen den Epochen*, Berlin, Rowohlt, 2014. Edition française : *Max Weber. Une vie entre les époques*, Traduit de l'allemand par Sacha Zilberfarb, Paris, Editions de la Maison des sciences de l'homme, 2016. Citation p. 326.

[135] Dirk Kaesler, *Max Weber. Preuße, Denker, Muttersohn*, München, C.H. Beck, 2014.

[136] Joachim Radkau, *Max Weber. Die Leidenschaft des Denkens,* Hanser, München/Wien (Lizenzausgabe für die Wissenschaftliche Buchgesellschaft, Darmstadt), 2005, p. 715.

De tels jugements se fondent en général sur des lettres de Weber écrites au début de la guerre. Dès la mobilisation, Weber s'était porté volontaire. Mais inapte à servir au front, on lui confie la mise en place et la gestion des hôpitaux militaires de Heidelberg. Il y fera son service sous l'uniforme pendant quatorze mois, jusqu'à la fin du mois de septembre 1915. De toute cette période, et en fait jusqu'à fin décembre 1915, nous ne connaissons pas la moindre prise de position publique de Weber sur la guerre (à l'exception du fait qu'il ait cosigné en juillet 1915 une pétition contre des annexions), alors qu'au cours de cette même période les intellectuels allemands (comme leurs collègues français, anglais et autres) se déchaînent publiquement à un tel point que l'on a pu parler d'une mobilisation et d'une guerre des esprits.[137] La retenue, le silence de Weber en 1914 et 1915 ne peut s'expliquer uniquement par le devoir de réserve qu'il observait tant qu'il servait comme officier.

Dans des lettres privées, adressées à des parents ou à des collègues, écrites au début de la guerre, Weber s'exclame : « que cette guerre est grande et merveilleuse ». Encore en novembre 1915 et même encore au mois d'avril 1916 on peut lire dans des lettres à sa mère et à d'autres membres de sa famille qu'il se vante d'être celui des fils de sa mère qui a les instincts guerriers *innés* les plus forts et qu'il regrette que la guerre soit venue 20 ans trop tard, car autrement elle l'aurait trouvé à cheval, le sabre à la main.

Quel poids attribuer à de telles déclarations ? Certes, on connaît bien le tempérament combatif de Weber dans l'arène académique et aussi politique. Mais est-il pour autant un « va-t-en-guerre » ? Il aurait souhaité que la guerre éclate quand il était encore jeune ? Ses lettres écrites lors d'une période de service militaire à Strasbourg en 1887, quand la guerre menaçait déjà parlent une autre langue : Max Weber était très soulagé que la guerre n'éclate finalement pas[138]. Et quant à « la guerre si grande et merveilleuse » : dans l'enthousiasme quasi-général du mois

---

[137] Kurt Flasch, *Die geistige Mobilmachung. Die deutschen Intellektuellen und der Erste Weltkrieg*, Berlin, Alexander Fest Verlag, 2000. Barbara Beßlich, *Wege in den Kulturkrieg. Zivilisationskritik in Deutschland 1890-1914*, Darmstadt Wissenschaftliche Buchgesellschaft, 2000.

[138] Voir H. Bruhns, *Max Weber und der Erste Weltkrieg*, p. 145.

d'août 1914, ce que Weber dit est en effet étrange, même peut-être unique. Car à chaque fois qu'il parle de la guerre si merveilleuse, il précise, comme dans une lettre à son collègue Karl Oldenberg : « *Denn dieser Krieg ist groß und wunderbar, was auch der Erfolg sein mag* »[139] (« Car cette guerre est grande et merveilleuse, *quel que* puisse en être le succès »).

Joachim Radkau caractérise l'attitude de Weber au cours de la guerre de « *wohlige Weltflucht : das Vergnügen bei Chinesen und Indern* », de douce fuite hors du monde pour trouver son plaisir chez des Chinois et des Indiens. Il est vrai qu'entre 1915 et 1919 le « sociologue » Weber se consacre essentiellement à sa « sociologie religieuse », *L'éthique économique des religions mondiales* : Confucianisme, taoïsme, bouddhisme et hindouisme, puis judaïsme antique. La guerre semble loin dans tout cela. S'agit-il de *Kriegsverdrängung*, d'un refoulement de la guerre tel que Hans Joas et Wolfgang Knöbl l'ont constaté pour la théorie sociale du XXe siècle ?[140] Pourtant, dans la réflexion de Weber sur la religion, la guerre n'est pas si loin que cela. Dans la *Zwischenbetrachtung (Considération intermédiaire)* intercalée entre les études sur la Chine et celles sur l'Inde, Weber explique que c'est grâce à la guerre que le politique, contrairement à l'économie, peut concurrencer directement l'éthique religieuse : « La guerre, en tant qu'elle réalise la menace du recours à la force, crée, précisément dans les communautés politiques modernes, un pathos et un sentiment communautaire ; ce faisant, elle fait naître chez les combattants un don de soi et une communauté inconditionnelle dans le sacrifice, ainsi que la mise en œuvre, comme phénomène de masse, d'une compassion et d'un amour pour le nécessiteux, qui font éclater toutes les barrières propres aux groupements naturels : en regard de quoi les religions ne peuvent rien offrir d'équivalent, en général, sinon dans les communautés de héros reposant sur l'éthique de fraternité. »

La guerre fait encore plus, en donnant un sens à la mort et en la sacralisant : « Aujourd'hui, comme aux temps de la vassalité,

---

139 Brief an Karl Oldenberg, 28. August 1914. MWG II/8, p. 783.

140 Hans Joas & Wolfgang Knöbl, *Kriegsverdrängung. Ein Problem in der Geschichte der Sozialtheorie*, Frankfurt/am/Main, Suhrkamp, 2008.

la communauté de l'armée en campagne est ressentie comme la communauté suprême dans son genre : celle qui va jusqu'à la mort. »

Comme phénomène de masse, seule la mort sur le champ de bataille donne à l'individu l'impression de savoir qu'il meurt « pour quelque chose ». Et Weber de conclure : « Toutes les tentatives faites pour étayer la dignité spécifique du groupement politique reposant sur la violence impliquent finalement cette opération d'insertion de la mort dans la série des événements qui ont un sens, et un sens consacré »[141].

Déjà avant la guerre, le sociologue avait exposé froidement comment, sous l'influence des couches qu'il dit privilégiées par l'existence de l'appareil impérialiste, « le prestige nu de la puissance [...] se transforme en l'idée de la nation » et il avait ajouté : « Ceux qui dans une « communauté culturelle » usurpent la direction, c'est-à-dire les intellectuels, sont particulièrement prédestinés à propager l'idée 'nationale' », estimant que dans la perception subjective des masses, l'importance du risque de la mort peut facilement être réduite à zéro par des manipulations émotionnelles.[142]

De telles observations, cependant, ne constituent pas déjà en soi une analyse sociologique de la guerre, loin de là. Ne doit-on pas attendre du père fondateur de la sociologie une analyse plus approfondie ? Cela semble être une attente légitime, d'autant plus que la revue codirigée par Weber, *Archiv für Sozialwissenschaft und Sozialpolitik*, avait non seulement lancé une série spéciale sur « Krieg und Wirtschaft », mais avait publié également dès le mois de janvier 1915 sous la plume d'Emil Lederer une « sociologie de la guerre »[143].

[141] Max Weber, *Sociologie des religions*. Textes réunis, traduits et présentés par Jean-Pierre Grossein. Introduction de Jean-Claude Passeron, Paris, Gallimard, 1996, p. 426 sq.

[142] Max Weber, *Gemeinschaften*, MWG I/22-1, 240 et 246 sq.

[143] Emil Lederer, « Zur Soziologie des Weltkriegs », ASSP, 39,2, 1915, 347-384. Réimprimé in Peter Gostmann & Alexandra Ivanova (dir.), *Schriften zur Wissenschaftslehre und Kultursoziologie. Texte von Emil Lederer*, Wiesbaden, Springer VS 2014, p. 101-130. Traduction anglaise: "On the sociology of war", *European Journal of Sociology / Archives européennes de sociologie*, 47, 2006, pp. 241-268.

Rien de tel chez Max Weber. Tout au plus peut-on citer un constat plus que synthétique que Weber dresse en 1918. Il parle de la guerre mondiale actuelle comme « l'avancée triomphale à travers le monde entier d'une forme de vie spécifique », c'est-à-dire : « l'organisation *bureaucratique* rationnelle, reposant sur la division du travail et la spécialisation, de tous les groupements humains de domination, de l'usine à l'armée et à l'État [...]. »[144]

La guerre n'a pas déclenché la marche triomphale de cette nouvelle forme de vie, mais elle l'a accélérée et rendue universelle. Cette thèse permet d'insérer la guerre mondiale dans un processus – de modernisation, rationalisation et bureaucratisation – qui pour beaucoup d'interprètes constitue le cœur de la sociologie wébérienne. Elle est d'autant plus intéressante qu'elle est en contradiction, ou plutôt en tension avec une autre conception de la guerre chez Weber, une conception qui perdure curieusement jusqu'en 1919 : l'image de la guerre comme champ d'honneur où les adversaires combattent en respectant les codes d'honneur et où il n'est pas admissible que des « sauvages » (les troupes coloniales des Français et des Britanniques) se mesurent à des peuples civilisés, des peuples de grande culture. Tension également avec la réalité de la guerre de tranchées et de l'abattage quasi industriel de centaines de milliers d'hommes que Weber note avec effroi.[145]

---

[144] Max Weber, « Parlament und Regierung im neugeordneten Deutschland », MWG I/15, p. 461 : „Der jetzige Weltkrieg bedeutet vor allem den Siegeszug dieser Lebensform [c.a.d. : „die rationale, arbeitsteilige, fachmäßige *bureaukratische* Organisation aller menschlichen Herrschaftsverbände, von der Fabrik bis zum Heer und Staat"] über die ganze Welt. Er war ohnehin im Gange". Trad. fr. dans « Parlement et gouvernement dans l'Allemagne réorganisée », in Max Weber, *Œuvres politiques 1895-1919.* Traduit de l'allemand par Elisabeth Kauffmann, Jean-Philippe Mathieu et Marie-Ange Roy. Présentation d'Elisabeth Kauffmann. Introduction de Catherine Colliot-Thélène, Paris, Albin Michel, 2004, p. 333.

[145] Dans une lettre du 16 janvier 2018 à Marianne Weber, ainsi que dans plusieurs autres lettres de ce mois, Weber s'émeut de ce que le commandement militaire chiffrait les pertes humaines de la grande offensive en préparation pour la seule armée allemande à 600 000 morts. MWG II/10, p. 61.

Les intellectuels et la guerre : Weber un cas à part ?

L'attitude des intellectuels européens face à la guerre de 1914 est un sujet qui a été traité à de maintes reprises. Weber n'y apparaît en général qu'à la marge. Qu'est-ce qui distingue Max Weber des Werner Sombart, Max Scheler, Georg Simmel, Henri Bergson ou Emile Durkheim, pour ne citer que quelques noms parmi beaucoup ? D'abord deux faits déjà mentionnés : d'août 1914 à septembre 1915, Weber porte l'uniforme d'un officier de réserve. Son temps est, se plaint-il, pris entièrement par la gestion des hôpitaux militaires. Ensuite, du début de la guerre jusqu'à fin décembre 1915, Weber ne s'est pas exprimé une seule fois publiquement sur la guerre, à la seule exception, signalée plus haut, d'avoir cosigné en juillet 1915 un appel au chancelier du Reich plaidant pour une paix sans annexions.

Cette retenue tranche fortement avec l'emballement général, la guerre des esprits, dans laquelle se jettent de nombreux universitaires, écrivains et artistes. Le ton avait été donné par Henri Bergson le 8 août 1914 dans une déclaration à l'Académie des sciences morales et politiques : « La lutte engagée contre l'Allemagne est la lutte même de la civilisation contre la barbarie. Tout le monde le sent, mais notre Académie a peut-être une autorité particulière pour le dire. Vouée en grande partie à l'étude des questions psychologiques, morales et sociales, elle accomplit un simple devoir scientifique en signalant dans la brutalité et le cynisme de l'Allemagne, dans son mépris de toute justice et de toute vérité, une régression à l'état sauvage ».[146]

Le nom de Weber ne se trouve ni dans la liste des signataires du fameux Manifeste des 93 (« *Aufruf an die Kulturwelt* »[147]) du mois d'octobre 1914 qui était la réponse indignée des intellectuels allemands, et il ne prend pas la plume comme Max Scheler (*Der deutsche Krieg und der Genius des Krieges*, 1915), Werner Sombart (*Händler und Helden. Patriotische*

---

146 *Discours prononcé à l'Académie des sciences morales et politiques*, in Henri Bergson, *Mélanges*, éd. André Robinet, Paris, PUF, 1972, p. 1102.

147 Jürgen von Ungern-Sternberg, & Wolfgang von Ungern-Sternberg, *Der Aufruf an die Kulturwelt. Das Manifest der 93 und die Anfänge der Kriegspropaganda im Ersten Weltkrieg. Mit einer Dokumentation,* Stuttgart, Franz Steiner Verlag, 1996.

Besinnungen, 1915) et d'autres, ou comme en France, Émile Durkheim (*L'Allemagne au-dessus de tout. La mentalité allemande et la guerre,* 1915). Dès le mois de septembre 1914, Durkheim avait écrit au philosophe Xavier Léon : « Les royaumes de Prusse et d'Autriche sont des agrégats contre nature faits et maintenus par la force et ils n'ont pas su remplacer peu à peu la force et la dépendance contrainte par l'attachement consenti. Un empire ainsi façonné ne peut durer. La géographie de l'Europe va être refaite sur des bases rationnelles et morales ».[148]

Ce que Durkheim exprime dans cette lettre, et plus tard dans son pamphlet" *L'Allemagne au-dessus de tout ",* Henri Bergson le développe longuement dans son discours de fin de mandat le 12 décembre 1914 à l'Académie des sciences morales et politiques[149]. De tels exemples d'une instrumentalisation de la science à des fins politiques pourraient être multipliés sans difficulté.

Une autre différence, à laquelle on ne pense pas spontanément, concerne la position académique et la renommée de Weber comparées aux autres auteurs cités. Qui est Weber en 1914 ? Un professeur d'économie qui a démissionné de sa chaire à Heidelberg en 1903 ; un savant qui n'a publié qu'un seul livre, presque un quart de siècle auparavant : *L'histoire agraire romaine*. Sa renommée scientifique repose peut-être plus, sur ses enquêtes réalisées sur la situation des ouvriers agricoles dans l'Allemagne orientale que sur ses articles de revue sur « L'Ethique protestante et l'esprit du capitalisme » qui plus tard seront considérés comme une œuvre de génie (et contestés autant). Au début de la guerre, Weber occupe, certes, une place importante dans le champ académique. Il est codirecteur de la plus importante revue en sciences sociales : l'*Archiv für Sozialwissenschaft und Sozialpolitik.* Il dirige un grand projet éditorial dans sa discipline, l'économie : le *Grundriss für Sozialökonomik.* Il est cofondateur de la *Deutsche Gesellschaft*

148 Lettre à Xavier Léon, 15 septembre 1914, in Emile Durkheim, *Textes*. Présentation de Victory Karady. Vol. 2, Paris: Les éditions de minuit, 1975, p. 470 sq.

149 Henri Bergson, *Mélanges*, éd. André Robinet, Paris, PUF, 1972, p. 1107 sqq.

für Soziologie et joue un rôle de premier plan au sein de l'influent *Verein für Sozialpolitik*. Bref, une personnalité très engagée pour la politique sociale et pour le développement des sciences sociales et économiques, avec un grand prestige dans le milieu académique, avec des connexions politiques importantes, mais encore peu connu du grand public. Ce qui, à première vue, est également frappant, c'est que l'économiste Weber, au contraire de nombre de ses collègues, ne manifeste apparemment qu'un intérêt très relatif pour la question de l'économie de guerre qui, pourtant, devient centrale pour sa propre revue. Concernant le *Grundriss für Sozialökonomik*, il attend jusqu'au mois d'avril 1916 pour suggérer à son éditeur Siebeck d'y inclure un « livre » sur l'économie de la guerre.

Ni intérêt politique ni intérêt scientifique pour la guerre ? Force est de constater que les ambitions de Weber, au cours des quinze ou seize premiers mois de la guerre sont d'une autre nature. L'activité pratique à Heidelberg l'avait comblé pour un temps. En 1915, et encore au début de l'année 1916, il est à la recherche d'un poste dans l'administration militaire, à Bruxelles d'abord, puis à Berlin, et ensuite à Varsovie (il commence même à apprendre le polonais). Cela aurait été un poste d'expert en politique économique et sociale. Toutes ces tentatives échouent, et Weber s'engage pour un temps, fin 1915/début 1916, dans le projet Mitteleuropa de Friedrich Naumann et dans les travaux analogues du *Verein für Sozialpolitik*. En même temps, il fréquente intensément ses Chinois et ses Indiens dans les bibliothèques berlinoises.

L'échec de ses tentatives d'obtenir un poste à la hauteur de ses ambitions, et ne serait-ce que dans l'administration militaire de territoires occupés, ne l'incite pourtant pas à se retirer entièrement sur le terrain de ses recherches académiques, loin de là. En décembre 1915, Weber publie un premier grand article, une première prise de position publique sur la guerre, dans la *Frankfurter Zeitung* : *Bismarcks Außenpolitik und die Gegenwart*[150]. Cet article montre bien la nature particulière de la

[150] Weber y reprend des arguments développés un Mémorandum « Zur Frage des Friedenschließens », rédigé en novembre 1915, qu'il n'a pas envoyé au

réflexion de Weber sur la guerre. C'est une réflexion sur la paix, sur les conditions extérieures et intérieures d'une paix durable. Sa réflexion est fondée sur une analyse sociologique et historique de la situation extérieure et intérieure de l'État national allemand construit par Bismarck. En dépit de tous les accents de va-t-en-guerre mentionnés plus haut, on peut constater une profonde continuité de cette pensée sur la paix chez Weber, de 1914 à 1918-2019.

Dès le mois d'octobre 1914 il avait exprimé sa préoccupation dans une lettre à Ferdinand Tönnies : « Comment pouvez-vous penser une paix ? Et quand ? Les centaines de milliers de personnes saignent pour la terrible incapacité de notre diplomatie - malheureusement, on ne peut le nier, et c'est pourquoi je n'attends pas, même dans le cas d'une conclusion ultime favorable, une paix vraiment durable pour nous ».[151]

Dans les écrits et discours de Weber entre 1915 et 1919 on peut distinguer trois moments principaux, trois pistes de réflexion :

1) Comment la guerre aurait-elle pu être évitée ou au moins limitée. C'est le sens du rappel de la politique extérieure de Bismarck dans son article du 21 décembre 1915, puis du mémorandum du mois de mars 1916 contre l'intensification de la guerre sous-marine qui provoquerait nécessairement l'entrée en guerre des Etats-Unis d'Amérique. A ce sujet, Raymond Aron compare Weber à Nicias qui avait en vain mis en garde les Athéniens contre l'expédition sicilienne.

2) Comment mener la guerre et définir ses objectifs de sorte à obtenir une paix qui, du point de vue des relations extérieures, ait une chance de durer ? Un leitmotiv de toutes les interventions de Weber est le refus de toute annexion de territoires étrangers dont le résultat serait, comme il dit, qu'en Europe les bottes de l'Allemagne écraseraient les doigts de pied de tout un chacun :

---

gouvernement et qui n'a été publié qu'après sa mort. L'article et le mémorandum ont été republiés dans MWG I/15.

151 « *Wie soll man sich einen Frieden denken ? Und wann ? Die Hunderttausende bluten für die entsetzliche Unfähigkeit unserer Diplomatie – das ist leider nicht zu leugnen, und daher hoffe ich, selbst im Fall eines endgültig guten Ausgangs, nicht auf einen wirklich dauernden Friedenserfolg für uns* ». Lettre du 14 octobre 1914, MWG II/8, p. 799.

« *Es widerstreitet auch heute den deutschen Interessen, einen Frieden zu erzwingen, dessen hauptsächliches Ergebnis wäre : daß Deutschlands Stiefel in Europa auf jedermanns Fußzehen ständen* ».[152] Cela ne l'empêche pas de concevoir une Europe de l'après-guerre dans laquelle la sécurité de l'Allemagne serait assurée à l'Est par des fortifications allemandes à la frontière orientale d'une Pologne indépendante, et à l'Ouest, par des mesures garantissant une réelle neutralité de la Belgique.

3) La troisième piste de réflexion concerne la réorganisation (*Neuordnung*) de l'Allemagne : comment transformer les structures politiques et sociales de l'Allemagne de sorte à lui assurer une stabilité intérieure et une justice sociale que Weber juge indispensable pour une paix durable.

Le projet d'avenir que Weber esquisse pour l'Allemagne s'oppose frontalement à celui connu sous le nom d'« Idées de 1914 ». Celles-ci mettaient en avant le caractère unique de la culture, de l'histoire et de l'être allemands, la liberté allemande, par rapport aux idées des Lumières et de la Révolution française. Elles opposaient la culture, connotée positivement, à la civilisation, connotée négativement par association au rationalisme, au matérialisme et au machinisme. Pour bien marquer cette opposition, Weber désigne sa propre vision comme « idées de 1917 », puis, la guerre se prolongeant : « idées de 1918 ». Il les évoque une première fois le 1er août 1916, dans un discours « Au seuil de la troisième année de guerre » prononcé à Nuremberg, dans le cadre d'une initiative plus large à la fois de commémoration du début de la guerre et de soutien à une « paix de compromis » (*Verständigungsfrieden*). Des orateurs avaient été dépêchés par un éphémère *Deutscher Nationalausschuß für einen ehrenvollen Frieden* dans une cinquantaine de villes. La tonalité générale de ces discours était patriotique, voire haineuse et teintée d'hybris. A Berlin, Adolf von Harnack parlait de l'enthousiasme sacré des soldats et comparait l'attitude des ennemis à une révolte d'esclaves. A Bonn, l'historien Justus Hashagen comparait les armées des ennemis à des flots venant de l'enfer, rouges du sang innocent des soldats allemands : des

[152] Max Weber, « Bismarcks Außenpolitik und die Gegenwart », MWG I/15, p. 90.

sauvages tirent avec des munitions américaines sur les soldats allemands, « les meilleurs éléments du premier peuple de culture du monde » (« *die Blüte des ersten Kulturvolkes der Welt* »[153]).

Max Weber, au contraire, fait appel à la raison de ses auditeurs et pose une question simple : pour quelle cause meurent les soldats au front ? Cette question, dit Weber, relève de la réflexion et de la pensée politiques, et non du registre émotionnel. Il se moque des intellectuels qui, restés à la maison, inventent des « idées » tandis que les soldats meurent au front.[154]

Au cours des années suivantes, la conception weberienne des « idées de 1918 » se précise ; elle relève à la fois de la pensée politique et de l'observation sociologique. Sa première préoccupation est d'associer les soldats qui reviendront du front à la construction d'une nouvelle Allemagne. L'abolition du droit de vote censitaire en Prusse est la condition *sine qua non* pour aller vers une démocratisation. L'exigence d'une démocratisation de masse n'était pas pour Weber fondée sur des principes philosophiques abstraits, mais sur la conviction qu'elle seule pourrait permettre à l'Allemagne de parfaire la construction d'une nation et d'un Etat moderne. De ce point de vue, démocratisation et justice sociale étaient indissociables. Une question centrale qui le préoccupait était celle de savoir quels intérêts, quelles couches ou groupes allaient déterminer les structures économiques et politiques de l'Allemagne de l'après-guerre.

Les points centraux de son analyse de la situation de l'Allemagne étaient les suivants : la critique des rapports sociaux de pouvoir dans la partie orientale de l'Allemagne ; le souci d'une population paysanne saine, capable de défendre l'Est

---

[153] Adolf von Harnack, „An der Schwelle des dritten Kriegsjahrs. Rede am 1. August 1916 in Berlin gehalten", in: *Adolf von Harnack als Zeitgenosse. Reden und Schriften aus den Jahren des Kaiserreichs und der Weimarer Republik.* Herausgegeben und eingeleitet von Kurt Nowak, mit einem bibliographischen Anhang von Hanns-Christoph Picker. Walter de Gruyter, Berlin, New York 1996. Teil 2 : Der Wissenschaftsorganisator und Gelehrtenpolitiker, p. 1473-1490, citation p.1476. Justus Hashagen, *An der Schwelle des dritten Kriegsjahres. Rede gehalten zu Bonn am 1. August 1916*, Bonn, 1916, p. 6sq.

[154] Cf. Hinnerk Bruhns (dir.), *Max Weber, Discours de guerre et d'après-guerre*, Paris, 2015.

culturellement et, si besoin, militairement ; la critique du capitalisme agraire ; la critique des tendances à la féodalisation au sein de la bourgeoisie prussienne et sa préférence pour un capitalisme de rentiers ; le soutien aux ouvriers industriels et aux syndicats ; le soutien aux vrais entrepreneurs, avec un plaidoyer pour une économie moderne qui permettrait à l'Allemagne d'affronter la concurrence des grands Etats industriels, politiquement puissants.

D'où la question que Weber soulève toujours à nouveau : qui seront les gagnants de la guerre, les profiteurs de la guerre, et qui les perdants ? Son regard critique sur la modification des rapports de force au sein de la société relève dans un sens d'une sociologie de la guerre. Parmi les réformes réclamées par Weber en 1917 et 1918 figurent en premier lieu le droit de vote égalitaire en Prusse, ensuite la revalorisation du rôle du parlement. Celui-ci doit être en mesure d'assumer ses véritables fonctions qui sont, aux yeux de Weber : d'une part, favoriser l'émergence d'hommes politiques responsables, capables de diriger le pays, d'autre part : effectuer un contrôle efficace de la bureaucratie et du gouvernement. Troisièmement : revalorisation du rôle des partis politiques et du parlement, ainsi que, quatrièmement, un ensemble de dispositions à introduire dans la future constitution.

Quant à la structure du Reich, c'est la Prusse qui constitue aux yeux de Weber l'hypothèque la plus lourde pour l'avenir. De façon émotive, il l'exprime ainsi : « *Être des vassaux des castes privilégiées prussiennes, nous le rejetons catégoriquement.* ».[155] Dans ses réflexions sur la réorganisation de l'Allemagne, il envisage – comme également Hugo Preuß –, mais sans trop se faire d'illusions, de départager la Prusse en plusieurs Länder, de déplacer des ministères de Berlin dans d'autres villes allemandes, voire de déplacer le siège du gouvernement. Weber exprima avec force sa conviction en décembre 1918 qu'« un gouvernement républicain, de la Grande Allemagne, fédéral et démocratique, et non de la Grande Prusse » ne serait pas une impossibilité. Elle

---

[155] « *Vasallen preußischer privilegierter Kasten zu sein, lehnen wir auf das Bestimmteste ab* ». *Parlament und Regierung*, MWG I/15, p. 561. Weber emploie les mêmes termes dans une lettre à Hermann Oncken, le 20. April 1917. MWG II/9, p. 620.

présupposait cependant l'élimination de la structure hégémonique « *großpreußisch* » du Reich qui, en vérité, signifiait la domination d'une caste.[156]

Concernant la pensée politique de Max Weber, d'innombrables commentateurs se sont focalisés sur la notion de chef charismatique et sur la formule d'une « *plebiszitäre Führerdemokratie* » qui n'apparaît qu'une seule fois dans toute l'œuvre de Weber, pas dans ses traités politiques, mais dans son analyse sociologique du type de domination charismatique. Il était trop tentant d'y voir une préfiguration de ce qui allait arriver en Allemagne treize années plus tard. De ce fait, une contribution majeure de Weber à la constitution démocratique de la République de Weimar – et plus tard à celle de la République fédérale – a été négligée : le renforcement du pouvoir du parlement. Donner au parlement la capacité à la fois de faire émerger de véritables dirigeants politiques et de contrôler l'action de l'administration, d'un côté, du gouvernement, et de l'autre, était en effet la préoccupation majeure de Weber dans son traité sur *Parlement et Gouvernement* et dans ses propositions pour la nouvelle constitution.

[156] « *Eine republikanische, großdeutsche und nicht großpreußische, Staatsform föderativen und dabei demokratischen Charakters* ». Max Weber, *Deutschlands künftige Staatsform*, MWG I/16, p. 98.

Chapitre IV
Max Weber et la *Wertfreiheit.* Une question d'interprétation[157]

Roland Pfefferkorn[158]

Introduction

Depuis la préface de Raymond Aron au livre de Max Weber, *Le savant et le politique*, publié en 1959 chez Plon dans une traduction de Julien Freund, l'idée s'est longtemps imposée en France que le sociologue allemand aurait défendu l'incompatibilité des vertus du politique avec celles du savant (Aron, 1990 [1959] : 8). Le livre regroupait, sous ce titre générique, deux conférences de Max Weber données à des moments et dans des contextes très différents. Il s'agit d'une part de la conférence prononcée le 7 novembre 1917 à Munich, intitulée *La profession et la vocation de savant.* Nous sommes encore en pleine guerre, un an avant la défaite du Reich allemand. Max Weber est intervenu à l'invitation du comité bavarois de l'Association des étudiants libres. Dans le cadre de son exposé il revient sur la thématique de la *Wertfreiheit* développée dans un essai publié au cours de la même année[159]. Le second texte est la reprise de la conférence intitulée, *La profession et la vocation de politique*, donnée le 28 janvier 1919 dans le même cadre mais dans un tout autre contexte, en pleine révolution des Conseils. Cependant dans l'ouvrage publié en 1959 rassemblant ces deux

[157] Nous reprenons et développons ici des arguments déjà exposés dans un article antérieur : « L'impossible neutralité axiologique. *Wertfreiheit* et engagement dans les sciences sociales » *Raison présente*, n° 191, dossier « Réduction et émergence dans les sciences » dirigé par Michel Paty, 3e trimestre 2014 : 85-96. Nous complétons notamment par la prise en compte de quelques débats récents.

[158] Professeur émérite de sociologie, Université de Strasbourg, Laboratoire CNRS Dynamiques européenne, UMR 7367.

[159] "Der Sinn der « Wertfreiheit » der soziologischen und ökonomischen Wissenschaften", *Logos*, Band 7, Heft 1, 1917 : 40-88 [la traduction en français par Julien Freund figure dans les *Essais sur la théorie de la science*, Presses-Pocket, 1992 : 365-433, 1ère éd. Plon, 1965].

textes, les deux conférences sont situées en 1919 ! Cette erreur de datation ne manque pas d'avoir des conséquences quant à l'interprétation de la notion de *Wertfreiheit* proposée par Aron et Freund.

Le concept weberien de *Wertfreiheit*, qui en toute rigueur signifie *absence de jugement de valeur* (l'adjectif *wertfrei* signifiant *libre de jugement de valeur*), est alors traduit par l'expression « neutralité axiologique ». Julien Freund reprend, avec Raymond Aron, l'expression *axiological neutrality* utilisée à cette époque dans le contexte anglo-saxon indifféremment avec l'expression *ethical neutrality*, cette dernière étant utilisée en 1949 dans la première traduction américaine de l'essai *Der Sinn der « Wertfreiheit » der soziologischen und ökonomischen Wissenschaften* (« Essai sur le sens de la 'neutralité axiologique' dans les sciences sociologiques et économiques ») publié initialement en 1917[160]. Par la suite l'expression *axiological neutrality* s'imposera. Aron et Freund s'inscrivent alors dans l'orientation ouverte par la sociologie fonctionnaliste américaine, en particulier celle de Talcott Parsons, qui instrumentalisa Max Weber pour promouvoir une sociologie favorable à l'ordre social établi. Le thème de la neutralité supposée du savant va désormais s'installer durablement, en particulier dans les sciences sociales francophones.

Une telle interprétation gomme les tensions et nuances présentes dans la thématique de la *Wertfreiheit*, telle que la développe à plusieurs reprises Max Weber et elle entre en contradiction flagrante avec les convictions profondes de ce dernier. Le titre même de la revue qu'il a créé avec Edgard Jaffé et Werner Sombart en 1888, *Archiv für Sozialwissenschaft und*

---

[160] Max Weber, "The Meaning of "Ethical Neutrality" in Sociology and Economics", in *Max Weber on the Methodology of the Social Sciences* (translated and edited by Edward A. Shils and Henry A. Finch, with a Foreword by Edward A. Shils), The Free Press, Glencoe, Illinois, 1949. La nouvelle traduction en langue anglaise du titre de cet essai, retenue dans l'édition de référence des textes « méthodologiques » complets de Max Weber [*Max Weber : Collected Methodological Writings*, edited by Hans Henrik Bruun, Sam Whimster, translated by Hans Henrik Bruun, London and New-York, Routledge, 2012] est la suivante « The Meaning of value Freedom in the Sociological and Economic Sciences ».

Sozialpolitik, indique clairement que Max Weber ne récusa en rien l'engagement du sociologue. De même ses nombreuses prises de position publiques témoignent de son aversion pour la neutralité. On pourrait multiplier les exemples.

Dans les années 1906 à 1908, il prend à plusieurs reprises publiquement la défense de Roberto Michels empêché de présenter son habilitation pour accéder à un poste de professeur dans l'université allemande au motif qu'il était social-démocrate. Weber dénonce « la soi-disant liberté d'enseignement (*Lehrfreiheit*) dans les universités allemandes » dans un article publié sous ce titre dans la *Frankfurter Zeitung* le 20 septembre 1908 après avoir déjà manifesté son soutien à Michels au cours des deux années précédentes (Mommsen, 2004 : 120-121). De la même manière Weber a soutenu le recrutement à l'université d'un anarchiste comme juriste, non pas *bien qu'*il soit anarchiste, mais *parce qu'*anarchiste, « situé *en dehors* des conventions et suppositions qui paraissent si évidentes à nous autres », il serait susceptible de « découvrir dans les intuitions fondamentales de la théorie courante du droit une problématique qui échappe à tous ceux pour lesquels, elles sont par trop évidentes » (Weber, 1965 : 411, cité par Corcuff, 2011).

Quels usages de la « neutralité axiologique » ?

La « neutralité axiologique » a été mobilisée en France, plus particulièrement après mai 1968, comme « une arme de guerre de l'antimarxisme français » (Kalinowski, 2005 : 66). Lors de la réception du Prix Montaigne décerné par la Eberhard-Karls-Universität Tübingen le 28 novembre 1968, Aron prononça un discours significativement intitulé « De la neutralité académique » dans lequel il déclare notamment que « la neutralité axiologique [...] demeure en périodes troubles la condition de salut pour les universités, la sagesse nécessaire de ces institutions » (cité par Kalinowski, 2005 : 193). Au cours des décennies suivantes, la « neutralité axiologique » a été considérée par beaucoup comme « *un sens commun corporatif académique* » (Philippe Corcuff, 2011), voire un véritable impératif catégorique, « *un impératif de neutralité axiologique* » (Heinich, 2017 : 106) pour les chercheurs en sciences sociales, réputés neutres et sans parti pris. Par-delà la figure de l'intellectuel engagé qu'incarnait Jean-Paul Sartre au cours des années 1950-1960, ce sont les sociologues critiques vis-à-vis de l'ordre social existant qui sont plus particulièrement visés par ceux qui invoquent cette « neutralité axiologique ». Dans une telle perspective l'engagement du sociologue est considéré comme un obstacle à son activité scientifique. Or si les sentiments moraux et politiques des sociologues peuvent constituer des obstacles à la connaissance scientifique, en tant que préjugés, ils peuvent aussi bien être des stimulants pour produire cette connaissance. Philippe Corcuff prend à juste titre l'exemple paradoxal de Raymond Boudon (Boudon, 1991), sociologue conservateur, qui davantage qu'un sociologue progressiste ou critique a pu souligner les limites évolutionnistes de nombre de théories du changement social (Corcuff, 2018).

Aux Etats-Unis c'est Charles Wright Mills, plus particulièrement après la publication en 1956 de son livre *The Power Elite*, qui est la cible des attaques des sociologues conservateurs. Mills fera une réponse aux critiques dans un article publié dans la revue *Dissent*[161]. Dans une longue recension publiée en 1957, Talcott Parsons lui dénie sa scientificité : « M. *Mills écrit clairement seulement en partie pour un public scientifique* » (Parsons, 1968 : 61). Il met en cause explicitement sa position critique : « *L'analyse de Mills est pour moi une combinaison subtile et complexe d'éléments acceptables et inacceptables* » (67). Il conclut son propos par cette phrase qui se veut assassine : « *Il me semble que sa position est clairement et de façon injustifiable anticapitaliste* » (87). D'autres le couvrent d'insultes. Par exemple Edward Shils[162] (1960, 1963), y compris après la mort prématurée de Wright Mills : « *ce cavalier solitaire* », « *en partie un prophète, en partie un enseignant, en partie un érudit, et en partie un bagarreur à la*

---

[161] "Comment on criticism" repris dans Domhoff & Ballard, *C. Wright Mills and The Power Elite*, Beacon Press, Boston, 1968 : 229-250.

[162] Edward A. Shils est un sociologue conservateur, fervent défenseur de la tradition, aujourd'hui largement oublié. Il était proche de Talcott Parsons avec qui il a publié : *Toward a General Theory of Action* (edited by Talcott Parsons and Edward A. Shils), Harvard University Press, Cambridge, Massachusetts, 1954.

langue rude », « *une sorte de Joe McCarthy de la sociologie, avec ses accusations furieuses et ses inexactitudes grossières* ». Il faut ici rappeler que dès 1946 Charles Wright Mills avait été, avec Hans Gerth, le traducteur et l'éditeur du fameux livre *From Max Weber : Essays in sociology*[163], alors que Shils a publié des textes de Weber en 1949[164]. Le ressentiment de ce dernier à l'égard de Gerth et surtout de Mills est largement documenté[165].

En France à partir des années 1990 c'est la sociologie de Pierre Bourdieu et de ceux qui s'en inspirent qui subit, y compris encore récemment, des attaques mobilisant le même type d'arguments, notamment en raison de ses prises de position dans le débat public qui se multiplient dans les années 1990 (Bourdieu, 2002). Les spécialistes des sciences sociales devraient suivant ces critiques, prendre soin d'opérer une distinction nette entre jugements de faits et jugements de valeurs – on y reviendra - et si possible de se garder de prendre position. C'est en ce sens par exemple que Nathalie Heinich défend une « *neutralité engagée* » (Heinich, 1998 ; 2002). Elle propose de « *s'en tenir autant que possible à la description, en s'abstenant de toute normativité – évaluative ou prescriptive* » (Heinich, 1998 : 21). Le sociologue devrait, ajoute-t-elle plus tard, occuper une situation de conciliateur et se contenter de « *rétablir une circulation entre des univers séparés, de contribuer à renouer des liens là où les gens ne se parlent plus, de refaire du consensus là où il n'y a plus que des fractions qui s'affrontent, se critiquent ou s'ignorent* » (Heinich, 2006 : 93), comme si le spécialiste de sciences sociales était un être hors-sol, sans attaches, sans intérêts, en dehors des tensions et des disputes qui agitent la société dans laquelle il vit, comme s'il n'occupait pas lui-même une position sociale particulière, enfin comme s'il n'adhérait pas à telles ou telles

---

[163] *From Max Weber: Essays in sociology* (translated, edited, and with an introduction by Hans H. Gerth and Charles Wright Mills), New York, Oxford University Press, 1946.

[164] Voir note 148.

[165] Guy Oakes and Arthur J. Vidich, "Gerth, Mills, and Shils : The Origins of "From Max Weber"", *International Journal of Politics, Culture, and Society*, Vol. 12, No. 3 (Spring, 1999), pp. 399-433. Voir aussi des mêmes auteurs: *Collaboration, Reputation, and Ethics in American Academic Life*, Urbana/Chicago, University of Illinois Press, 1999.

valeurs, ou ne s'opposait pas à telles autres. Quand Nathalie Heinich prône pour le sociologue « *un rôle de médiation, de construction du compromis entre les intérêts et les valeurs en jeu, voire de refondation d'un consensus* » (Heinich, 1998 : 81) ne défend-elle pas, face à d'autres conceptions normatives valorisant les potentialités de la conflictualité, une conception normative visant le consensus, qui recycle la vieille illusion durkheimienne d'une société consensuelle tendant vers la cohésion et caractérisée par l'absence de conflits ?

La position de Nathalie Heinich revient, selon Fabien Granjon, à *« noyer les conflits dans les eaux tièdes d'une neutralité engagée »* (Granjon, 2013 : 44) comme si le juste milieu conférait à celle ou celui qui occupe cette position fictive un avantage épistémologique sur celle ou celui qui adopte un point de vue plus tranché ou plus radical tout en développant une activité réflexive sur son activité savante, sur sa position dans la société, les valeurs adoptées et défendues et ses prises de position. Max Weber, sur lequel elle s'appuie pour défendre sa position normative consensuelle, affirmait pourtant tout autre chose : « *Le juste milieu n'est pas le moins du monde une vérité plus scientifique que les idéaux les plus extrêmes des partis de droite ou de gauche. Nulle part l'intérêt de la science n'est à la longue davantage nié que là où on se refuse à voir les faits désagréables et la réalité de la vie dans sa dureté »* (Weber, 1965 : 130).

Ce qu'oublie surtout Heinich, après Aron et Freund, c'est que la *Wertfreiheit* que défendait Weber n'avait rien à voir avec une prétendue neutralité opposée à un engagement considéré comme problématique, bien au contraire. Weber ne s'oppose pas à l'adhésion du professeur d'université à telle ou telle valeur ou à l'engagement du sociologue dans l'arène publique. Par contre il considère que les professeurs doivent être d'une intégrité intellectuelle irréprochable. Ils occupent des positions de pouvoir dans l'amphithéâtre, ils ont le monopole de la parole dans le cadre de leurs cours. C'est pourquoi ils ne devraient pas, sous couvert de science, se livrer du haut de leur chaire à une activité de propagande. Comme le remarque encore Isabelle Kalinowski, dans ses « Leçons sur la science et la propagande », « *La problématique de la* Wertfreiheit *n'est pas celle de l'existence de valeurs en soi, ou de l'adhésion en soi à des valeurs, mais celle de l'usage malhonnête qui peut être fait de valeurs lorsqu'elles sont présentes sans être données comme telles, lorsqu'elles sont masquées, cachées, «* verhüllt *», « connotées », au lieu d'être explicitées et assumées au grand jour* » (Kalinowski, 2005 : 199). Dans sa célèbre conférence de 1917, *La profession et la vocation de savant*, Weber vise ses collègues professeurs d'université qui ne se privent pas de professer des positions nationalistes et/ou réactionnaires dans le contexte d'une guerre qui s'éternise. Cette conférence, prononcée le 7 novembre 1917 à Munich, est une mise en garde vis-à-vis de ses collègues disposant d'une autorité pédagogique et manquant de réflexivité, et non, comme le croyaient peut-être Freund et Aron, un discours visant les participants à la République des Conseils de Munich. N'oublions pas qu'à cette époque, l'université allemande ne laisse pas la moindre possibilité de prise de parole aux étudiants. « *Cette configuration tend à instaurer les conditions d'un mode de propagande particulièrement pernicieux parce que non perçu comme tel* ». Isabelle Kalinowski ajoute : « *La notion de* Wertfreiheit *et l'impératif de non-imposition des valeurs sont ainsi conçus par Weber comme un appel adressé aux professeurs d'université pour qu'ils n'abusent pas, dans l'exercice de leur métier d'enseignant, de l'autorité que leur confère leur position* » (Kalinowski, 2005 : 199).

Weber n'a jamais récusé la prise de position sur les questions du jour dans un cadre contradictoire et en argumentant cartes sur tables. Lui-même ne s'est jamais réfugié dans une abstention axiologique comme en témoignent ses nombreuses interventions politiques, y compris sa leçon inaugurale, *L'État national et la politique de l'économie politique*, prononcée en 1895 à l'université de Fribourg en Brisgau. Weber y expose la situation des travailleurs dans les territoires allemands situés à l'est de l'Elbe, pour introduire une réflexion générale sur la science économique et son rapport à la politique. Cette conférence traite notamment des mouvements de populations et des rapports entre nationalités et entre classes sociales en Prusse Occidentale. Il n'hésite pas à présenter et justifier ouvertement son « *point de vue personnel et donc « subjectif » qui accompagne un* jugement *porté sur des phénomènes économiques* » (Weber, 2004 : 111).

La séparation entre l'être (le *Sein*), ce qui est, et le devoir-être (le *Sollen*), ce qui doit être, est donc loin d'être absolue chez Weber. Le sociologue italien Pietro Basso (1998) considère que la seconde dimension, la dimension normative ou axiologique, l'emporte largement dans l'ensemble de l'œuvre sociologique weberienne.

Interroger la distinction méthodologique entre jugements de fait et jugements de valeur

Il nous semble donc nécessaire d'interroger la distinction méthodologique entre constats ou jugements de fait et jugements de valeur, distinction théorisée par Weber, qui présente de nombreuses difficultés, en particulier, quand elle repose sur l'hypothèse que les résultats pourraient être axiologiquement neutres dans les sciences sociales. Si tel était le cas, une démonstration dans les sciences sociales devrait pouvoir être reconnue et acceptée par quiconque, y compris quelqu'un adhérant à d'autres valeurs éthiques ou culturelles que celles de l'auteur de la recherche, comme le fameux Chinois auquel se réfère parfois Max Weber. Dans son argumentation Weber rapporte presque toujours les sources historiques de ces valeurs et points de vue différents à des cultures particulières, nationales ou religieuses. Il relie d'abord les valeurs et les points de vue aux contenus culturels, lesquels varient notamment, souligne-t-il, suivant les civilisations. En revanche, s'il est attentif aux variations culturelles, il prend rarement en compte, dans l'ensemble de la discussion, des points de vue rattachés à des positions sociales, qu'il s'agisse par exemple des positions occupées dans les rapports sociaux de classe ou de sexe. Suivant l'analyse de cette discussion proposée par Michael Löwy (1985 : 34-59), c'est parce que Weber polarise son argumentation sur les seules différences culturelles nationales qu'il arrive à se convaincre de la possibilité *a priori* d'une science sociale libre de jugements de valeurs et donc comparable sur ce point aux sciences de la nature : « *Si Weber,* explique Löwy, *avait poursuivi l'idée qu'il mentionne en passant, sur l'affinité élective entre visions du monde et classes sociales, il aurait peut-être perçu autrement les problèmes de l'objectivité dans les sciences sociales* » (Löwy, 1985 : 39). Nous suivrons aussi Löwy, quand se référant à la grande étude de Max Weber sur les ouvriers agricoles en Prusse, il note encore : « *Il est en effet plus facile d'imaginer un* Chinois *qui considère valables les résultats de sa recherche sur l'exploitation des paysans par les Junkers en Allemagne de l'Est, qu'un économiste ou historien allemand conservateur, socialement ou politiquement identifié avec l'aristocratie prussienne* » (Löwy, 1985 : 39).

Si Weber ne peut être considéré comme un auteur positiviste, ne serait-ce qu'en raison de sa profonde adhésion à la conception dualiste des sciences développée par Wilhelm Dilthey, qui distinguait radicalement sciences de la nature et sciences de l'esprit (nous dirions aujourd'hui, sciences sociales), il n'en reste pas moins que sa croyance en une science libre de jugements de valeur rejoint en partie les thèses positivistes élaborées et défendues notamment par Comte et Durkheim pour qui les sciences sociales doivent se développer sur le modèle des sciences de la nature. L'impératif épistémologique de la neutralité axiologique rejoint aussi sur ce point la référence rhétorique à la réfutabilité (ou à la falsifiabilité) poppérienne invoquée parfois par certains sociologues. Mais si la réfutabilité peut avoir un sens dans les sciences de la nature en raison de l'indépendance de leurs lois scientifiques par rapport aux contextes sociaux et à l'histoire, cela est beaucoup plus problématique en sciences sociales dont les lois ont toujours un caractère historique et relatif. Dans les deux cas, ces postures épistémologiques, celle de Weber comme celle de Popper, trahissent donc un penchant positiviste (Löwy, 1985 ; Passeron, 1991).

Renouvellements épistémologiques

Il y a une vingtaine d'années des dizaines d'auteurs s'étaient exprimés en France sur la question de l'engagement ou de l'implication du sociologue[166]. Chacun à sa façon, ces auteurs

[166] Notamment dans des publications collectives (*Agone*, 1998 ; Fritsch, 2000) et dans trois livraisons de la revue *Sociologie du travail* parues en 1999 et 2000 (1999 : 65-88 ; 1999 : 295-327, 2000 : 281-311). Les positions qui se sont exprimées ont été diverses. Les uns insistent sur le *bricolage des engagements*

prenaient *de facto* le contre-pied de la « neutralité axiologique » attribuée à Max Weber, largement critiquée aussi au plan international. Pour autant l'engagement ou le parti pris ne règlent pas toutes les difficultés. Comme le remarque Michaël Löwy en conclusion de son bel essai *Paysages de la vérité* : « *Le point de vue potentiellement le plus critique et le plus subversif est celui de la dernière classe révolutionnaire, le prolétariat. Mais il n'y a pas de doute que le point de vue prolétarien n'est aucunement une garantie suffisante de la connaissance de la vérité sociale : il est seulement celui qui offre la plus grande possibilité objective d'accès à la vérité* » (Loi, 1985 : 224-225).

Dans la préface à la nouvelle édition (2012) de son livre, il brosse un aperçu des principaux renouvellements épistémologiques intervenus depuis trente ans, qu'il s'agisse des apports des études post-coloniales, de la prise en compte des conflits politiques autour de l'écologie ou du développement de la critique féministe : il s'agit dorénavant, explique-t-il, de « penser ensemble, *dans leur interdépendance, les subalternités multiples, les histoires de domination et les traditions de résistance souvent discordantes* » (Loi, 2012 : 12).

De son côté à l'encontre du mythe d'une possible neutralité axiologique, Christian Baudelot a réaffirmé avec force et clarté,

---

(Thoenig, 1999), alors que pour d'autres l'engagement est d'abord une *fidélité*, fidélité à un héritage, à une tradition ou à un groupe, l'engagement permet dans une telle perspective de garder des repères (Godbout, 2000). Merleau-Ponty (1996 : 31) expliquait déjà dans cette perspective qu'*« il n'y a pas de conscience qui ne soit portée par son engagement primordial dans la vie et par le mode de cet engagement »*. Les uns opèrent une distinction entre *engagement fort* et *engagement faible* (Thoenig, 1999), d'autres entre *engagement* et *implication* (Caillé, 1999 ; Fritsch, 2000), d'autres encore insistent, sur la dialectique de « *l'attachement et du détachement* » (Michel Calon, 1999) retrouvant sous une nouvelle forme l'articulation entre engagement et distanciation développée par Norbert Elias. Alors que certains n'hésitent pas à lier *engagement et demande sociale* (Castel, 2000), d'autres s'appuyant principalement sur Durkheim et Bourdieu s'opposent tant aux prophètes qu'aux experts : il importe alors selon ce point de vue de renforcer l'autonomie des sociologues, et plus largement des champs scientifique et culturel vis-à-vis des pouvoirs, et *in fine* de mettre à distance la demande sociale. Le seul engagement légitime du sociologue serait alors de « *prendre le parti de la science et plus précisément le parti de la sociologie* », en somme l'engagement du sociologue consisterait alors tout simplement à « *faire bien son métier de sociologue* » (de Montlibert, 2000).

le point de vue selon lequel les sociologues pratiquent « *tous une discipline qui oblige à prendre parti, que nous le reconnaissons ou non* » (Baudelot, 2003 : 43). Ce rappel toujours nécessaire s'oppose à l'illusion d'une sociologie neutre, pouvant se situer au-dessus des conflits qui traversent les sociétés, qu'il s'agisse des conflits entre classes ou entre « sexes sociaux ». Impossible donc de se réfugier dans « *la tour d'ivoire de l'objectivité savante* », d'autant plus que les résultats des sciences sociales sont appropriés par les différents membres de la société et ne manquent pas de bouleverser leur vision du monde et leur possibilité d'agir pour le transformer. « *Etudier la réalité sociale contemporaine, c'est nécessairement mettre en évidence des écarts, des disparités, des inégalités qui sont souvent des gouffres, entre des patrimoines, des revenus, des salaires, des niveaux d'éducation, des conditions de travail, des taux de chômage ou de suicide, des modes et des niveaux de vie, des espérances de vie et même (...) des différences de conditions entre les hommes et les femmes* » (Baudelot : 43). Cherchant à expliquer et à comprendre ces écarts et ces inégalités, le sociologue doit prendre en compte les dynamiques des sociétés, dans la mesure où « *le bonheur des uns fait en grande partie le malheur des autres* ». Bref, l'engagement du sociologue est inévitable : « *N'inventons pas de tabous qui n'existent pas* » (Baudelot : 44).

*

L'opposition neutralité axiologique/engagement, construite par Aron, peut-être moins par Freund[167], reprise par certains collègues, dont ces dernières années Nathalie Heinich et d'autres, relève donc, nous semble-t-il, au mieux d'une réduction ou d'une simplification à l'extrême, mais bien plus souvent d'une confusion, voire d'un contresens. Tout d'abord la lecture du texte weberien a longtemps été surdéterminée par le contexte de la « Guerre froide » et, jusqu'à la période contemporaine incluse,

[167] Julien Freund a toujours prôné les vertus de l'engagement en politique et dans le monde syndical. Il a présenté Max Weber comme un sociologue de conviction.

de la lutte idéologique contre toute pensée critique. Ensuite cette opposition neutralité axiologique/engagement est liée à une confusion sur le contexte dans lequel s'inscrivent ses textes et discours. *La profession et la vocation de savant* ne sont pas une charge contre les étudiants révolutionnaires participants à la République des Conseils de Munich, mais une critique des prises de position conservatrices et nationalistes imposées du haut de leur chaire par ses collègues professeurs sous couvert de science sans que les étudiants puissent prendre la parole et y opposer des arguments. En ce sens, nous suivrons Isabelle Kalinowski quand elle propose de traduire la notion de *Wehrtfreiheit* par « non-imposition des valeurs » (Kalinowski, 2005, p. 199). Elle démontre de manière convaincante que la *Wertfreiheit* telle que la pense Weber ne s'oppose pas à l'engagement en tant que tel, assumé et exposé explicitement, mais à la propagande diffusée en contrebande sous couvert de science, ce qui n'est pas tout à fait la même chose…

Références

Agone, « Neutralité et Engagement du Savoir », n° 18-19, 1998.

Aron R., Préface à Weber M., *Le savant et le politique*, 10/18, trad. J. Freund, 1990 [1959].

Basso P., « Le caractère évaluatif de la science sociale wébérienne. Une provocation », *Agone*, « Neutralité et Engagement du Savoir », n° 18-19, 1998, pp. 87-96.

Baudelot Ch. « À l'école des femmes », *in* Laufer J., Marry C., Maruani M. (dir.), *Le Travail du genre. Les sciences sociales du travail à l'épreuve de la différence des sexes*, Paris, La Découverte, 2003, pp. 40-44.

Boudon R., *La place du désordre. Critique des théories du changement social* (1e éd. : 1984), Paris, PUF, collection « Quadrige », 1991

Bourdieu P., *Interventions 1961-2001, Science sociale et action politique*, textes choisis et présentés par F. Poupeau et T. Discepolo, Marseille, Agone, 2002.

Caillé A., « Engagement sociologique et démarche idéal-typique », *Sociologie du travail*, 41, 1999, pp. 317-327.

Callon M., Latour B., *La science telle qu'elle se fait*, Paris, La Découverte, 1990.

Castel R., « La sociologie et la réponse à la « demande sociale », *Sociologie du travail*, 42, 2000, pp. 281-287.

Corcuff Ph., « Le savant et le politique », *SociologieS* [En ligne], La recherche en actes, Régimes d'explication en sociologie, mis en ligne le 06 juillet 2011, consulté le 29 avril 2018. URL : http://journals.openedition.org/sociologies/3533

Corcuff Ph., « Controverses dans la sociologie française : Autour du Danger sociologique de Gérald Bronner et Étienne Géhin (2017) », *Les Possibles*, n°16, Printemps 2018. https://france.attac.org/nos-publications/les-possibles/numero-16-printemps-2018/

Delphy C., « Pour un féminisme matérialiste » [1975] *in L'ennemi principal. Tome 1. L'économie politique du patriarcat*, Paris, Syllepse, 1998.

Durand J.-P., « *La Nouvelle Revue du Travail*, une ambition collective », *La Nouvelle Revue du Travail*, 2012/1.

Elias N., *Engagement et distanciation*, Paris, Pocket, 1998.

Fritsch P. (textes réunis par), *Implication et engagement. Hommage à Philippe Lucas,* Lyon, Presses universitaires de Lyon, 2000.

Godbout J., « L'engagement : une fidélité », *Sociologie du travail*, 42, 2000, pp. 289-300.

Granjon F., *De quoi la critique est-elle le nom ?*, Paris, Mare et Martin, Collection Mediacritic, 2013.

Heinich N., *Ce que l'art fait à la sociologie*, Paris, Editions de Minuit, 1998.

Heinich N., « Pour une neutralité engagée », *Questions de communication*, 2, 2002, 117-127.

Heinich N., *Des valeurs. Une approche sociologique*, Paris, Gallimard, 2017.

Kalinowski I., *Leçons wéberiennes sur la science et la propagande*, *in* Weber M., *La science, profession et vocation*, Marseille, Agone, trad. I. Kalinowski, 2005

Löwy M., *Paysages de la vérité. Introduction à une sociologie critique de la connaissance*, Paris, éditions anthropos, 1985 [republié avec une préface nouvelle sous le titre *Les aventures de Karl Marx contre le baron de Münchhausen.*

Introduction à une sociologie critique de la connaissance, Paris, Syllepse, 2012].

Merleau-Ponty M., *Sens et non-sens*, Paris, Gallimard, 1996 (1ère publication : 1948).

Mommsen W., *Max Weber und die deutsche Politik 1890-1920,* Mohr (Siebeck), 2004.

Montlibert C. (de), « La sociologie ou le dérangement permanent », *in* Fritsch P. (textes réunis par), *Implication et engagement. Hommage à Philippe Lucas,* Lyon, Presses universitaires de Lyon, 2000, pp. 339-345.

Parsons, Talcott "The Distribution of Power in American Society" in Domhoff & Ballard, *C. Wright Mills and The Power Elite*, Beacon Press, Boston, 1968 : 60-88 [1ère publication *World Politics*, 10 : 1 October 1957]

Pfefferkorn Roland (2014), « L'impossible neutralité axiologique », *Raison présente*, « Réduction et émergence dans les sciences », n°191, 3e trimestre, Paris, Nouvelles éditions rationalistes, 85-94.

Shils, Edward (1960), "Imaginary Sociology*",* *Encounter*, 14.

Shils, Edward (1963), "The Great Obsession", *Spectator*, July 5th.

Passeron J.-C., *Le raisonnement sociologique. L'espace non-poppérien du raisonnement naturel,* Paris, Nathan, 1992.

Sociologie du travail, dossier-débat : « L'engagement du sociologue », 41, 1999, pp. 63-88 et 295-327.

Sociologie du travail, dossier-débat : « L'engagement du sociologue » (suite), 42, 2000, pp. 281-311.

Thoenig J.-C., « Le bricolage des engagements », *Sociologie du travail*, 41, 1999, pp. 307-316.

Weber M., *Le savant et le politique*, Paris, 10/18, 1990 [1959].

Weber M., *Essais sur la théorie de la science*, Paris, Plon, trad. J. Freund, 1965.

Weber M., *Le savant et le politique. Une nouvelle traduction*, Paris, La Découverte/Poche, trad. C. Colliot-Thélène, 1993.

Weber M., *Œuvres politiques (1895-1919)*, textes réunis, présentés et annotés par É. Kauffmann, introd. de C. Colliot-

Thélène, Paris, Albin Michel, trad. É. Kauffmann, J.-P. Mathieu et M.-A. Roy, 2004.

Weber M., *La science, profession et vocation*, suivi de I. Kalinowski, *Leçons wéberiennes sur la science et la propagande*, Marseille, Agone, trad. I. Kalinowski, 2005.

Chapitre V
Georg Simmel à Strasbourg (1914-1918) [168]

Jean-Paul Sorg[169]

Georg Simmel (1858 – 1918), Philosophe et Sociologue.
Photographe inconnu, vers 1914

---

[168] La contribution de Jean-Paul Sorg, a été publiée par Bernard Umbrecht le 7 octobre 2018 sur le site Le SauteRhin : http://www.Lesauterhin.eu/
La contribution était introduite ainsi : « Une contribution invitée. Le philosophe Jean-Paul Sorg dont j'ai déjà parlé à propos de son livre sur Albert Schweitzer – il en est un spécialiste – évoque pour le *SauteRhin* – et je l'en remercie – le grand sociologue allemand Georg Simmel et ses années strasbourgeoises entre 1914 et 1918 ainsi que l'espoir que sa présence avait suscité dans la jeune génération d'alors, comme en témoigne ce bout de lettre du poète Ernst Stadler à René Schickele rapporté par ce dernier ». Nous remercions Jean-Paul Sorg et Bernard Umbrecht de nous avoir autorisés à reprendre ces textes dans le présent volume (S. G. et R. P.).

[169] Ancien professeur de philosophie, Jean-Paul Sorg s'est surtout consacré à faire connaître par des traductions et des éditions l'œuvre d'Albert Schweitzer.

Lettre d'Ernst Stadler à René Schickele, mi-juillet 1914

« In Straßburg bereitet sich allerhand vor. In Simmel haben wir einen wertvollen Bundesgenossen unsrer Sache bekommen. Er ist voller Aktionseifer, sucht eine stärkere Auswirkung der Universität auf die Stadt, ist politisch höchst vernünftig und dem Elsässischen gegenüber verständnisvoll. Ich habe mich neulich eine Stunde mit ihm über die elsässische Frage unterhalten. Eine gewisse Bedenklichkeit besteht darin, dass Bucher ihn schon stark an sich zu ziehen sucht, was bei seiner wahrhaft genialen Geschicklichkeit wohl auch gelingen wird. Einstweilen macht er Ausflüge mit ihm, führt ihn in die ästhetischen Cercles des in solchen Fällen immer einspringenden Fräulein Koeberlé ein und dergleichen. Immerhin ist das tausendmal besser, als wenn ihn die Gegenseite besäße.

Bucher selbst steckt wieder einmal voller Pläne, über die ich dir ein andermal ausführlicher berichte: neue Zeitschrift, deren Redaktion ich nach meiner eventuellen Rückkunft – mit Dollinger zusammen! – übernehmen soll, freie Universität neben der staatlichen, und so weiter, kurz: Straßburg als kulturelles Zentrum unter Heranziehung französischer und deutscher Kapazitäten, Bergson, Simmel et caetera. Das ist alles etwas phantastisch und vag, aber es scheint mir wirklich, als wäre der Augenblick nahe, wo hier etwas zu machen ist. »

« À Strasbourg toutes sortes de choses se préparent. En Simmel nous trouvons un valeureux camarade acquis à notre cause. Il est plein d'ardeur pour agir et voudrait que l'université exerce une influence plus forte sur la ville. Avec cela il se montre tout ce qu'il y a de plus raisonnable sur le plan politique et il comprend la situation alsacienne. Je me suis entretenu avec lui récemment pendant une bonne heure sur la question de l'Alsace. S'il reste circonspect, c'est que Bucher a déjà cherché à l'attirer de son côté et il risque bien d'y parvenir, tant il est génialement habile et brillant. Pour le moment il sort avec lui, l'entraîne dans les cercles artistiques de Mademoiselle Koeberlé, toujours prête à intervenir pour ce genre d'affaires, ainsi qu'en d'autres lieux semblables. Mais en tout cas, il vaut mille fois mieux qu'il penche de ce côté que du côté opposé.

Comme d'habitude, Bucher a plein de projets, je t'en parlerai plus en détail une autre fois : une nouvelle revue, dont après mon éventuel retour je serais le rédacteur en chef – main dans la main avec Dollinger ! – ; création d'une université libre, à côté de l'université d'Etat, et ainsi de suite, bref : Strasbourg comme un centre culturel qui attirerait à lui des sommités françaises et allemandes, Bergson, Simmel, etc. Tout cela est quelque peu fantasque et vague, mais il me semble que le moment est proche où il y aura vraiment quelque chose à faire ici. »

La lettre intégrale a été égarée par son destinataire. On aura remarqué l'absence des salutations ordinaires. Mais Schickele, au moment où il rédigeait, en 1927, son essai *Das Ewige Elsass* (L'éternelle Alsace), en recopia le passage qu'on a pu lire et le cita en exemple des projets et des espoirs que l'on pouvait alors en toute ingénuité nourrir pour l'Alsace. *Das ewige Elsass* de René Schickele figure dans le volume *Überwindung der Grenze* édité par Adrien Finck chez Morstadt Verlag, 1987.

La partie de la lettre de Stadler que Schickele cite a été traduite par Charles Fichter dans son introduction à Ernst Stadler, *Le Départ* (Der Aufbruch), éd. Arfuyen, 2014, Prix Nathan Katz du Patrimoine, 2013.

Ce bout de lettre atteste de la renommée et de l'espoir de renouveau que le grand sociologue Georg Simmel suscitait à Strasbourg en 1914. Il y meurt le 28 septembre 1918 dans son appartement au 17, rue de l'Observatoire (*Sternwartstr.* 17). Il s'était installé à Strasbourg au printemps 1914, avec quelque appréhension, le sentiment d'avoir risqué un saut dans le noir (*ein Sprung ins Dunkle*), mais aussi avec des espérances et de l'ardeur. Pathétiques (douloureuses) ont été ces dernières années.

Il avait quitté Berlin, pour lui *la grande ville moderne*, il y était né en 1858 ; son père qui dirigeait une usine de chocolat avait baptisé ses sept enfants dans la religion protestante. Nommé *privatdozent*, Georg enseigna à l'université pendant près de trente ans, ses cours attiraient étudiants et étudiantes, sa production scientifique était originale et abondante, son œuvre maîtresse une *Philosophie de l'argent*, mais en partie à cause de son originalité même, son audace intellectuelle, peut-être davantage à cause de son ascendance juive, il ne lui fut pas accordé d'y dépasser le grade de professeur extraordinaire. Seule dans l'empire, l'université de Strasbourg, où enseignait déjà, depuis 1890, l'historien médiéviste Harry Bresslau (qui sera le beau-père d'un certain Albert Schweitzer…), titularisait volontiers des professeurs juifs. Il s'interrogeait toutefois sur l'accueil qui lui serait réservé, regrettant de quitter une université prestigieuse, dans une ville capitale de quatre millions d'habitants, pour une université de bonne réputation, mais périphérique, *provinciale*. Peut-être était-ce à ce déclassement qu'il pensait, quand il parla à son cher ami le comte Hermann von Keyserling de *Sprung ins Dunkle*. Mais il allait rapidement se plaire à Strasbourg. Lui et son épouse, Gertrud, apprécièrent l'atmosphère de la ville et ses alentours, la campagne, *pleine de charme*.

Ils habitaient dans une de ces belles demeures de la *Neustadt*, destinées aux docteurs et professeurs d'université et dotées de tout le confort moderne : ascenseur, chauffage central, gaz et électricité, salle de bains. L'appartement comprenait en façade, comme *pièces de parade*, un salon, une salle à manger et un bureau où le professeur pouvait recevoir des étudiants ; à l'arrière trois chambres *intimes*, une cuisine, une salle de bains et WC. Chambre de bonne sous les combles. Des fenêtres au 17 rue de l'Observatoire on jouissait d'une vue sur le jardin de l'université et la flèche de la cathédrale.

Une réputation socratique de *corrupteur de la jeunesse* précédait Georg Simmel. (*Er galt als zersetzend*, écrivit de lui un de ses anciens étudiants, né en Alsace, Ernst-Robert Curtius, qui s'illustrera dans les études de littérature romane.) Aussi était-il attendu et fut-il accueilli à bras ouverts par la partie la plus frondeuse de l'intelligentsia strasbourgeoise. Avec Georg Simmel, c'était la modernité qui arrivait, une sociologie et une philosophie, une *Kulturphilosophie*, inspirées, décapantes, attentives au phénomène *anthropologique* des grandes villes et à la condition féminine, auteur d'essais sur Eros, sur la mode (*Philosophie der Mode*), sur l'hospitalité et l'étranger (*Der Fremde*), sur l'art du comédien (*Zur Philosophie des Schauspielers*), sur l'esthétique comme sur l'éthique, réflexions sur la poésie de Stefan George, le vitalisme de Goethe, les portraits de Rembrandt, etc.

René Schickele, après avoir copié la lettre ci-dessus avait ajouté qu'Ernst Stadler lui confia encore, je traduis :

« Je voudrais m'organiser pour être à Strasbourg dans les premiers jours d'août afin que nous puissions en discuter sur place. »

Les premiers jours d'août, prise dans un engrenage infernal, l'Allemagne déclara la guerre successivement à la Russie et à la France. Le lieutenant de réserve Ernst Stadler fut mobilisé, combattit dans les Vosges et en Champagne, avant de tomber le

30 octobre devant Ypres, touché par un obus anglais, lui le grand connaisseur de Shakespeare. A quelques jours près il serait parti – tranquillement – pour l'université de Toronto où il devait commencer ses cours en septembre. Il y fait allusion dans sa lettre, mais nous apprenons qu'il comptait bien revenir à Strasbourg et contribuer à faire de la capitale alsacienne un *centre culturel*, biculturel, qui associerait au sein d'une *université libre* la science allemande et la science française, conjuguerait les humanités allemandes et les humanités françaises, donnerait une chaire à Bergson en face de Simmel. Dans la perspective d'une Europe pacifiée !

C'est à pleurer. Le tragique de l'histoire. La catastrophe européenne, dont un siècle après nous ne sommes toujours pas entièrement remis, malgré l'union. *Eternelle Alsace* vraiment !

Son éternelle malchance, ses *éternels* problèmes de reconnaissance de sa singularité, comme Schickele essayait de s'en amuser encore avec distance (pour ne pas pleurer !). En lisant ce bout de lettre, dont on ne comprend pas sans recherche toutes les allusions – les deux côtés antagonistes, les intrigues de Pierre Bucher, la personnalité d'Elsa Koeberlé -, on a le sentiment aujourd'hui, en 2018, de vivre une situation similaire, sauf qu'elle se présente à fronts renversés. Il s'agissait alors pour Stadler, en jouant la carte du francophile Bucher à la tête des *Cahiers français*, de contrer le camp des conservateurs, représentés littérairement par le germanophile Friedrich Lienhard, qui dirigeait *Erwinia*, et de réussir un dépassement de ces contradictions paralysantes, une ouverture à la modernité. La Constitution accordant un nouveau statut à l'Alsace-Lorraine, le 31 mai 1911, n'avait pas apaisé les esprits. Tout de suite après, le 1er juillet, peut-être pas sans rapport, partit le coup d'Agadir. Nouvelles tensions autour de la question coloniale du Maroc. En novembre 1913, l'affaire de Saverne : des recrues alsaciennes traitées de *Wackes* ; l'officier prussien, un von Forstner, protégé. Sentiment d'humiliation et d'absence de justice. Les « francillons » se rebiffent contre les « germanisateurs », qui s'inquiètent d'un surcroît d'autonomie.

Pour des esprits progressistes comme Stadler et Schickele, il faut empêcher que l'Alsace-Lorraine ne devienne un Land comme les autres, il faut qu'elle garde sa composante française et bénéficie d'un *statut particulier* au sein de l'empire. De nos jours, automne 2018, l'enjeu est que l'Alsace devienne institutionnellement une *Collectivité à Statut Particulier* (une CSP !) au sein de la République française et qu'à ce titre elle dispose des moyens et des pouvoirs nécessaires pour préserver et développer sa composante… rhénane de région frontière. Etc. Le problème alsacien reste sempiternellement sans solution politique.

Et un Georg Simmel dans tout ça, au milieu des batailles de grenouilles dans le *Schnokenloch* ? Stadler et ses amis attendaient de lui qu'il vînt bousculer le camp des assimilateurs qui dominaient à l'université. Où il y avait des conflits il était à son affaire. Sa philosophie était ouvertement une philosophie des conflits, une théorie du *conflit de la culture moderne*. Son agilité dialectique allait produire des surprises. Il était l'esprit qui toujours… dépasse. Il n'avait pas son pareil (dans tout l'empire) pour percevoir l'unité dans la dualité et la dualité dans l'unité. Voilà qui convenait bien pour saisir « le problème alsacien ». Ses premiers cours, durant le semestre d'été 1914, séduisirent immédiatement les étudiants strasbourgeois. Les auditeurs ressentaient une ambiance spirituelle électrique (« *eine geistige Elektrizität* »), s'émerveillaient de sa géniale acrobatie conceptuelle (*seine abnorme Begriffsakrobatik*) et de voir, d'entendre comment sur le champ sa pensée se déployait en phrases et les phrases en œuvres d'art (*wie ein Gedanke zum Satz und der Satz gleichzeitig zum vollendeten Kunstwerk sich entfaltete*).

Mais il n'eut guère le temps d'étendre son influence. Le tragique de l'histoire allait le rattraper, le dépasser, et le terrasser. Il n'avait pas vu venir la guerre en juillet, l'air de l'Europe sentait la poudre, mais jusqu'au jour fatal des déclarations et de la mobilisation personne n'avait cru vraiment à l'imminence et, surtout, n'a pu imaginer l'ampleur mondiale que cela allait prendre et la sauvagerie. Ingénuité en juillet, débats spirituels sur l'avenir de la culture. Barbarie en août, effondrement des acquis de la civilisation. Il n'avait pas vu venir la guerre et il n'en verra pas la fin, au bout de plus de quatre ans. Il meurt quelques semaines avant d'un cancer du foie. Malgré les doses de morphine, il a souffert atrocement sur son lit des mois durant.

S'ajoutaient ses inquiétudes pour son fils Hans, engagé comme médecin militaire en Ukraine, et sa peine d'apprendre la disparition de nombre de ses anciens étudiants dans les affres du conflit mondial.

Du fond de ses souffrances et de son isolement à Strasbourg, devenue une ville forteresse fermée au monde, il parvient cependant à composer quatre « méditations métaphysiques » qui seront son testament philosophique sous le titre *Lebensanschauung,* qui est un défi, qui veut dire *Lebensbejahung,* un oui réfléchi et résolu à la vie par-delà ou à travers les malheurs, les folies, les tueries, les négations de toutes sortes.

Nous sommes toujours, en tous les moments, notre vie entière, et la vie en nous et en-dehors de nous s'écoule dans une continuité absolue, elle est en son essence un flux ininterrompu qui transcende les formes passagères qu'elle ne cesse pas de créer.

Avant de mourir il aurait aimé revoir Albert Schweitzer, dont il avait appris le retour d'Afrique à Strasbourg à la mi-juillet. Cet ancien étudiant alsacien, qui avait suivi ses cours à Berlin durant le semestre d'été de 1899, garda avec lui un contact chaleureux. Il lui avait adressé de Lambaréné des félicitations, lorsqu'il apprit, sans doute par Harry Bresslau, sa nomination à Strasbourg. Très affaibli, sentant sa fin proche, Simmel avait fait savoir qu'il ne voulait plus recevoir de visite chez lui hormis celle de Schweitzer. Mais celui-ci en fut informé trop tard ou n'eut pas le temps, car malade lui-même début septembre et opéré d'une tumeur à l'intestin, séquelle d'une dysenterie contractée dans le camp de transit à Bordeaux.

Des retrouvailles manquées donc, dans la désolation générale de ces temps. Que n'auraient-ils pu se dire, quels échanges philosophiques ils auraient pu avoir ! Schweitzer ramenait dans ses valises les éléments d'une *Lebensphilosophie,* fruit de son expérience africaine de la colonisation et de la guerre. Lui aussi avait jeté, contre la décomposition de la civilisation, le défi d'un oui à la vie, modulé dans un respect pour toute vie. Les deux philosophes avaient abouti, par des cheminements différents, à faire converger d'une manière neuve la *Kulturphilosophie* et une *Lebensphilosophie*. Cette convergence originale chez l'un et l'autre penseur n'a pas encore attiré l'attention des historiens de la philosophie. Un thème pour un futur colloque ?

Si Georg Simmel avait survécu quelque temps à sa maladie, que lui serait-il arrivé ? Comme son collègue Harry Bresslau, il aurait peut-être été sommé dès le dimanche 1er décembre 1918 de quitter l'Alsace dans les vingt-quatre heures. Lui et son épouse auraient le lendemain traversé le Rhin au pont de Kehl, avec 40 kg de bagages, sous les huées de la foule, et leur appartement aurait été vidé et réquisitionné aussitôt pour des fonctionnaires français accourus de Paris.

Indications bibliographiques

Les œuvres complètes de Georg Simmel ont paru dans la collection *Suhrkamp Taschenbuch Wissenschaft*. 14 volumes. Un premier volume à part, introductif, *Das individuelle Gesetz* (1987), contient les lettres adressées au Graf Hermann Keyserling, entre 1906 et 1918. Elles sont la principale source d'informations sur la vie et les sentiments de Georg Simmel pendant sa période strasbourgeoise.

Sur l'immeuble 17 rue de l'Observatoire, lire l'étude de Marie-Noëlle Denis, « Le cadre de vie universitaire des sociologues strasbourgeois au temps de l'université allemande (1872-1918) », in *Revue des Sciences sociales* n° 40, 2008, « Strasbourg, carrefour des sociologies ».

Le texte testament philosophique de Georg Simmel, *Lebensanschauung*, a été traduit en français par Frédéric Joly sous le titre *Intuition de la vie* et publié en 2017, éd. Payot & Rivages.

Albert Schweitzer parle de Georg Simmel dans son autobiographie *Ma vie et ma pensée* et il a publié *Erinnerungen an Georg Simmel* en 1958, à l'occasion du 100ème anniversaire de la naissance. Traduction française, « Georg Simmel dans mes souvenirs » in *Cahiers Albert Schweitzer* n° 175 (novembre 2018).

Chapitre VI
L'Europe selon Georg Simmel

Denis Thouard[170]

On commence de se soucier de ce qui menace de disparaître. L'Europe n'a jamais tant fait l'objet de réflexion qu'au moment de son suicide, scellé en août 1914. Auparavant, son évidence était telle qu'elle échappait à la perception. Qui donc s'en occupait, à part quelques rares visionnaires, comme Hugo, ou, dans un genre un peu différent, comme Nietzsche ? Les pensées perspicaces de Marx et de Tocqueville ont bien vu qu'un avenir se jouerait au-delà, du côté de l'Amérique et de la Russie, mais sans dégager spécifiquement une question européenne. Et pour l'Allemagne qui venait d'accomplir enfin son unité et d'imposer sa place dans le concert des nations, la priorité était de se constituer elle-même (d'où les *Gründerjahre*), dans un premier temps, et d'établir un rapport de force favorable avec les autres puissances continentales, dans un second temps, ce qui n'ouvrait pas directement sur une réflexion d'emblée européenne.

Il fallut donc que la guerre européenne s'embrasât au point de devenir rapidement mondiale pour que la question européenne passât au premier plan, comme l'expression de la crise profonde que connaissait cette « grande époque » (Kraus)[171] et dont la guerre était le révélateur. Le mot de crise se propage dès avant le déclenchement du conflit et dure bien au-delà, tant l'effort pour en penser la signification, en évaluer les causes et en soupeser la portée accompagna l'intelligence européenne jusqu'à la guerre suivante. Les écrits de Paul Valéry, d'Edmund Husserl, mais aussi de nombreux auteurs comme Oswald Spengler ou René Guénon, sous l'étiquette à peine différente de l'Occident, s'y sont

---

[170] Directeur de recherche, CNRS, Centre Georg Simmel.

[171] Karl Kraus, « In dieser großen Zeit » (texte de novembre 1914), *Weltgericht* I, *Schriften* 5 ; en français : *Cette grande époque*, Paris, Rivages, 1990, p. 169-202.

employés, suscitant le sentiment partagé d'une urgence[172]. Il convenait de se demander ce qu'on allait perdre. La perte de ce qu'on allait perdre était suscitée par la volonté d'un grand pays qui voulait à sa façon rattraper et faire partie de cette Europe qui l'avait un peu oublié. Or en cherchant à la rejoindre, comme un mirage, celle-ci lui échappa. Elle disparut alors pour tous. Elle devait renaître en pensée.

Pour Georg Simmel aussi, l'Europe était une évidence intellectuelle et esthétique, concrétisée par la facilité que le développement des réseaux ferroviaires offrait aux voyageurs. La pensée devenait mobile. Des tournées de conférences étaient faciles à organiser, aussi bien que des escapades pour aller visiter Musées ou expositions, ou des virées en direction des grandes villes d'art italiennes. C'est cette évidence de l'Europe comme un ensemble de coordonnées reposant sur le principe de la relation réciproque qui fut soudain mis en faillite par la déclaration de la guerre. Simmel ne pouvait que la recevoir de plein fouet, car il venait d'arriver à Strasbourg au printemps 1914, laissant son biotope berlinois non sans regrets, mais consolé par l'idée de profiter des interactions d'une situation frontalière, qui lui eût permis de se rendre plus fréquemment à Paris. Mais la frontière devint soudain un front, la ville une forteresse, *eine Festung*.

Dans ce qui suit, je présenterai brièvement la pratique simmelienne de l'Europe avant d'interpréter son texte « L'idée d'Europe », écrit en pleine guerre, et de conclure par quelques réflexions personnelles.

Une culture européenne au temps de l'affirmation nationale.

Simmel citait peu. Sa culture et son monde de référence étaient, manifestement, européens. Né à Berlin en 1858[173], au

---

[172] Voir pour le contexte G. M. Cazzaniga, D. Losurdo, L. Sichirollo (éds.), *Tramonto dell'Occidente ?,* Urbino, Quattro Venti, 1989.

[173] En l'absence d'une biographie, on se reportera de préférence à K. Chr. Köhnke, *Der junge Simmel*, Francfort sur le Main, Suhrkamp, 1993, et aux deux volumes de lettres de la Georg Simmel Gesamtausgabe (éditée en 24 volumes sous la direction de Ottheim Rammstedt aux éditions Suhrkamp, citée GSG le

moment où cette ville moyenne allait prendre son essor pour devenir l'une des toutes premières du continent, il vivait la mobilité et la relation au reste du monde comme une évidence. Impossible de s'attacher à quelque clocher ou province particulière. L'ouverture prédominait.

Les études de philosophie, d'histoire de l'art et de romanistique y pourvoyaient, tout comme son intérêt pour la psychologie des peuples de Lazarus et Steinthal. Les langues modernes avaient la priorité, le français, l'italien, l'anglais, qui sont mobilisées dans ses premiers travaux, comme dans son activité de rédacteur de comptes rendus, nombreux dans les premières années. Il reçoit alors, plus que l'influence du positivisme français, les écrits de Darwin et de Spencer, et bientôt les débuts de la sociologie française, Tarde et Durkheim. À côté de Kant et de Marx, ce sont ses inspirations théoriques principales. Plus tard, il accordera, comme on sait, un intérêt puissant à la philosophie de Bergson, qu'il contribua à faire connaître en Allemagne.

Sur le plan des arts, Simmel possédait une excellente connaissance de l'art italien et se rendait souvent à Florence, mais aussi à Rome ou Venise, Bologne ou Milan. Il y fit de nombreux séjours, en famille, avec des amis ou des élèves, comme Lukács et Ernst Bloch. Ses premiers travaux sur Dante ou Michel-Ange attestent de cette appropriation. Le *Rembrandt* montre toute la place qu'occupa pour lui la peinture hollandaise. Pour l'art moderne, il s'intéressait à l'Angleterre et surtout à la France, dont il connaissait l'Ecole de Barbizon, Manet et les impressionnistes. Il fut un des premiers à acclamer Rodin, sur lequel il publia plusieurs textes, et qu'il alla voir à Meudon[174].

Enfin, si nous savons très peu de chose sur ses goûts littéraires, car il n'était pas tellement un homme de textes et de livres, mais un visuel et un sensuel, sa curiosité semble avoir été très grande, dans ce domaine également. Dans toute l'œuvre, quasiment rien qui relève du commentaire. C'est aussi ce qui

---

volume et la page), à compléter par les divers matériaux des vol. GSG 1, 17 et 24.

[174] Une édition de l'ensemble de ses textes sur Rodin est à paraître, *Ecrits sur Rodin*, aux éditions Circé, préparée par Matthieu Amat et Denis Thouard.

préserve l'actualité de ses écrits. Son Goethe même n'est pas d'abord un écrivain. S'il a lu Fontane, Paul Ernst et les écrivains de cette génération, c'est plutôt Balzac qui figure le romancier moderne, parfois Zola, et sa conception de la poésie a retenu la leçon de Baudelaire. Le panthéon littéraire qu'il affectionnait pouvait ressembler à celui cultivé dans le cercle de Stefan George, avec lequel il entretenait des relations sur un plan strictement esthétique : Baudelaire, donc, Verlaine et sans doute Mallarmé[175]. On ajoutera, pour les contemporains, Maurice Maeterlinck, ou Ibsen, qu'il rencontra. Signalons enfin son attention continue pour la littérature russe, que ce soit en pétitionnant en 1905 pour faire libérer Gorki (GSG 24, 75), par ses références à Tolstoï qui valaient tant pour le romancier que pour la figure de sagesse qui s'était imposée après 1900, ou en citant simplement Lermontov, Dostoïevski, voire Artibachew dont il évoque le *Sanine* de 1907 dans son dernier livre, *Lebensanschauung*[176].

Malgré la minceur des témoignages dont nous disposons, nous pouvons reconstituer un univers intellectuel et esthétique foncièrement ouvert sur l'Europe, et plus précisément sur l'Europe contemporaine. Quoique passé par la formation classique et sa part de philologie grecque et latine, constitutive du cursus scolaire et universitaire allemand, Simmel semble complètement dégagé du modèle classique. Il participe entièrement de son temps et de ses transformations : non pas des avant-gardes, mais d'une bourgeoisie progressive éclairée, qui voyage en train, fréquente musées et expositions, et lit en plusieurs langues. Il ne s'agit plus de faire une synthèse de ces courants qui culminerait dans une construction allemande, mais de saisir les multiples incitations d'une modernité prenant diverses formes, sans qu'aucune ne puisse prétendre en épuiser le sens. On ne s'arrête en cela pas à l'Europe, on regarde aussi vers l'Amérique, vers le Japon.

---

[175] Deux auteurs importants des *Blätter für die Kunst*. Voir Stefan George, *Tage und Taten* (1903), Berlin, Bondi, 1925, p. 52-59. Pour une approche du paysage esthétique familier à Simmel, se reporter à Ingo Meyer, *Simmels Ästhetik*, Weilerswist, Velbrück, 2017.

[176] GSG 16, 410. Ce livre a été rapidement censuré et est tombé dans un complet oubli depuis.

L'idée de l'Europe au moment de sa destruction

La paix relativement durable, non exempte de tensions, mais sans conflit direct entre les principales nations pendant un demi-siècle s'acheva brutalement. On comprit soudain ce que l'on perdait. On imagina aussitôt comment le refaire autrement.

Il existe deux textes de Simmel sur l'Europe, écrits tous deux en 1915. *L'idée d'Europe* parut en mars, *L'Europe et l'Amérique* en juillet, tous les deux dans le *Berliner Tageblatt*. Ils correspondent à un retour à la perplexité, après l'engouement partagé dans les premiers mois du conflit, marqués par le discours à l'Aubette du 7 novembre 1914. Signalons que le second discours sur l'Europe et l'Amérique adoptait le point de vue de « l'histoire mondiale », ce qui le conduisit à relativiser certains enjeux territoriaux, et valut à son auteur un avertissement des autorités de censure et une obligation de réserve[177]. On comprend que lorsqu'il composa un recueil de ses écrits de guerre, il jugea opportun de le laisser de côté. Quant au premier, « L'idée d'Europe », inclus en 1917 dans le recueil *La guerre et les décisions de l'esprit*, il porte la trace de modifications qui ne sont sans doute pas étrangères à cette censure, mais aussi à l'état de ses connaissances et à la maturation de son jugement : il n'est plus affirmé comme en 1915 que les adversaires de l'Allemagne portent seuls la responsabilité du déclenchement de la guerre (GSG 13, 153), lequel est mis désormais sur le compte de « l'aveuglement de la frivolité criminelle d'un tout petit nombre d'hommes en Europe » (GSG 16, 55), ce qui se rapproche davantage de la situation historique.

L'interrogation sur l'Europe se glisse donc au moment où la réflexion sur l'Allemagne évolue en inquiétude sur le contexte : un jeu d'échelle fait varier les perspectives et l'intention déclarée est d'échapper au « chauvinisme », dont le premier discours n'était peut-être pas tout à fait exempt. Ici l'intellectuel reprend ses droits, jusqu'à ce que la censure le débusque et le prie de se taire. Il y a donc une fenêtre d'où il est possible de parler d'Europe, d'où le thème de l'Europe s'impose.

---

[177] Voir sur ces aspects, D. Thouard, « Simmel et la guerre. De 14 à 18 », *Revue de métaphysique et de morale 4*, 2014, p. 561-575.

L'argumentation de Simmel est la suivante : si l'on pouvait considérer que la situation de guerre, à côté des désastres immédiats qu'elle provoquait, avait pu susciter dans les populations un certain sursaut moral, il est un aspect pour lequel le bilan est complètement négatif : l'Europe. En tant que « formation spirituelle unitaire » (*geistiges Einheitsgebilde*), elle est perdue et il n'y a pas de perspective de la reconstruire à court terme. Il distingue une Europe comme ensemble de relations ou « internationalisme », dans laquelle il voit simplement l'ignorance des frontières, ce qu'il désigne comme *l'idée d'Europe* est un phénomène premier, bien que tardif historiquement. Une telle idée n'est pas la somme des nations, mais au-delà d'elles, donc en chacune.

Simmel distingue deux aspects. En tant qu'idée, elle n'est pas saisissable empiriquement, mais accessible en une intuition au terme d'un long travail en vue des « valeurs culturelles » passées et présentes (GSG 13, 114). Il s'agit là de la concrétion des efforts culturels progressivement constituée en valeurs objectives. Dans les termes imagés de Simmel, l'idée d'Europe « accueille en elle les sucs les plus fins de la croissance de l'esprit » (*ibid.*). Mais cette dimension *supra historique*, propre à l'idée (métaphysique, artistique, religieuse, scientifique) n'empêche pas que cette idée soit en même temps *historique*. En tant que telle, elle est immortelle et vulnérable, *unsterblich* et *verwundbar* – doit-on comprendre « mortelle » ?

Simmel exemplifie sur cette idée le paradoxe de *l'esprit objectif*, dont l'objectivité dépend précisément de la continuation d'une mise en œuvre, une fois que les premiers promoteurs de cette idée ont passé. Comme il advient d'une institution dont plus personne ne s'occuperait, ou d'une pièce de théâtre plus jamais jouée, ces formes de condensation de l'esprit « existent » certes de toute façon, mais d'une existence fantomatique, comparable, dit Simmel, à une comète disparue, qui peut revenir, mais quand ? Ou à un bateau en cale sèche.

Si l'Europe peut se « maintenir » comme une autre forme sociale résultant d'une multiplicité de relations, et donc indifférente à la défection de certaines composantes individuelles, la discorde est dorénavant telle que la viabilité de l'idée européenne est en péril. Après la comète et le navire,

Simmel la compare à un corps dont les membres sont si violemment opposés que l'âme « européenne » ne peut plus les tenir ensemble.

C'est ici que Simmel fait intervenir une nouvelle opposition conceptuelle à laquelle il travaille et dont son livre posthume, *Intuition de la vie*, donnera l'exposition définitive. Il s'agit de l'opposition entre le *plus-de-vie*, qui correspond au mouvement d'auto-affirmation indéfini de l'être, et le *plus-que-vie*, qui renvoie à ce qui transcende cette dynamique et demeure comme son produit. *Intuition de la vie* explicitera dans son deuxième chapitre la portée de la distinction conceptuelle établie par le premier entre *plus-de-vie* et *plus-que-vie*. Intitulé *Le tournant vers l'idée*, il prend pour thème la pluralité des mondes normatifs, dont chacun relève d'une idée propre, à partir de laquelle il doit être appréhendé, sans pouvoir être ramené à une aune universelle. Les ordres du droit, de la religion, de l'art, de la technique etc. peuvent ainsi être reconnus sans être réalisés pour autant en entités métaphysiques. Cette transcendance reste immanente et partage la contingence des formations historiques, tout en introduisant un ordre objectif dans le cours des choses. Appliquée à la situation politique, cette opposition permet de penser l'articulation de la dimension européenne et de la dimension nationale sans la dissoudre dans l'abstraction des relations formelles, et sans non plus la solidifier par la considération de substances incompatibles. La continuité entre l'Allemagne et l'Europe est dès lors pensable en même temps que leur différence. L'Allemagne n'est elle-même qu'en se dépassant incessamment, donc en rejoignant cette dimension européenne qu'elle porte – comme les autres nations – en elle. L'effort fourni en vue de la construction européenne, pourrait-on gloser, ne dépossède en rien l'Allemagne, qui en reste « l'héritière universelle ». L'idée européenne, précise-t-il, est une « excroissance qui fait partie de la vie intime et propre [de l'Allemagne] ». La sortie hors de soi est aussi une façon de se retrouver davantage, enrichi du détour par l'objectivité des formations spirituelles, le plus-que-vie. Le terme d'Idée n'est donc pas choisi au hasard par Simmel.

Le texte se clôt par une parabole qui résume son propos : celle du retour de l'Enfant prodigue. Celui-ci est rejeté de chez lui et il doit se faire ailleurs, par lui-même. Puis vient le jour de la réconciliation : les portes s'ouvrent de nouveau. Le fils rentre enrichi d'une force singulière qu'il a cultivée pour lui-même. Et il découvre que tout son labeur mûri dans la séparation n'avait d'autre destination que de venir alimenter l'ancienne communauté refondée.

Le choix de cette parabole est significatif, car le procédé est exceptionnel pour Simmel. L'histoire jouissait alors d'une forte conjecture : Rilke l'utilisait pour achever ses *Cahiers de Malte Laurids Brigge* (1910), dans le sens de la quête existentielle de Malte et de l'apprentissage de l'amour ; Gide l'avait variée dans le sens individualiste, continuant la haine des familles prêchée dans les *Nourritures terrestres* ; avec lui, le fils revient, mais engage son frère à partir à son tour[178].

Simmel y voit une parabole de la réconciliation sans abandon de l'originalité de chacun. Il suit en cela la recherche d'une loi individuelle, rétive à subordonner l'individu sous une mesure universelle et indifférente. Il fait le pari cependant d'une réconciliation non forcée, mais tirant parti des approfondissements des différences. En ce sens, il n'est pas non plus hégélien, au sens où il ne voit pas dans le renoncement à l'individualité la condition de la constitution d'une réalité supérieure, règne de l'universel, mais conçoit une dialectique ouverte, mettant en valeur le moment de la négativité, portant toutefois un message d'espoir. Il conclut donc sa réflexion sur l'idée d'Europe sur un avenir au-delà de la guerre. Sur une ouverture.

C'est le cas en 1915, avant qu'il ne subisse les feux de la censure, mais c'est encore le cas en 1917, quand il compose un petit livre à partir de ses principales interventions depuis le déclenchement de la guerre. Or dans ce livre, il transforme l'ordre chronologique de publication des différents textes pour placer en dernier *L'idée d'Europe*, avec sa conclusion qui ouvre sur la réconciliation. C'est une façon de placer l'espoir dans

[178] A. Gide, *Le retour de l'enfant prodigue* (1907), Paris, NFR, 1924. Rilke a traduit ce texte : *Die Rückkehr des verlorenen Sohnes*, Leipzig, Insel, 1914. Pour la conjoncture de l'Enfant prodigue, voir Käte Hamburger, „Die Geschichte des verlorenen Sohnes bei Rilke », *Rice University Studies* 57, 1971, p. 55-71.

l'Europe. Un autre indice confirme la réaffirmation de la dimension européenne : il donnait en 1915 des exemples de grands européens qui étaient tous allemands : Goethe, Beethoven, Schopenhauer, Nietzsche. En 1917, il panache sa liste d'un Anglais, d'un Russe et d'un Français : Darwin, Tolstoï, et Bergson, se trouvent en compagnie de Bismarck, Wagner et Nietzsche (les deux premiers sans doute pour équilibrer l'introduction de représentants de nations ennemies ?). Pour un auteur peu connu pour ses interventions politiques, qui se trouvait déjà dans le collimateur des autorités militaires, le message envoyé par la conclusion de son livre de guerre est univoque. Il y a un dépassement, par l'objectivité et la norme de l'idée, du dynamisme purement immanent de la guerre. Sa philosophie prend en compte les valeurs de mobilité et d'individualité de la modernité, mais elle est aussi en mesure, à la différence des philosophies irrationalistes de la vie, de prendre en compte les formations objectives de valeurs dans le cadre d'une vision pluraliste des mondes, dont la traduction politique peut conduire à une coordination européenne[179].

Réflexions conclusives : Simmel et Valéry

Le texte sur l'Europe s'inscrit parmi les réflexions sur la crise et la tragédie du monde moderne. Il s'appuie à ce titre sur l'interprétation de la modernité fournie dès 1900 dans la *Philosophie de l'argent*. C'est ce qui lui confère sa cohérence et sa profondeur. Mais en abordant explicitement l'Europe en pleine guerre, Simmel met à l'épreuve son analyse dans un contexte qui vient à la fois confirmer la crise et peut-être dégager des issues. La guerre spécifie la crise, dont la portée est plus générale. En suscitant notamment des comportements solidaires, elle recrée du lien social alors que la logique de la modernité tend à le dissoudre. Elle crée du lien en accusant le fossé entre les nations. Tel est son paradoxe.

En accentuant la différenciation des nations européennes, la guerre conforte leur individualisation. Or cette confortation est

[179] Le petit texte sur *l'Europe et l'Amérique* adopte un point de vue « d'histoire mondiale » en hommage à Jacob Burckhardt.

trompeuse, puisqu'elle conduit droit à leur destruction. Il convient d'envisager pour cette raison l'après, qui retrouve la dimension commune que l'accentuation des particularités n'a pas pu abolir. Le recours à la parabole de l'Enfant prodigue dit aussi ceci : c'est à celui qui aura le plus péché, qui se sera davantage éloigné de ses devoirs, de son foyer, qui aura fondamentalement erré, que sera le plus accordé. Non seulement le pardon de la réconciliation, mais le surcroît de reconnaissance. Mais cela se laisse-t-il transposer à l'Europe ?

Les interventions les plus marquantes sur la question de l'esprit, de la culture et de l'Europe, termes souvent pris de conserve, sont plus tardives. Dans la *Crise des sciences européennes* (1935), Edmund Husserl n'envisageait que le destin rationnel de l'Europe, identifiée à l'invention de la science galiléenne. Il affrontait l'envahissement du monde par l'objectivation. Ce contexte lui permettait de situer la tâche historique de la phénoménologie, assumant une dimension effacée par l'objectivation du monde. Mais il demeurait relativement indifférent aux autres aspects de la crise, notamment politiques.

De son côté, Paul Valéry tenait, dans la *Crise de l'esprit* (1919), un discours proche par endroits de celui de Simmel, mais sans être soutenu par un cadre interprétatif aussi cohérent[180]. Le discours de Valéry sur la « denrée » de l'esprit, prise dans une logique de « commerce » qui tend à faire « disparaître graduellement » l'inégalité, se laisse aisément rapprocher de celui tenu dans la *Philosophie de l'argent* (I, 988). L'Europe est pour Valéry une Méditerranée quelque peu élargie, où les peuples se sont mêlés, et ont « échangé des marchandises et des coups » (I, 1004). Il vaut la peine de le citer ici, après les textes de Simmel, pour montrer la rencontre peu souvent notée des deux penseurs :

« Cette Europe triomphante qui est née de l'échange de toutes choses spirituelles et matérielles, de la coopération volontaire et

[180] P. Valéry, „La crise de l'esprit » (1919), « Note (ou l'Européen) » (1922), « La politique de l'Esprit » (1932), dans *Œuvres* I ; *Regards sur le monde actuel* (1931), dans *Œuvres* II (éd. J. Hytier, Paris, Pléiade, 1957, cité par le volume puis la page).

involontaire des races, de la concurrence des religions, des systèmes, des intérêts, sur un territoire très limité, m'apparaît aussi animée qu'un marché où toutes choses bonnes et précieuses sont apportées, comparées, discutées, et changent de mains. C'est une Bourse où les doctrines, les idées, les découvertes, les dogmes les plus divers, sont mobilisés, sont côtés, montent, descendent, sont l'objet des critiques les plus impitoyables et des engouements les plus aveugles » (I, 1005).

Valéry lie explicitement son bilan de la modernité à la question de l'Europe. La rencontre avec Simmel est frappante. Les réflexions qui sont, chez Simmel, ancrées dans une analyse de l'emprise de la relation et de la fonction, à travers l'argent, sur la substance et les attachements traditionnels, et que celui-ci monnaye si je puis dire dans ses articles sur la crise et la tragédie de la culture, sont directement nouées entre elles chez Valéry. L'Europe y est le foyer de cette modernité fondée sur l'échange et dont une des conséquences psychologiques est « une sorte d'obnubilation générale de la sensibilité » (I, 1037), voisine des figures du blasé et du cynique chez Simmel. De même, ses réflexions sur la « structure fiduciaire qu'exige tout l'édifice de la civilisation » (I, 1035) ne laissent pas d'évoquer le rôle de la confiance dans les relations sociales, un des thèmes centraux de Simmel. Tous les édifices sociaux (l'ontologie sociale dont on commence à reparler) ne reposent que sur un jeu complexe de conventions partagées, une reconnaissance mutuelle incessante, dont la cessation plongerait dans le néant cette réalisation collective. Enlevons le papier sur lequel nous marquons nos accords, et plus encore, enlevons « le support de ce support : la croyance, la confiance, le crédit que nous accordons à ce papier écrit » (I, 1036), tout s'effondre. Searle reformulera plus platement ces idées, apparemment sans avoir lu Valéry[181]. La consonance des deux positions vaut pour l'analyse du monde moderne où domine la relation quantitative. Mais le discours spécifique que Simmel porte sur l'Europe, qui s'appuie sur ces interprétations générales, s'efforce de prendre en compte davantage l'individualité historique de ses composantes, alors

[181] John Searle, *La construction de la réalité sociale*, tr. Paris, Gallimard, 1998.

que Valéry en tire des idées singulières comme la démocratie grecque, le droit romain, le christianisme.

En érigeant l'Europe au statut d'Idée, à savoir d'une exigence issue de ses propres réalisations passées, instaurant une rupture dans le cours de l'histoire, à la contingence de laquelle elle demeure entièrement sujette, Simmel visait, sans idéalisme ni optimisme excessif (ce n'était pas le moment !), le cœur de la question. C'est l'apport de la catégorie de plus-que-vie que de rendre pensable la constitution d'un ordre de valeur propre, distinct de la logique implacable de l'aliénation qui conduit l'esprit à être chassé de ses productions. Cette catégorie, dont la portée est soulignée par le *Tournant vers l'idée*, distingue le discours simmelien des pessimismes tragiques à la tonalité parfois apocalyptique, dont le *Déclin de l'Occident* est le plus connu. En marquant un coup d'arrêt, elle rend pensable un retournement axial du flux historique et la constitution d'un ordre de valeur propre. Le *Journal posthume* rappellera que l'objectivité est une invention de l'Occident[182]. Dans une veine voisine, Cassirer s'attachera à spécifier les modes d'objectivation symbolique comme autant de langages pluralisant le monde. L'Europe n'est pas la terre natale de l'Universel, mais une configuration historique singulière, marquée de tensions et de discordes et par là même sans doute remarquablement individualisée. On peut y voir une richesse et une ressource.

Cette insistance sur l'individualité des voies constitutives de la richesse d'ensemble distingue la conception de Simmel d'une dialectique présupposant une unité pour la retrouver enrichie après sa sortie hors d'elle-même. Telle n'est pas la lecture qu'il suggère de la parabole de l'enfant prodigue. Dans une construction dialectique, la diversité n'est finalement que tolérée. Or le propre de l'Europe selon Simmel, est que celle-ci lui est constitutive. On devrait préférablement parler de dialogue des différences, en suivant la voie suggérée par le philosophe italien Elio Franzini dans son livre *Outre l'Europe. Dialogue et*

---

[182] „Die große geistesgeschichtliche Tat Europas gegenüber dem (nicht indischen) Orient ist die Entdeckung der Objektivität.", GSG 20, 293.

différence dans l'esprit européen[183]. Repassant par les lieux classiques de la méditation sur l'Europe depuis Paul Valéry et Husserl, Derrida et Gadamer, Franzini repère les dangers des conceptions lénifiantes, unifiantes, notamment la présomption qui accompagne l'idée de tolérance. Elle est en effet indissociable d'une relation structurellement asymétrique. Repensant les conditions d'un dialogue des différences à partir des conceptions de Buber et Bakhtine, il conclut : « L'Europe (...) est un ensemble de différences et d'identités extraordinaires, qui se sont équilibrées différemment au cours de l'histoire, construisant son unité fondamentale tantôt par des périodes dialogiques, tantôt par des ruptures violentes. [...] L'Europe maintient intacte toutes ses différences, elle ne veut pas les absorber dans une unité artificielle, ou dans des monologismes dialectiques »[184]. Les différents fondements de sens culturel de l'Europe constituent plutôt un réseau d'expériences de reconnaissance. Une telle description rejoint sans doute ce que Simmel a eu en vue en parlant de « l'idée d'Europe ».

---

[183] Elio Franzini, *Oltre l'Europa. Dialogo e differenze nello spirito europeo*, Milan, Edizioni del'Arco, 1992.
[184] Ibid., p. 152.

Chapitre VII
Charles Grad (1842-1890).
Un Alsacien précurseur de la sociologie à l'époque du Reichsland

Antoine Savoye[185]

Notre propos est de rappeler l'œuvre de Charles Grad, un Alsacien resté attaché à son pays natal à l'époque de l'Université wilhelminienne[186]. Nous soulignerons, dans une première partie, en regard de l'engagement professionnel et politique de Grad, la polyvalence de son œuvre qui offre la particularité de ressortir de plusieurs sciences de l'Homme alors en voie de constitution[187]. Tour à tour géographe, économiste, démographe et économiste social, adepte d'une méthode positive d'observation des faits naturels et sociaux, Grad incarne une science des sociétés totalisante et empirique, plus proche de Le Play que de Durkheim. Dès lors, son œuvre relève-t-elle de la sociologie au sens moderne du terme ? Cette question fera l'objet d'une deuxième partie. Enfin, nous conclurons par un aperçu sur la reconnaissance de cette œuvre par les milieux universitaires de son temps et sur sa postérité.

Une œuvre scientifique polyvalente

Né le 8 décembre 1842 à Turckheim, dans un milieu catholique, d'un père « commis négociant »[188] et de Charlotte

[185] Professeur émérite de sociologie, Université de Paris-8.

[186] On nomme ainsi l'université fondée à Strasbourg, en 1872, après l'annexion de l'Alsace par l'Allemagne. Voir John E. Craig, *Scholarship and Nation Building. The University of Strasbourg and Alsatian Society, 1870-1939* (1984).

[187] Voir, en annexe, une bibliographie sélective extraite des 190 références figurant sous son nom dans le catalogue SUDOC, titres consultables pour la plupart à la BNU de Strasbourg.

[188] Philippe Antoine Grad était caissier dans une entreprise locale et, par ailleurs, petit propriétaire viticole.

Karm dite « sans état »[189], Charles Grad entreprend des études secondaires au collège de Colmar qu'il termine sans obtenir le baccalauréat en dépit de la capacité qu'il montre dans les matières scientifiques. Il entre à 18 ans dans la vie professionnelle, devenant rapidement secrétaire particulier d'un industriel du textile, Antoine Herzog (1816-1892), leader dans le filage et le tissage du coton, dont le principal établissement est à Logelbach, commune voisine de Colmar et de Turckheim. Cette carrière industrielle, loin de mettre fin à l'inclination de Grad pour les sciences[190], en constitue un support. Son engagement professionnel est le vecteur de recherches variées, d'abord en sciences de la nature, ensuite, en sciences sociales. Ainsi, la question de l'approvisionnement en eau des usines Herzog provoque ses recherches géographiques. Celles-ci sont, en effet, en lien avec des projets à portée industrielle : construction du canal du Logelbach, de barrages au lac Blanc et au lac Noir pour régulariser le débit des eaux, aménagement des affluents de l'Ill. Suivant la même logique, les besoins en coton des établissements Herzog amènent Grad à explorer l'Algérie et le Maroc pour en cerner les potentialités. C'est encore *le sort de l'entreprise dans le contexte de l'Alsace annexée qui le conduit à se faire statisticien et économiste. C'est enfin la politique sociale d'Herzog qui le détermine à devenir économiste social et sociologue du monde ouvrier. En effet, Grad, impliqué dans les institutions ouvrières des établissements Herzog (*logement ouvrier, caisse de secours dont il préside le conseil d'administration), en justifie la nécessité et en évalue l'impact en enquêtant sur la condition des ouvriers[191]. Qu'il s'agisse

[189] Selon l'acte de naissance de Marie Antoine Charles Grad (n° 119, Etat civil de Turckheim, année 1842).

[190] Grad caressera l'idée de poursuivre des études supérieures. Après la défaite et l'annexion de son pays natal, il ambitionne de prendre un emploi à la Faculté des sciences de Nancy. A cette fin, il obtient le baccalauréat ès sciences (1873) et envisage de préparer un doctorat ès sciences en orographie et hydrologie. Mais, à la demande de son patron, Herzog, dont les intérêts sont menacés par les occupants, il y renonce tournant définitivement la page d'une possible carrière universitaire. Il déclinera plusieurs propositions de rejoindre l'Université de Strasbourg en 1874 et 1876.

[191] En 1881, les établissements Herzog comptent, en Alsace, 2 500 ouvriers qui font tous partie d'une société de secours présidée par Grad. Les ressources de

d'hydrologie ou d'orographie, d'économie ou d'économie sociale, l'œuvre scientifique et les questions pratiques sont donc étroitement liées chez Grad. Les mandats politiques qui lui sont confiés à partir de 1876 parachèvent l'intrication entre le savant et le politique, Grad député du Reichsland faisant de l'Alsace annexée l'observatoire, par excellence, du régime prussien et de la politique bismarckienne.

L'implication utilitaire de l'activité scientifique de Grad n'en disqualifie nullement la valeur. Dès avant la guerre de 1870, deux personnalités de la géographie de son temps, Victor Adolphe Malte-Brun[192] et l'Allemand August Petermann[193], reconnaissent l'intérêt de ses premiers travaux. Grad apparaît sur la scène scientifique en collaborant, à partir de 1862, aux *Nouvelles annales des voyages, de la géographie, de l'histoire et de l'archéologie* et en se faisant admettre à la Société de géographie de Paris (1863). D'abord géographe de cabinet, lecteur et commentateur des travaux de ses confrères voyageurs et explorateurs, il se mue bientôt en géographe de terrain en parcourant les territoires proches : les Alpes où il étudie les glaciers et, surtout, les Vosges qui deviennent son laboratoire de plein air durant une dizaine d'années[194]. Jetant les bases d'une géographie régionale, il accumule les travaux dont la Société industrielle de Mulhouse, la Société d'histoire naturelle de

---

cette société proviennent d'une retenue de 2 % sur les salaires et d'une subvention patronale. Les sociétaires, en cas de maladie, bénéficient de la gratuité des soins et d'une aide à hauteur de 40% de leur salaire. Grâce aux intérêts du fonds de réserve, des pensions sont versées aux invalides.

192 Fils de Conrad Malte-Brun, fondateur de la Société de géographie, Victor (1816-1889) en sera secrétaire général et responsable de son Bulletin. A la suite de son père, il dirige les *Nouvelles annales des voyages, de la géographie, de l'histoire et de l'archéologie* qui deviennent *Les Annales des voyages, de la géographie, de l'histoire et de l'archéologie* (1866).

193 August Petermann (1822-1878) anime à Gotha l'Institut Justus Perthes et publie le *Stieler Handatlas*. Il fonde en 1855 un périodique de référence connu sous le nom de *Petermanns Mitteilungen*.

194 Son biographe, le docteur Faudel écrit : « Ch. Grad était devenu populaire dans nos montagnes : les schlitteurs, les bûcherons, les marquaires le connaissaient tous : il s'arrêtait avec eux, leur serrait la main et passait la nuit sous leurs abris ; il observait leurs mœurs en même temps que les phénomènes si variés et si grandioses de cette nature sublime. » (in *Charles Grad. Notice biographique et bibliographique*, 1906, p. 16).

Colmar ou la *Revue d'Alsace* ont la primeur. La guerre de 1870-71 marque un tournant. Avec l'annexion de l'Alsace, Grad élargit son domaine scientifique. Sans délaisser la géographie que ses voyages à l'étranger l'incitent à poursuivre[195], il se fait économiste et sociologue et publie *L'Alsace, sa situation et ses ressources au moment de l'annexion* (1872) et surtout ses *Etudes statistiques sur l'industrie de l'Alsace* (Colmar, 1879-1880). Cette nouvelle compétence est consacrée par l'Académie des sciences morales et politiques qui l'élit membre correspondant de la section d'économie politique le 12 mai 1883. Cette évolution intellectuelle, fortuite à l'origine[196], est consolidée par son entrée en politique. D'abord, conseiller général de Wintzenheim (1876) et membre de la Délégation alsacienne à Strasbourg, assemblée régionale instituée pour servir d'intermédiaire entre la population alsacienne et l'administration allemande, il est élu député de Colmar au Reichstag en 1877 (et sera 5 fois réélu jusqu'en 1890) [197]. Cette carrière politique interfère avec ses travaux scientifiques. Désormais, l'étude de l'Alsace et de sa spécificité répond à son souci de défense de son pays natal et à son souhait de sauvegarder son autonomie au sein de l'Empire allemand. Ainsi, à la commission des assurances sociales du Reichstag, il s'efforce, preuves à l'appui, de faire admettre la pertinence du modèle alsacien reposant sur l'initiative privée face au projet d'Etat social de Bismarck. D'un patriotisme incontesté, il est apprécié par l'opinion française qui le considère comme un des meilleurs connaisseurs de la société allemande, notamment en matière de questions sociales. Il fait le

---

195 Entre 1872 et 1886, Grad se rend en Algérie et au Sahara (1872), en Allemagne (1873 et 1875), en Algérie et au Maroc (1877), en Pologne (1878), en Algérie (1881), en Italie jusqu'au Vésuve (1882), au cap Nord (1883), en Bohême et en Moravie (1883-84), en Egypte, Arabie et Syrie (1886).

196 Faudel, reprenant Julien Sée, en rappelle les circonstances : c'est en contrepartie de la préservation de l'usine d'A. Herzog que Grad accepte de dresser, comme le souhaite l'administration allemande, un état économique et social de l'Alsace (*op. cit.*, p. 20-21).

197 Au Reichstag, Grad retrouve ses collègues parlementaires alsaciens et lorrains (Guerber, Winterer, Simonis, Soehnlin, Dollfus, de Bulach, Kable, Lalance, Jaunez). Ces deux derniers étant comme lui membres de l'Ecole de Le Play. Au sein de ces assemblées, il rejoint le groupe des autonomistes et non le parti catholique avec lequel il noue cependant des alliances électorales.

pont entre les deux univers politiques et culturels rivaux[198]. *La Revue des deux mondes* lui ouvre ses colonnes, tandis que la Société d'économie politique et l'Académie des sciences morales et politiques l'accueillent en leur sein. Elles avaient été précédées par l'Ecole de Le Play qui le compte dans ses rangs depuis 1882[199]. Son prestige y grandit rapidement. Appelé à intervenir dans le cadre des conférences mensuelles de la Société d'économie sociale, Grad en préside le congrès en 1889 en tant que vice – président. Son rôle est bien cerné par l'économiste Claudio Jannet qui, tout en saluant « en M. Charles Grad une grande autorité scientifique et patriotique », souligne que « le livre qu'il vient de publier sur l'Allemagne est un acte de courage moral (qui) contraste heureusement avec d'autres livres, parus il y a quelques années qui ne pouvaient nous donner que des notions fausses sur nos rivaux ». Et Jannet de conclure, « c'est rendre à tous les Français un éminent service que de leur apprendre à envisager sérieusement la réalité »[200]. Ainsi, le Grad géographe et géologue des années 1860 est devenu, vingt ans plus tard, un économiste et économiste social reconnu. Une carrière savante à l'intersection de plusieurs domaines politiques et sociaux, consacrée à l'étude comparée des sociétés française et allemande, semble se profiler devant lui. Malheureusement, atteint d'une maladie de cœur et surmené par ses multiples activités, il décède en 1892 à l'âge de 47 ans.

---

[198] Sa position est parfois inconfortable. A la publication de son *Peuple allemand*, la presse d'outre-Rhin, selon Jean Bourdeau, « l'accuse d'abuser de sa situation de député au Reichstag, de sa présence dans les commissions pour livrer à l'étranger des secrets d'Etat » (*Journal des débats*, 2 septembre 1888, p. 3).

[199] Dans une lettre à A. Herzog qui l'a introduit auprès de l'Ecole de Le Play, Grad écrit : « *Depuis plusieurs années, je consacre une partie de mon temps au but poursuivi par les Unions de la paix sociale. Je fais partie, depuis le printemps dernier, de la commission permanente nommée par le Reichstag pour l'examen des projets de loi destinés à mettre en pratique le programme social du chancelier allemand. (...) C'est vous dire que je suis heureux de répondre à votre proposition et de participer à l'œuvre des Unions dans la modeste mesure de mes moyens.* » (*La Réforme sociale*, 1er octobre 1882, p. 360).

[200] *La Réforme sociale*, 16 janvier 1889, p. 132.

En résumé, à l'aune des disciplines scientifiques contemporaines, l'œuvre de Grad relève, tour à tour, de la géographie et de ses différentes spécialités (hydrologie, orographie, climatologie), de la géologie (glaciologie)[201]. Puis, à partir de l'annexion de l'Alsace, de la science administrative, de l'économie politique et de l'économie sociale (à défaut de la sociologie *stricto sensu*), et aussi de la démographie. De son vivant, c'est moins l'université qui lui confère une légitimité scientifique que les sociétés savantes, régionales ou nationales, qui l'admettent dans leurs rangs. C'est un trait caractéristique de l'Alsace – sans doute plus marqué qu'ailleurs – que le poids de ces sociétés dans l'activité scientifique[202]. Leur certification qui n'est pas de complaisance, est enviée. On peut, dans un tableau, dresser l'inventaire des appartenances sociétaires de Grad, garantes de la scientificité de son œuvre, en les rapportant aux champs disciplinaires académiques :

[201] Au sein de la géographie, on peut distinguer ses travaux de géographie de cabinet (par exemple sur l'Australie : « Les Aborigènes d'Australie », *Revue universelle*, 1861 ; *L'Australie intérieure,* 1864) de ceux de géographie de terrain qui concernent les glaciers des Alpes, les Vosges ou même le Sahara algérien. Comme beaucoup des premiers géographes, Grad s'intéresse aussi au folklore et à l'anthropologie. Ainsi, ses premiers travaux publiés portent sur les légendes alsaciennes (cf. la *Revue d'Alsace*, 1862).

[202] Voir le rôle de la Société industrielle de Mulhouse (SIM) ou de la *Revue d'Alsace*.

DISCIPLINES SCIENTIFIQUES			
Géographie physique et humaine	Géologie	Économie et statistique	Science sociale et économie sociale
INSTITUTIONS ET SOCIETES SAVANTES[203]			
Société d'histoire naturelle de Colmar (1860)	Société française de géologie (1870)	Société industrielle de Mulhouse[204] (1871)	Union de la paix sociale (1882)
Société de géographie de Paris[205] (1863)	Institut géologique d'Autriche (1874)	Association française pour l'avancement des sciences[206] (1872)	Société d'économie sociale (1888)
Société d'émulation des Vosges (1869)			
Société météorologique de France			
Société des sciences naturelles de Strasbourg			
Société de géographie de l'Est (1879)		Académie des sciences morales et politiques[207] (1883)	
Club alpin français[208] (1874)		Société d'économie politique[209] (1888)	

[203] Avec la date d'admission de Grad.

[204] Grad est désigné pour appartenir à la commission d'histoire et de statistique de la SIM (1875).

[205] Grad collabore pour l'hydrologie avec Elisée Reclus aux *Instructions générales aux voyageurs publiées par la Société de géographie* (1875). Après sa mort, et en raison de son legs de 5 000 frs, la Société de géographie fonde un prix portant son nom récompensant les études géographiques.

[206] Grad appartient à la section d'économie politique et statistique dont il a été élu correspondant par 19 voix contre 16 à Henry Fawcett.

[207] Grad est membre correspondant de la section d'économie politique.

[208] Depuis la fondation du CAF, Grad collabore à ses annuaires où il rend compte de ses excursions et de ses voyages.

[209] Pendant l'Exposition universelle de 1889, Grad préside le Congrès international de politique économique et sociale.

A cette insertion de Grad dans les institutions savantes répond la liste des nombreux périodiques qui s'attachent sa collaboration, témoignant de sa notoriété et de son rayonnement. Citons sans prétendre être exhaustif : *Revue des deux mondes, Revue scientifique de la France et de l'étranger, La Nature, L'Economiste français, La Réforme sociale, Revue d'Alsace, Les nouvelles Annales des voyages, de la géographie et de l'histoire, Le Tour du Monde, L'Express de Mulhouse, Les Annales de l'empire allemand* (Munich). Auxquels s'ajoutent les organes des sociétés savantes : *Bulletin de la Société d'histoire naturelle de Colmar, Mémoires de la Société industrielle de Mulhouse, Bulletin de la Société de géographie de Paris, Bulletin de la Société de géographie de l'Est, Bulletin de la Société géologique de France, Bulletin de la Société météorologique de France, Bulletin de l'Association française pour l'avancement des sciences, Annales de la Société d'émulation des Vosges.*

Grad, un sociologue avant la lettre ?

Parmi les travaux de Grad qui préfigurent la sociologie, dans une acception qui n'est pas celle de Durkheim mais plutôt celle de son rival René Worms, on peut distinguer deux corpus cohérents. L'un qui concerne spécifiquement l'Alsace, et l'autre la société allemande. Grad, en effet, multiplie les approches sociologiques de la société alsacienne. Par exemple, entre 1876 et 1884, il étudie ses institutions scolaires[210]. Mais sa sociologie acquiert véritablement de l'ampleur et de la consistance lorsqu'il prend pour objet l'industrie. En 1879-1880, il livre deux forts volumes, fruits de plusieurs années de recherche, élaborés sous le contrôle de la Société industrielle de Mulhouse[211]. Le premier volume s'ouvre sur des considérations générales d'ordre géographique, historique et démographique où Grad montre la connaissance précise, sensible, qu'il a du territoire alsacien. Ensuite, viennent des monographies présentant les secteurs

---

[210] « L'instruction publique en Alsace-Lorraine », *L'Economiste français*, 9 septembre et 2 décembre 1876, p. 341-343 et p. 726-728 ; « Les universités allemandes », *La Nature*, 14 octobre 1876 ; « La nouvelle université de Strasbourg », *Revue internationale de l'enseignement*, 1884, 8, p. 564-572.

[211] Cf. *Etudes statistiques sur l'industrie alsacienne* (1879-1880).

industriels majeurs de l'Alsace, du textile à l'imprimerie. Le second volume détaille les facteurs de production transversaux aux différents secteurs (salaires, voies de communication, ressources énergétiques, système bancaire et fiscal, politique commerciale) et se conclut sur la condition ouvrière et les institutions créées pour son amélioration. Grad y publie une série de budgets de familles ouvrières (ressources et dépenses) dont on peut s'étonner qu'ils soient passés inaperçus de Maurice Halbwachs dans sa thèse *La Classe ouvrière et les niveaux de vie*. La sociologie de l'Alsace de Grad trouve son aboutissement dans ce qui est considéré comme son maître ouvrage, *L'Alsace, le pays et ses habitants* (1889). C'est en fait une synthèse conçue pour un large public. L'Académie française, en lui décernant un prix, le qualifie de « véritable monographie de l'*Alsace* au point de vue descriptif, historique et industriel ».

Le second corpus de Grad sociologue se compose des travaux qu'il a consacrés à l'Allemagne. On y discerne deux objets principaux[212] : d'une part, la population[213] et, d'autre part, la politique sociale de l'Etat bismarckien. Grad se fait une spécialité de l'étude du système des assurances sociales, pivot de la politique sociale du chancelier, qui intéresse beaucoup l'opinion en France[214]. A de multiples reprises, il intervient sur ce sujet, devant la Société d'économie sociale et la Société d'économie politique, débattant avec ses confrères parisiens. Comme pour l'Alsace, ces recherches donnent lieu à une synthèse qu'il livre dans la *Revue des deux mondes* à partir de janvier 1885, articles bientôt réunis en un ouvrage : *Le Peuple allemand. Ses forces et ses ressources* (1888), qu'il dédie à Léon Say.

L'examen de ces deux corpus permet de discerner en quoi les recherches de Grad peuvent être qualifiées de sociologiques.

---

[212] Les rapports entre l'Etat prussien et sa nouvelle région annexée sont traités dans le corpus « alsacien ».

[213] « Etude comparée de la population en Allemagne et en France, de 1820 à 1880 », *La Nature*, 1882 ; « La population de l'Allemagne », 6 juin 1885 ; *Le Peuple allemand. Ses forces et ses ressources* (1888).

[214] Voir, par exemple, la conférence sur le socialisme d'Etat de Léon Say devant le Cercle Saint-Simon où il s'appuie sur Grad qui, dit-il, « rend tous les jours tant de services à la cause libérale et à l'Alsace-Lorraine » (*Journal des débats,* Supplément du 30 janvier 1884).

Loin d'être de simples descriptions narratives, elles sont sous-tendues par une logique scientifique qui allie établissement de données objectives et raisonnement explicatif. La méthode adoptée par Grad pour établir les données, matériau de son raisonnement, combine les trois démarches développées par les sciences sociales de son temps : la méthode du « tableau » des enquêteurs sociaux du premier XIXe siècle (Louis-René Villermé, Armand Audiganne)[215] ; celle des statisticiens sociaux dont Achille Penot[216] fut à la SIM le plus illustre représentant ; enfin, celle de Le Play. A ce dernier, Grad emprunte deux instruments : la monographie sociale qui synthétise les différents éléments de la réalité étudiée et la technique du budget des ressources et des dépenses annuelles à l'échelle d'une famille. Grad ne se tient pas à un recueil de faits sociaux[217]. Il les ordonne au moyen d'opérations telles que la quantification des données, sous forme de tableaux statistiques, ou la présentation d'études de cas détaillées. Il procède également à des comparaisons, des recherches de corrélation[218] et des typologies. Cette élaboration des faits n'est pas l'aboutissement du travail de Grad comme le titre modeste, de son ouvrage *Etudes statistiques*, pourrait le laisser croire. Elle est intégrée dans un raisonnement dont elle constitue la base empirique. L'industrie alsacienne, par exemple, n'est pas la somme des données patiemment accumulées par Grad. Elle est expliquée par le jeu des conditions (géographique, historique, démographique, sociale, etc.) qui la constitue. Chaque secteur industriel, pour être compris, doit être replacé dans le complexe qui l'englobe. On trouve un mode de pensée analogue appliqué à la société allemande. Dans *Le Peuple allemand*, Grad met en évidence le dynamisme de cette société – qui est son objet

---

215 Voir Antoine Savoye, *Les débuts de la sociologique empirique Etudes socio-historiques 1830-1930,* Paris, Méridiens Klincksieck, 1994.

216 Achille Penot (1801-1886) docteur ès sciences physiques, directeur de l'Ecole de commerce de Mulhouse (1866-1872), auteur de la *Statistique générale du département du Haut-Rhin*, Mulhouse, 1831.

217 Si, grâce au Dr Faudel, nous pouvons imaginer la façon dont Grad observait concrètement la nature, on reste toutefois plus ignorant sur sa méthode d'enquête des faits de société.

218 La recherche, débutante, de corrélation se retrouve dans les notions d'« influence » et d'« effet » utilisées par Grad.

d'étude- en articulant quatre de ses facteurs : sa démographie, son traitement de la question sociale, son institution militaire et l'organisation de son Etat[219]. Dans les deux cas, Grad procède donc à une analyse que l'on pourrait qualifier de systémique qui marque une avancée théorique comparée aux études unidimensionnelles (économique ou juridique ou militaire ou administrative, etc.) couramment pratiquées à son époque. Dans la terminologie employée par Grad, c'est la notion de « conditions »[220] qui lui permet d'identifier les facteurs majeurs de la réalité concrète étudiée qu'il coordonne ensuite en un ensemble explicatif.

Par son ingéniosité et son inventivité dans le recueil des faits sociaux et leur traitement, Grad apparaît bel et bien comme un sociologue avant la lettre. En cela, il rejoint Le Play[221] et ses continuateurs avec lesquels ses affinités sont patentes. Il partage avec eux le principe que seuls les « faits positifs » rigoureusement recueillis (« observés » disaient-ils) et coordonnés peuvent servir de base à une science des sociétés. Certes, Grad n'est pas allé jusqu'à adopter pleinement la méthode de l'auteur des *Ouvriers européens*[222]. Mais, il se revendique, comme lui, de la « méthode expérimentale » qui relie l'analytico-descriptif et le synthético-explicatif.

---

219 Pour J. Bourdeau (*op. cit.*), « *M. Grad, en poursuivant une vaste et minutieuse enquête sur les forces et les ressources de l'Allemagne, a voulu nous exprimer par des quantités, par des chiffres, ce que M. Weiss et M. Lavisse nous exprimaient par des qualités, des manières d'être. Le 'Voyage au pays du Rhin' de M. Weiss, 'L'Essai sur l'Allemagne impériale' de M. Lavisse, nous peignent d'après nature les chefs et les figures du nouvel empire* (…), *M. Grad nous fournit surtout des dénombrements empruntés à la statistique officielle, cette science d'Etat si étudiée en Allemagne* (…) ».

220 Par exemple, pour l'industrie en Alsace, les « conditions » retenues sont le travail, les communications, les forces motrices, le crédit, la fiscalité et la politique commerciale.

221 Voir A. Savoye « Lire *La Réforme sociale en France* (1864) de Le Play », *L'Année sociologique*, volume 67, n° 2, 2017, p. 397-421.

222 Sans doute plus que dans sa méthode d'enquête, c'est dans les principes d'action sociale énoncés par Le Play que Grad se reconnaît. En particulier, la théorie du patronage exercé par le chef d'entreprise à l'égard de ses ouvriers, formulée par Le Play, ne pouvait que le satisfaire.

Charles Grad et sa reconnaissance par les milieux universitaires

La valeur de l'œuvre de Grad fut reconnue de son vivant, nous l'avons vu, par les institutions académiques et les sociétés savantes. Mais qu'en fut-il de la part des universités, en particulier par celle de Strasbourg ? Il semble que la toute nouvelle Université wilhelminienne l'ait ignoré. Cela tient à l'intéressé lui-même qui s'en est tenu volontairement à l'écart. En effet, si Grad salue la modernité de la nouvelle université, il oppose un refus personnel aux propositions qui lui sont faites d'y collaborer[223]. En retour, le corps enseignant, en particulier les professeurs en charge des sciences sociales, ne semble faire aucun cas de ses travaux[224]. Ni Gustav Schmoller, en poste à Strasbourg de 1872 à 1882, ni son disciple Georg Friedrich Knapp[225], professeur de 1874 à 1907, ni Lujo von Brentano ne paraissent avoir pris Grad en considération. Une exception cependant : un élève de Brentano, Heinrich Herkner (1863-1932), dans sa thèse sur l'industrie cotonnière en Alsace (1887)[226], prend en compte Grad pour… le critiquer. Quant à la géographie dont la chaire est occupée par Georg Gerland, on ignore si elle lui a fait un meilleur sort. Dans tous les cas, une enquête approfondie sur la réception de Grad par l'université wilhelminienne reste à faire.

Après la mort de Grad, son œuvre tombe peu à peu dans l'oubli. La restauration de l'université française en 1919 où ceux

223 Voir, sur ce point, les extraits du journal intime de Grad publiés par Faudel (*op. cit.*, p. 21-22).

224 Collègues bien ingrats alors que « *le regretté Charles Grad, le député alsacien bien connu au Reichstag, le correspondant de l'Institut de France, l'auteur du beau livre 'L'Alsace' et du petit volume si instructif 'Le Peuple allemand', a légué une partie de ses livres à la bibliothèque de l'Université à Strasbourg. Ce legs, comme la cession de M. E. Reuss, était inspiré par l'amour éclairé de l'Alsace.* » (*Annales de l'Est*, Faculté des lettres de Nancy, 1891).

225 Lujo von Brentano, *Karl* Bücher, *Georg Friedrich Knapp*, Gustav Schmoller et Adolph Wagner défendent la perspective de l'« école historique » de l'économie politique.

226 D'accord avec Brentano, H. Herkner, dans sa thèse de doctorat *Die Oberelsässische. Baumwollindustrie und ihre Arbeiter*, considère, contre Grad, que les lois sociales ne peuvent émaner que de l'Etat.

qui se sont efforcés d'entretenir son souvenir[227] n'exercent guère d'influence, n'enraye pas le phénomène. Les spécialistes des sciences sociales qui ont pris la place de leurs collègues allemands continuent d'ignorer ses travaux. C'est le cas, par exemple, de Maurice Halbwachs ou de Charles Andler, pourtant spécialistes comme Grad du socialisme d'Etat. Son occultation, patente dans l'université wilhelminienne[228], se poursuit donc avec le retour de l'Alsace à la France. Ce n'est qu'à la faveur du « tournant » des années 1980 que connaît, selon Claude Muller, l'histoire politique de l'Alsace que la figure de Grad réapparaît – fugitivement – dans les études de François Igersheim ou de Christian Baechler. Cette reconnaissance précède celle des géographes[229], en particulier d'Henri Vogt qui n'hésite pas écrire : « *Il faut toutefois attendre Charles Grad (1842-1890), non universitaire, qu'on peut considérer comme le premier géographe du XIXe siècle en Alsace, pour une esquisse de traitement géographique, quoique encore très descriptif* »[230].

Vers une redécouverte ?

L'actualité dont a bénéficié récemment Charles Grad reste cependant trop modeste pour combler la lacune déjà constatée il

---

[227] La Société d'histoire naturelle de Colmar et la *Revue d'Alsace*, de même que ses confrères leplaysiens, les abbés Hanauer et Cetty, font vivre son souvenir jusqu'à la veille de la Première Guerre mondiale. Mais en vain.

[228] Ce phénomène ne semble pas concerner que Strasbourg : Robert Lévy, dans sa thèse de droit soutenue à Paris, *Histoire économique de l'industrie cotonnière en Alsace. Etude de sociologie descriptive* (1912), ignore les travaux de Grad. Et même, ne pas regarder que les milieux universitaires : le courant leplaysien dissident formé autour d'Henri de Tourville et d'Edmond Demolins et qui publie *La Science sociale*, pourtant tourné vers l'étude de la société allemande (Paul de Rousiers, Descamps, Roux), l'ignore tout autant.

[229] Grad n'est toujours pas nommé dans le panorama pourtant très complet de Vincent Berdoulay, *La Formation de l'Ecole française de géographie (1870-1914)*, Paris, Bibliothèque nationale, 1981.

[230] H. Vogt, « Les géographes à l'*Université* de *Strasbourg* pendant la période du Reichsland », *Revue géographique de l'Est*, vol. 39/1, 1999, p. 1-10. Dans l'exhumation de Grad, Vogt avait été précédé par Etienne Julliard (1953) ; il sera suivi par le regretté Jean-Claude Flageollet, géomorphologue, auteur de *Sur les traces des glaciers vosgiens* (2002), qui a réinstallé Grad dans l'histoire de la glaciologie.

y a un siècle par les éditeurs de la *Revue d'Alsace*, A. Gasser et A. Ingold, lorsqu'ils écrivaient : « *Malgré les travaux qui ont été publiés sur lui et dont nous citerons le 'Journal intime'1891) que Mgr Frey a fait connaître, 'La vie et l'œuvre de Charles Grad' de l'abbé Cetty (1892), la 'Notice biographique et bibliographique' du Dr Faudel (1906), on peut assurer que le livre complet et définitif sur Grad n'a pas encore été écrit* »[231]. Il reste beaucoup à faire pour éviter que son œuvre échappe à la « critique rongeuse des souris ». Auteur mineur peut-être, Grad n'en constitue pas moins un maillon dans la chaîne qui va des sciences de la société du premier XIXe à la sociologie moderne. Faisant le lien entre plusieurs disciplines scientifiques en cours de constitution, il a été aussi un passeur entre les espaces culturels francophone et germanophone. Pour toutes ces raisons, comme le soulignait déjà Stéphane Jonas à propos des *Staatswissenschaften* et de Schmoller[232], il y a lieu de restituer, en historiens de la sociologie, la voie que Charles Grad a momentanément incarnée.

Bibliographie de Charles Grad
(sélection de travaux représentatifs) :

Géographie de cabinet :

L'Australie intérieure. Explorations et voyages à travers le continent australien de 1860 à 1862, Paris, Artus Bertrand, 1864, 188 p.

Résultats scientifiques des explorations de l'océan glacial à l'est des Spitzbergen en 1871, Paris, Ch. Delagrave, 1873, 43 p. (avec une carte)

Géographie de terrain :

Essai sur l'hydrologie du bassin de l'Ill, Mulhouse, Bader, 1867, 47 p.

Observations sur les glaciers de la Viège et le massif du Monte Rosa, Paris, Challamel, 1868, 72 p. (avec une carte)

---

[231] Gasser, A., Ingold, A. (1910), « Henri Bardy et ses correspondants alsaciens (1829-1909). III. Charles Grad », *Revue d'Alsace*, p. 133.

[232] Stéphane Jonas, « Gustav Schmoller et la sociologie allemande renaissante », *Revue des sciences sociales*, n° 40, 2008, p. 28-35.

Essais sur le climat de l'Alsace et des Vosges, Mulhouse, Perrin, 1870, 277 p.

Description des formations glaciaires de la chaîne des Vosges en Alsace et en Lorraine, Paris, Savy, Colmar, E. Barth, Mulhouse, Perrin, 1873, 49 p.

(avec Maurice Vélin), *Au Sinaï*, Nancy, Imp. Berger-Levrault, 1888, 69 p.

Géologie :

Examen de la théorie des systèmes de montagnes dans ses rapports avec les progrès de la stratigraphie, Paris, Martinet, 1871, 57 p. (avec deux cartes)

Economie et économie sociale :

L'Alsace. Sa situation et ses ressources au moment de l'annexion, Paris, Ch. Delagrave et E. Dentu, 1872, 69 p.

Considérations sur les finances et l'administration de l'Alsace-Lorraine sous le régime allemand, Paris, Germer-Baillère, Strasbourg, Noiriel, Mulhouse, Vve Bader, 1877, 574 p.

Etudes statistiques sur l'industrie alsacienne. Tome I 'Monographies industrielles', Colmar, E. Barth, Strasbourg, Noiriel, Paris, Guillaumin, 1879, 498 p. ; *Tome 2 'Institutions industrielles. Questions ouvrières'*, id., 1880, 451 p.

Le Peuple allemand. Ses forces et ses ressources, Paris, Hachette, 1888, 440 p.

L'Alsace. Le pays et ses habitants, Paris, Hachette, 1889, 1016 p., ill.

L'Assurance contre l'invalidité, Mulhouse, l'Express, 1889, 216 p.

Autobiographie :

Mgr Frey éd., *Journal intime*, Rixheim, A. Sutter, 1892, 94 p.

Bibliographie

Billich, A. éd. (1989), *Charles Grad. Correspondance*, Turckheim : Société d'histoire et d'archéologie Wickram.

Bonnefont, J.-C. (1999), « La Société de Géographie de l'Est. Une géographie militante et conviviale à la Belle Époque », *Revue géographique de l'Est* [En ligne], vol. 39 / 1.

Borlandi, M. (2015), « « René Worms critique d'Émile Durkheim qui l'ignore », *Les Etudes sociales*, n° 161-162, p. 87-118.

Broc, N. (1977), « La géographie française face à la science allemande (1870-1914) », *Annales de Géographie*, t. 86, n° 473, p. 71-94.

Cetty, abbé (1892), *Un Alsacien. Vie et œuvres de Charles Grad*, Colmar : Lorber.

Craig, J. E. (1984), *Scholarship and Nation Building. The University of Strasbourg and Alsatian Society, 1870-1939,* Chicago, *University* of Chicago Press.

Denis M.-N., Gérard A., Weidmann F., Jonas S. (1994), « Strasbourg et son université impériale, 1871-1918. L'université au centre de la ville », *Les Annales de la recherche urbaine*, n° 62-63, p. 139-155.

Faudel, Dr (1906), *Charles Grad. Notice biographique et bibliographique*, Colmar : Imprimerie Decker.

Gasser, A., Ingold, A. (1910), « Henri Bardy et ses correspondants alsaciens (1829-1909). III. Charles Grad », *Revue d'Alsace*, p. 133-209.

Lanson, G. (1919), "La Renaissance de l'*Université* française de *Strasbourg*", *Revue universitaire*, 28, p. 325-326

Revue des Sciences sociales (2008), « Strasbourg, carrefour des sociologies », n° 40.

Savoye, A. (2017), « Lire *La Réforme sociale en France* (1864) de Le Play », *L'Année sociologique*, volume 67, n° 2, p. 397-421.

Savoye, A. (1994), *Les débuts de la sociologique empirique. Etudes socio-historiques 1830-1930,* Paris, Méridiens Klincksieck.

H. Vogt (1999), « Les géographes à l'*Université* de *Strasbourg* pendant la période du Reichsland », *Revue géographique de l'Est*, vol. 39/1, p. 1-10.

DEUXIEME PARTIE

L'UNIVERSITÉ FRANÇAISE APRES 1919

Chapitre VIII
Maurice Halbwachs à Strasbourg. Premières leçons sur les classes sociales

Gilles Montigny[233]

Schématiquement, on peut distinguer trois périodes dans le déroulement de la carrière scientifique et universitaire de Maurice Halbwachs (1877-1945). La première va de 1905, avec la publication de ses tout premiers articles scientifiques à 1919, date de sa nomination à l'Université de Strasbourg. Cette période, qu'il est difficile de qualifier d'une expression unique, fut marquée par différentes activités et réalisations. Deux séjours d'études à l'étranger, l'un en Allemagne, l'autre en Autriche[234]. L'occupation, de manière intermittente à partir de 1908, de postes de professeur de philosophie dans différents lycées de province. La soutenance de deux thèses de doctorat, l'une en Droit (*Les Expropriations et le prix des terrains à Paris 1860-1900*)[235], l'autre en Lettres (*La Classe ouvrière et les niveaux de vie. Recherches sur la hiérarchie des besoins dans les sociétés industrielles contemporaines*)[236]. Dès 1905, une active collaboration à *L'Année sociologique*, dirigée par Émile Durkheim[237] s'est mise en place. Pendant le premier conflit mondial, l'affectation au cabinet du ministre Albert Thomas (1915-1917), chargé de l'armement et des fabrications de guerre. La deuxième période, celle qui nous intéresse ici, va de 1919,

---

233 Docteur en géographie, professeur de chaire supérieure, membre associé du GCH-Terres (EHESS).

234 Voir Antonin Durand, « Le voyage de Maurice Halbwachs à Berlin et Vienne en 1910-1911 », *Genèses*, n° 110, 2018/1, pp. 115-132.

235 Paris, Édouard Cornély, Société Nouvelle de Librairie et d'Éditions, 1909, 416 p.

236 Paris, Félix Alcan, 1912, XVIII-495 p. (nouveau tirage en 1913).

237 Ce qui correspond au tome VIII (1903-1904) de cette revue. De 1905 à 1913, Halbwachs y a livré 75 comptes rendus.

date de l'arrivée de Halbwachs à Strasbourg[238] à 1935, année de son affectation à la Sorbonne (poste sur lequel il ne sera officiellement nommé que deux ans plus tard). Parisienne, la troisième période s'achèvera, après son élection comme professeur au Collège de France en juillet 1944, dans les conditions tragiques que l'on sait, avec sa déportation à Buchenwald et son décès intervenu, dans ce camp, en mars 1945.

Dans ce qui suit, nous distinguerons donc le « moment strasbourgeois » (1919-1935) des deux autres périodes. Plus qu'à une considération de durée, le mot « moment » renvoie ici à l'occupation d'une position académique stable et bien localisée, s'accompagnant d'inflexions marquées dans la démarche scientifique, les problématiques suivies, la conceptualisation opérée. Le « moment strasbourgeois » est habituellement présenté par les commentateurs de l'œuvre de Halbwachs comme un temps de rupture, du moins de réorientation de ses recherches vers de nouveaux objets ou centres d'intérêt : la psychologie sociale ; l'étude de la mémoire collective ; l'observation de comportements sociaux spécifiques, comme le suicide, les rites funéraires dans différentes civilisations ; l'emploi de méthodes statistiques et du calcul des probabilités (en collaboration avec le mathématicien strasbourgeois Maurice Fréchet)[239]. Cette période fut également marquée par le séjour que Halbwachs effectua aux États-Unis, à l'invitation de l'Université de Chicago, de septembre à décembre 1930. S'il fut relativement court, il ouvrit à notre sociologue de nouveaux horizons : au-delà de la découverte de la modernité de la société américaine, alors en plein changement et frappée par la grande crise économique, il s'agit des travaux de sociologie urbaine menés à Chicago[240].

Si cette perception du déroulement de la carrière de Halbwachs contient assurément une part de vérité, elle ne doit

---

[238] Sur les circonstances qui ont présidé à la nomination et à l'installation de Halbwachs dans cette université, voir John E. Craig, « Maurice Halbwachs à Strasbourg », *Revue française de Sociologie*, XX, 1979, pp. 273-292.

[239] Après une thèse complémentaire de doctorat ès Lettres consacrée à une théorie statistique : *La Théorie de l'homme moyen. Essai sur Quételet et la statistique morale*, Paris, Félix Alcan, 1913, 180 p. (nouveau tirage en 1913).

[240] Halbwachs en a tiré l'article, souvent cité : « Chicago, expérience ethnique », *Annales d'Histoire économique et sociale*, IV, 1932, pp. 11-49.

cependant pas faire perdre de vue les forts éléments de continuité qui la caractérisent. Ils correspondent aux sujets qu'il avait déjà abordés entre 1905 et 1919, sur lesquels il est revenu, en les actualisant et en les approfondissant. Ceux-ci sont nombreux[241], et constituent l'objet du présent article, par l'étude des classes sociales.

C'est en effet durant le « moment strasbourgeois », à travers l'enseignement qu'il dispensa à l'université de Strasbourg, que Halbwachs a élaboré l'essentiel de ce qui deviendra son cours de Sorbonne sur les classes sociales, édité sous forme polycopiée, pour la première fois, en 1937[242] et réédité par nos soins en 2008[243]. On a une idée assez précise de ce que fut le contenu de son enseignement strasbourgeois sur le sujet grâce à une série de huit articles parus en 1934 dans la *Revue des Cours et Conférences*[244]. Ceux-ci permettent d'établir une comparaison entre l'enseignement qui fut dispensé dans la capitale alsacienne, condensé dans cette série d'articles (désormais désignée « cours de Strasbourg »), et celui reproduit dans le cours polycopié de 1937 (désormais désigné « cours de Paris »). Absente de la bibliographie établie en 1972, par Victor Karady[245], seulement mentionnée dans ce qui est présenté comme une courte bibliographie complémentaire de la précédente (une dizaine de titres nouveaux) à la fin de l'article de J. E. Craig[246], cette série d'articles est passée, jusqu'à présent, totalement inaperçue. C'est, ici, l'occasion de la faire sortir de l'oubli dans lequel elle est restée et d'en montrer l'intérêt.

Dans la mesure où ils n'ont ni le même statut éditorial, ni un volume et une ambition comparables, le rapprochement proposé entre les deux textes, le « cours de Strasbourg » et celui de Paris,

[241] Les besoins, la consommation, les budgets des ménages, les transformations urbaines, les valeurs foncières et immobilières, les salaires, la condition ouvrière.

[242] *Histoire de l'économie sociale. Les Classes sociales*, 4 fasc., Paris, Centre de Documentation Universitaire (CDU)/Tournier & Constans, 185 p. Deux nouveaux tirages sont intervenus en 1942 et en 1946.

[243] M. Halbwachs, *Les Classes sociales*, Paris, PUF, XIII -300 p.

[244] Voir la bibliographie figurant à la fin du présent article.

[245] Dans M. Halbwachs, *Classes sociales et morphologie*, Paris, Éditions de Minuit, 1972, pp. 411-444.

[246] J. E. Craig, *op. cit.*, « Annexe », p. 292.

nécessite une certaine prudence. Le premier texte ne constitue, semble-t-il, qu'une version *condensée* des cours qui furent dispensés aux étudiants strasbourgeois. Le « cours de Paris », lui, écrit dans un style direct et parlé qui se lit d'un bout à l'autre, avec l'enchaînement systématique des idées, la continuité des raisonnements tenus, reproduit manifestement l'*intégralité* du contenu des leçons professées à la Sorbonne. Dans les deux cas, il exprime cependant un même souci de faire œuvre de pédagogie sur le thème des classes sociales. Si aucun doute n'est permis à l'égard du « cours de Paris », publié, rappelons-le, dans la collection « Les Cours de Sorbonne », il en est de même du « cours de Strasbourg ». En effet, la huitième et dernière livraison de ce dernier commence ainsi : « Nous avons, *dans les leçons précédentes*[247] essayé d'expliquer pourquoi il existait des classes... ». Ce rapprochement entre les deux publications appelle une série de questions.

D'abord, celle du contenu du « cours de Strasbourg » par rapport aux écrits antérieurs de Halbwachs sur les classes sociales, c'est-à-dire, pour s'en tenir à l'essentiel, la thèse de doctorat ès lettres de 1912. Ensuite, se pose la question du degré d'élaboration et d'achèvement de l'analyse des classes sociales auquel Halbwachs était parvenu, pratiquement arrivé au terme de son enseignement strasbourgeois (la série de huit articles sur laquelle nous nous appuyons ayant été publiée l'année qui précéda son départ de Strasbourg), ce par comparaison avec celui qu'il dispensera à Paris. Enfin, il convient de s'interroger, dans la mesure du possible, sur ce que furent les conditions de l'élaboration et le contenu exact du « cours de Strasbourg ».

Etat initial de sa réflexion sur les classes sociales

Dans *La Classe ouvrière et les niveaux de vie* (1912), Halbwachs met en évidence, statistiquement des comportements typiques de classes, perceptibles à travers la manifestation des besoins et les manières de répartir les dépenses de consommation. Il s'agit donc d'une approche qui repose, au départ, essentiellement sur des données *économiques*, mais qui

[247] Souligné par nous.

débouche sur une analyse authentiquement *sociologique*. À travers l'importance et la structure des budgets qui leur sont consacrés, les dépenses de consommation sont révélatrices de l'existence d'un « genre de vie » propre à chaque classe sociale. Il en ressort l'idée que, selon la classe à laquelle ils appartiennent, les individus participent inégalement à la vie sociale, ce que révèlent leurs dépenses. En assimilant la société à une tribu, cela conduit à l'image du « feu central », symbole de la sociabilité la plus intense qui s'y rencontre, dont les individus se trouveraient plus ou moins éloignés en fonction de leurs occupations. Les ouvriers, cantonnés dans un travail sur la matière, se caractériseraient par une sociabilité réduite, à la différence des classes moyennes et bourgeoises, participant, du fait des professions qu'elles exercent et des revenus dont elles disposent, plus largement et plus activement à la vie sociale[248].

Une phrase résume à elle seule l'ensemble de cette démarche. « Nous avons expliqué comment, par la nature et les conditions de leur travail, et les représentations sociales qui y correspondent, les ouvriers se distinguent des employés. Sans doute il n'est pas assuré que cette séparation subsiste en dehors du bureau et de l'usine. Mais on peut s'attendre quand même à ce que, dans la répartition des dépenses, s'exprime l'opinion que chacun de ces groupes a de lui-même, à ce que, par exemple, les dépenses d'un caractère social tiennent une place plus importante dans les budgets d'employés que dans ceux des ouvriers ».[249]

Par la référence aux « représentations sociales », on remarque que la dimension *psychologique* des phénomènes sociaux est déjà présente. Dès les premiers paragraphes de l'*Introduction*, l'auteur affirme qu'une classe sociale se constitue autour d'une

---

248 Pour une présentation générale plus détaillée de cette analyse, voir : Christian Topalov, « Expériences sociologiques : les faits et les preuves dans les thèses de Maurice Halbwachs, 1908-1912 », *Revue d'Histoire des Sciences humaines*, 1, 1999, pp. 11-46 ; Christian Baudelot, Roger Establet, préface à Maurice Halbwachs, *Le Destin de la classe ouvrière*, Paris, PUF, 2011 ; ce livre reproduit la thèse de 1912 et *L'Évolution des besoins dans la classe ouvrière*, Paris, Félix Alcan, 1933, XII-163 p.

249 M. Halbwachs, *La Classe ouvrière et les niveaux de vie*, *op. cit.*, VII, chap. II, livre II, p. 184.

représentation collective[250]. Pour lui, toute « représentation de classe » implique un double jugement de valeur. Le premier porte sur les biens les plus appréciés dans la société considérée. « C'est toujours par rapport aux biens regardés comme les plus importants dans chaque espèce de société que les classes se définissent ».[251] Le second repose sur l'estimation du degré jusqu'où il est permis aux membres de la classe sociale considérée de satisfaire les besoins qui se rapportent aux biens en question ; ils sont variables selon le type de société (à dominante religieuse, politique, militaire ou économique) dans laquelle on se trouve.

Dans la suite de la thèse, les représentations de classe se trouvent ramenées à la prise en compte de deux éléments économiques objectifs : l'occupation, c'est-à-dire la profession, la fonction occupée par les individus dans la société, et la consommation. Ils participent à la formation et à l'expression d'une conscience sociale commune aux membres d'une classe.

Les développements nouveaux introduits à Strasbourg

Par rapport à ce qui précède, résumé de l'état initial de la réflexion de Halbwachs sur les classes sociales, le « cours de Strasbourg » introduit au moins trois nouveautés essentielles.

1) Dès le départ, Halbwachs affirme que les classes sociales sont avant tout un problème de psychologie collective. « Le problème de l'origine de la notion de classe sociale relève de la psychologie collective »[252]. Plus que l'étude des classes pour elles-mêmes, à savoir ce qui constitue le « genre de vie » propre aux ouvriers dans la thèse de 1912, ce qui apparaît désormais comme étant le véritable enjeu, c'est la *compréhension* du principe de hiérarchisation sociale, sachant que l'existence d'une telle hiérarchie se rencontre dans toutes les sociétés, passées et présentes. C'est, ce que faisait déjà remarquer Gustav Schmoller (*Principes d'économie politique*, II) : « … une certaine hiérarchie

---

[250] *Op. cit.*, p. II.
[251] *Op. cit.*, p. III (Introduction).
[252] M. Halbwachs, « Les Classes sociales. I. Introduction. Les classes sociales et les groupes nationaux », *Revue des Cours et Conférences,* XXXV, 3, 1934, p. 213.

est une nécessité psychologique de tous les temps »[253]. Halbwachs reprend cette idée : « Les hommes éprouvent un besoin irrésistible d'être classés les uns par rapport aux autres. [...] C'est pourquoi nous trouvons une hiérarchie de classes dans toute société un peu évoluée »[254]. Il demeure cependant une question de fond : sur *quoi* ces hiérarchies se fondent-elles ?

Autrement dit, il ne s'agit plus seulement de repérer les conditions d'accès des individus à certains types de biens de consommation (nourriture, habillement, logement, santé, loisirs...), de prendre la mesure de l'importance, variable selon les classes sociales, des dépenses effectuées. Il convient, maintenant, d'envisager le fonctionnement d'ensemble de la société. Selon Halbwachs, la hiérarchie qui s'observe entre les classes sociales à l'intérieur d'une société dépend essentiellement du degré de participation des individus qui les constituent à ce que la société tient pour les formes les plus appréciées de la vie sociale : « Pour une société, quelle qu'elle soit, ce qui est le plus désirable et le plus apprécié, c'est, sans doute, une forme déterminée de vie et d'action, mais c'est, en même temps, et ce ne peut être que la vie sociale la plus intense qu'elle puisse se représenter dans les conditions où elle se trouve »[255]. Selon que la société considérée est à base religieuse, politique ou économique, ces formes par excellence de la vie sociale peuvent être diverses. Elles sont à rechercher, selon les cas, soit dans les cérémonies et l'accomplissement des rites, soit dans la vie publique (participation aux votes, aux délibérations et aux assemblées), soit dans l'accès à une sociabilité la plus large possible et à une aisance matérielle[256]. Avec le « cours de Strasbourg », un palier supplémentaire se trouve donc franchi dans la compréhension du phénomène de hiérarchisation sociale.

[253] M. Halbwachs, *loc. cit.*, p. 216.

[254] M. Halbwachs, « Les Classes sociales. II. Définition des classes sociales », *Revue des Cours et Conférences*, XXXV, 4, 1934, p. 333.

[255] M. Halbwachs, *loc. cit.*, p. 332.

[256] Ce que, par contrepoint, Halbwachs exprime en évoquant les pauvres, les « hommes de rien », ceux qui « ne peuvent paraître dans les lieux où il se crée et où il se consomme de la richesse, n'éveillent aucun intérêt dans l'esprit des autres », *loc. cit.*, p. 332.

2) Dans la thèse de 1912, les classes sociales sont considérées par Halbwachs dans leur *immédiateté*, c'est-à-dire décrites dans ce qui constitue leur condition présente : « Nous nous proposons d'étudier les besoins et les dépenses, les habitudes consommatrices des ouvriers. Ce qui nous permet de tenter une telle recherche, c'est l'apparition, à la même date, de deux enquêtes par budgets de famille, effectuées toutes deux en Allemagne »[257]. Ces deux enquêtes allemandes, qui lui ont été fournies par Célestin Bouglé, ont été effectuées, l'une par l'Office impérial allemand de statistique[258], l'autre par l'Union des travailleurs des métaux en Allemagne[259]. Elles portent sur la manière dont des ménages répartissent leurs dépenses de consommation, ce qui permet, conformément à la démarche exposée ci-dessus, de détecter les comportements sociaux propres à la classe ouvrière.

Le « cours de Strasbourg » introduit une dimension nouvelle : celle du *temps* et de la *mémoire*. Halbwachs mobilise le poids du passé pour montrer la manière dont se déterminent et se perçoivent les rapports de classes. Son approche des classes sociales inclut les ordres, les états, ce qui renvoie à la société française d'Ancien Régime. De même, il passe en revue des distinctions et des hiérarchies sociales qui se sont succédées au cours de l'histoire : l'Inde ancienne, avec ses castes ; les cités antiques et Rome, exemples de sociétés à base politique ; la noblesse et ses origines ; la bourgeoisie, dont le genre de vie est en quelque sorte un prolongement de celui de l'ancienne aristocratie.

Il montre combien les représentations relatives aux classes sociales apparaissent changeantes au fil du temps, ce qui en fait des « formations historiques », variables d'une société à l'autre, néanmoins présentes partout. D'où la recherche d'une définition

---

257 M. Halbwachs, *La Classe ouvrière...*, *op. cit.*, p. 136.

258 *Erhebung von Wirtschaftsrechnungen minderbemittelter Familien im deutschen Reiche.* Bearbeitet im kaiserlichen statistischen Amte, Abteilung für Arbeiterstatistik, 2., Sonderheft zum Reichs-Arbeitsblatte, 77, Berlin, Carl Heymann, 1909, 229 p..

259 *320 Haushaltungsrechnungen von Metallarbeitern.* Bearbeitet und herausgegeben vom Vorstand des Deutschen Metallarbeiter-Verbandes, Stuttgart, Alexander Schlicke, 1909, 159 p.

des classes sociales qui puisse s'appliquer à tous les temps et à tous les lieux. « Puisque, dans tous ces cas, on parle de classes, c'est que, politiques, juridiques, économiques, etc., tous ces modes de division doivent présenter un trait commun »[260]. Celui-ci réside dans le principe de hiérarchie. « Il n'y a de classes que dans une société hiérarchisée »[261]. « On parle de « rang social », de « degré dans l'échelle sociale », de « niveau social », du troisième et du quatrième état, des classes supérieure, moyenne, inférieure, [...] il y a toujours cependant, entre ces groupes comme un antagonisme latent, parce que chacun tend à s'élever dans la hiérarchie, et qu'il se heurte à la résistance des classes plus élevées. C'est là un trait distinctif des classes, car il ne se rencontre pas dans les autres groupes [familles, nations] que nous en avons distingués »[262]. Cette hiérarchie se fonde, selon Halbwachs, sur ce que la société tient pour les formes les plus hautes de la vie sociale. Avec le « cours de Strasbourg » et cette approche englobante des classes sociales, on assiste à un net élargissement de ce qui constituait le premier état des recherches de Halbwachs sur ce sujet.

3) Dans les sources d'information et d'inspiration utilisées pour l'élaboration du « cours de Strasbourg », une référence nouvelle apparaît. Il s'agit du *Cours d'économie politique* (1928-1929) qui fut dispensé par François Simiand (1873-1935) au Conservatoire national des Arts et Métiers[263]. Depuis ses années de formation à l'École normale supérieure (ENS), ce sociologue économiste a été le véritable mentor de Halbwachs[264]. C'est lui

---

[260] M. Halbwachs, « Les Classes sociales. II. Définition des classes sociales », *loc. cit.*, p. 326.

[261] M. Halbwachs, *ibid.* p. 326.

[262] M. Halbwachs, *ibid*, pp. 326-327.

[263] François Simiand, *Cours d'économie politique*, 3 vol., Paris, Les Cours de Droit, 1929, 1930 et 1931, 654-11, 765 et 850-25 p.

[264] Voir Gilles Montigny, « Introduction » à M. Halbwachs, *Keynes, abstraction et expérience. Sur la Théorie générale*, Paris, Éditions Rue d'Ulm, 2016, pp. 25-28. À l'appui, voir également : M. Halbwachs, « Une théorie expérimentale du salaire [d'après François Simiand] », *Revue philosophique de la France et de l'étranger*, CXIII, 1932, pp. 321-363 ; *Id.*, « François Simiand », *Journal de la Société de statistique de Paris*, juillet-septembre 1935, pp. 252-256 ; *Id.*, « La méthodologie de François Simiand. Un empirisme rationaliste », *Revue philosophique de la France et de l'étranger*, CXXI, 1936, pp. 281-319.

qui l'a introduit dans le cercle durkheimien et qui a inspiré certaines de ses recherches, notamment par le recours aux méthodes statistiques et quantitatives. Cette source, fréquemment utilisée dans le « cours de Paris », est déjà présente dans celui de Strasbourg, ce dans deux passages. D'abord, celui dans lequel Halbwachs[265] examine l'analyse de l'économiste sociologue allemand Karl Bücher (in *Études d'histoire et d'économie politique* 1893, trad. française, 1901). Celui-ci prétend que le rang social d'un individu dépend moins de sa profession que de son patrimoine et de ses revenus, les activités les plus estimées socialement étant celles qui procurent les gains les plus élevés. Cette thèse a été relativisée par Simiand (*op. cit.*), qui estime qu'il n'y a pas que la richesse qui intervient dans cette perception. Il y a, parallèlement, l'activité exercée, qu'il convient d'envisager de manière dynamique et non pas statique car les perspectives d'enrichissement sont changeantes pour une même profession. D'où cette affirmation de Halbwachs : « Plus que la richesse elle-même, l'exercice des activités qui la produisent permet à une classe de se maintenir à son niveau social, et même de le dépasser »[266]. Ensuite, Halbwachs reprend chez Simiand la problématique de la « durabilité » des conditions sociales, dans laquelle on peut percevoir une première approche, chez des auteurs français, de ce que l'on appelle de nos jours la mobilité sociale. Au-delà du nombre d'individus qui appartiennent à une classe sociale, ce qui influence la conscience de classe, on retrouve ici la dimension psychologique de cette réalité, c'est la « durabilité des conditions ». Cette dernière détermine l'attachement des individus à la classe sociale : « Les classes ne conservent leurs distances qu'à condition que leurs membres n'en sortent pas, ou n'en sortent qu'exceptionnellement »[267]. Pour mesurer cette « durabilité », Halbwachs reprend la méthode utilisée par Simiand (*op. cit.*). Elle consiste à observer la répartition par âges parmi les agriculteurs, les ouvriers, les employés, les chefs d'établissements industriels, en faisant

[265] M. Halbwachs, « Les classes sociales. III. Les professions et les revenus », *loc. cit.*, p. 544.
[266] M. Halbwachs, *ibid.*, p. 544.
[267] M. Halbwachs, « Les classes sociales. VIII. L'évolution contemporaine des classes sociales », *loc. cit.*, p. 703.

l'hypothèse que la structure par âges à un moment donné est représentative du devenir d'une population qui passe successivement par tous les âges. Il apparaît que la « durabilité de la condition » au cours de la vie active, est beaucoup plus forte pour les ouvriers que pour les agriculteurs, qu'il y a peu de changement pour les employés, davantage parmi les chefs d'établissements de l'industrie et les bourgeois en général. Le « cours de Strasbourg » permet de voir de quelle manière Halbwachs avait commencé à s'inspirer de l'enseignement de Simiand au Conservatoire national des Arts et Métiers. Les références à cette source deviendront plus fréquentes dans le « cours de Paris ».

Comparaison du « cours de Strasbourg » avec le « cours de Paris »

La structuration des deux textes est différente. Le « cours de Paris » comporte 16 leçons, alors que celui de Strasbourg, si l'on se fonde sur la série d'articles de 1934, n'en comporte que 8. En partant du corpus le plus complet, premier cité, on peut rechercher ce qui figurait déjà ou non dans le corpus initial, second cité. Quatre configurations se présentent.

1) Dans le cas d'un certain nombre de leçons, on observe une correspondance *parfaite* entre les deux enseignements, avec reproductions de titres à l'identique. Cela sous-entend, même si le propos se trouve inégalement développé de part et d'autre, l'existence d'une démarche et de contenus communs. Il en est ainsi pour les deux premières leçons du « cours de Paris », intitulées, respectivement, « Introduction. Les classes sociales et les groupes nationaux » (1re leçon) et « Définition des classes sociales » (2e leçon). Ensuite, pour la 4e leçon du « cours de Paris », qui reprend le titre du 3e article de 1934 : « Les professions et les revenus ». Enfin, pour la 6e leçon du « cours de Paris », intitulée « La classe ouvrière. Matière et société », qui reproduit le titre du 5e article de 1934.

2) Dans un cas, un titre du « cours de Paris » complète un titre précédemment utilisé ; c'est celui de la 5e leçon. Il ajoute la référence « paysans » et le thème « classe et genre de vie » au

titre du 4e article de 1934 : « Les groupements ruraux en France ».

3) À l'inverse, dans ses intitulés, le « cours de Paris » se limite parfois à un titre plus concis. Ainsi, « La classe noble ; les titres et les fonctions » (6e article de 1934) devient simplement « La noblesse » (9e leçon du « cours de Paris ») et « L'évolution contemporaine des classes sociales. Extension des classes et durabilité des conditions » (8e article de 1934) se trouvent ramenées à « Étendue des classes et durabilité des conditions » (12e leçon du « cours de Paris »).

On a une situation au départ identique avec le 7e article de 1934 - « La bourgeoisie et les classes moyennes. Technique et fonction » - qui perd ensuite la seconde partie de son titre, mais il se trouve dédoublé dans le « cours de Paris » entre : « La bourgeoisie » (10e leçon) et « Les classes moyennes » (11e leçon).

Par conséquent, il apparaît que plus de la moitié des leçons du « cours de Paris », neuf sur les seize, se situent dans le prolongement direct du « cours de Strasbourg ». Indiscutablement, quand Halbwachs a quitté Strasbourg, la structure de son cours sur les classes sociales était acquise et arrêtée pour l'essentiel.

4) En définitive les véritables « nouveautés » introduites par le « cours de Paris » apparaissent, d'une part avec la 3e leçon, qui détaille la pensée de deux grands auteurs du XIXe siècle : « La conscience de classe : les doctrines de [Claude-Henri] de Saint-Simon et de Karl Marx », d'autre part avec les 7e et 8e leçons, intitulées, respectivement : « La classe ouvrière (suite). Les salariés », « La classe ouvrière (fin). Consommation et genre de vie ». Ces deux dernières leçons constituent les prolongements de l'unique article (le 5e) de 1934, consacré à cette classe. Enfin, on trouve le « bloc innovant » constitué des quatre dernières leçons : « Les organisations de classes. Les syndicats » (13e leçon), « Les organisations de classes (fin) » (14e leçon), « La législation et les classes sociales » (15e leçon) et « Conclusion. La technique et la société » (16e leçon). Elles se rapportent à des sujets qui ne semblent pas avoir été abordés dans l'enseignement strasbourgeois, du moins si l'on s'en tient à ce qui en est restitué par la série d'articles publiés dans la *Revue des Cours et Conférences*.

Pour compléter ce travail comparatif, il faudrait entrer dans le détail du contenu des deux enseignements. Si elle était menée, cette étude établirait que le fond de l'argumentation développée dans le « cours de Paris » se trouvait déjà dans celui de Strasbourg. De part et d'autre, on relève en effet les mêmes propositions fondamentales, les principales d'entre elles étant celles-ci :

- il ne se rencontre de véritable hiérarchie sociale qu'entre des classes, non entre des pays, des sociétés ou des familles ;
- cette hiérarchie se manifeste en dehors de la sphère productive, tout en étant influencée par cette dernière (ce que résume la formule s'appliquant aux ouvriers : « L'usine exerce une influence déformatrice ») ;
- toute société tend à intensifier à l'intérieur d'elle-même la vie collective, ce qui tend à en faire émerger des formes supérieures, susceptibles d'être socialement reconnues et valorisées ;
- il est plus difficile de décrire l'existence de certaines classes sociales (les paysans, les classes moyennes) que d'autres, (les ouvriers, les bourgeois), en évitant de confondre opposition de genre de vie et opposition de classes ;
- les ouvriers se reconnaissent au fait qu'ils travaillent la matière inerte, ce qui contribue à les retrancher du reste de la société et à limiter leur sociabilité.

Cette similitude vaut aussi pour ce qui est des limites perceptibles dans le contenu des deux cours : par exemple, l'absence de quantification des effectifs des différentes classes sociales. Pourtant spécialiste du chiffre, à Paris, pas plus qu'à Strasbourg, cette question n'a pas constitué une préoccupation chez Halbwachs quand il s'est intéressé à la stratification sociale.

Il reste à examiner les conditions de l'élaboration et de l'enseignement du « cours de Strasbourg ». Plusieurs questions immédiates se posent à son sujet.

1) En dehors des articles publiés dans la *Revue des Cours et Conférences*, y aurait-il d'autres sources possibles le concernant ? On peut penser à des notes prises par des étudiants, à des affiches et des brochures d'information diffusées par l'Université, à des publications locales. Pour le moment, nous n'avons pas recueilli d'informations sur ces différents points.

2) À partir de *quand* Halbwachs a-t-il commencé à l'assurer ? Est-ce dès son arrivée à Strasbourg ou plus tardivement ? Pendant combien d'années ? Combien de leçons va-t-il assurer à chaque fois ?

La consultation des Archives départementales du Bas-Rhin[268] permet de fournir quelques éléments de réponse, malheureusement fragmentaires et limités aux toutes premières années de l'enseignement de Halbwachs à Strasbourg. Elles permettent d'avoir une idée de l'importance de l'auditoire auquel il s'adressait. Dans le dossier pour l'année scolaire 1919-1920, on lit : « Jeudi enseigne de 4 h 30 à 5 h 30 et vendredi de 9 h 15 à midi. 12 étudiants le vendredi, 15 à 20 le jeudi. »

Dans le dossier pour l'année scolaire 1920-1921, il est précisé : « Dix élèves et une trentaine d'auditeurs. Cours sur les classes sociales, Contrat social de Rousseau. » En l'absence de données portant sur les années suivantes, on peut raisonnablement faire l'hypothèse, la notoriété de Halbwachs s'affirmant, surtout à partir de la publication des *Cadres sociaux de la mémoire* (1925), que l'effectif enregistré les deux premières années s'est, pour le moins, maintenu, sinon accru, par la suite. Par ailleurs, nous avons la preuve que le cours sur les classes sociales a bien été dispensé dès le début de la présence de Halbwachs à l'université de Strasbourg. En accord avec ce que l'on sait de lui, les archives livrent également quelques remarques sur son mode de vie et sa personnalité : « Mène volontairement une existence un peu retirée, mais extrêmement active. […] Est sûrement un esprit de haute valeur »[269].

3) Entre 1919 et 1934, le contenu du « cours de Strasbourg » a vraisemblablement évolué. Les sources manquent sur ce point. Outre le fait que cela supposerait d'avoir pu répondre plus complètement aux questions précédentes, seul un travail sur les archives (à partir des notes de préparation de cours de Halbwachs) permettrait d'aller plus loin.

4) Avec la fréquentation de nouveaux collègues, l'accès à des sources d'information locales (Bibliothèque universitaire,

---

[268] Dossier universitaire de Maurice Halbwachs : 1007W708.

[269] Ces extraits d'archives nous ont été aimablement communiqués par Baudy Rocquin, que nous remercions chaleureusement.

archives publiques et privées), des lectures entreprises à ce moment-là, quelles furent les influences intellectuelles locales qui expliquent l'enrichissement de la réflexion de Halbwachs entre le début des années 1910 et les années 1919-1935 ? Il conviendrait d'effectuer un travail identique à celui qui a été entrepris sur les origines de la psychologie collective chez Halbwachs, avec la réédition, par Thomas Hirsch, de son cours sur la psychologie collective (1938)[270]. Ce dernier confronte les idées de notre sociologue à celles de son collègue Charles Blondel (1876-1939), professeur de psychologie expérimentale à l'Université de Strasbourg jusqu'en 1937.

5) Enfin, il reste à faire le partage entre ce qui relève de ces influences et de ces confrontations intellectuelles locales, et ce qui serait imputable au seul cheminement de la pensée de Halbwachs, d'autant plus qu'il a retravaillé et approfondi le thème des classes sociales durant plusieurs décennies.

On le voit, bien des réponses à apporter aux questions se posent encore à propos du « cours de Strasbourg », bien des interrogations sur les classes sociales restent ouvertes.

Comme l'a fait remarquer fort justement Marcel Roncayolo (1926-2018), fin connaisseur de cet auteur, « Halbwachs est un homme de découvertes progressives et en même temps d'allers-retours, car [chez lui] rien ne s'efface totalement. »[271] Cette remarque vaut pour l'ensemble de son œuvre, à commencer par le thème qui nous intéresse ici. Le « cours de Paris » sur les classes sociales constitue en effet l'aboutissement d'une patiente recherche et le fruit d'une longue maturation, qui trouve son origine dans les tout premiers comptes rendus d'ouvrages rédigés par Halbwachs. L'essentiel de son cours professé à la Sorbonne était déjà conçu au moment de sa nomination dans cette institution, il apparaît que le « moment strasbourgeois » s'avère avoir été particulièrement constructif et décisif. Dans ce domaine, comme dans ceux évoqués au début de cet article, il est indéniable que ce « moment » est loin de n'avoir été qu'un simple

---

[270] M. Halbwachs, *La Psychologie collective*, Paris, Flammarion, 2015, 374 p. (présentation et notes de Thomas Hirsch).

[271] Dans *L'Abécédaire de Marcel Roncayolo. Enteretiens*, Gollion, Infolio Éditions, 2011, p. 189.

intermède, même prolongé (une quinzaine d'années), dans la carrière universitaire et scientifique de Halbwachs. La publication, en 1925, des *Cadres sociaux de la mémoire,* qui demeure, de loin, son ouvrage le plus connu, en apporte une autre preuve éclatante.

Bibliographie des écrits de Halbwachs se rapportant aux classes sociales (ouvrages, articles, mémoires originaux)

« Remarques sur la position du problème sociologique des classes », *Revue de Métaphysique et de Morale*, XIII, 1905, pp. 890-905. Repris dans *Classes sociales et morphologie.*

« Les besoins et les tendances dans l'économie sociale », *Revue philosophique de la France et de l'étranger*, LIX, 1905, pp. 180-189. Repris dans *Classes sociales et morphologie* (1972).

« La psychologie de l'ouvrier moderne d'après Bernstein. Étude critique », *Revue socialiste*, XLI, 1905, pp. 46-57.

« Budgets de familles », *Revue de Paris*, XV, 4, 1908, pp. 534-562.

La Classe ouvrière et les niveaux de vie. Recherches sur la hiérarchie des besoins dans les sociétés industrielles contemporaines, Paris, Félix Alcan, 1912, XVIII -495 p. ; nouveau tirage (avec *errata*) : 1913. (Thèse de doctorat ès Lettres, soutenue le 14 mars 1913) Nouvelle édition : Paris, Londres, New York, Gordon & Breach, 1970.

« Budgets de familles ouvrières et paysannes en France en 1907 », *Bulletin de la Statistique générale de la France*, 4, fasc. 1, 1914, pp. 47-83.

« Matière et société », *Revue philosophique de la France et de l'étranger*, XC, 1920, pp. 82-122. Repris dans *Classes sociales et morphologie* (1972).

« Enquête sur les conditions de vie de ménages ouvriers en Alsace (janvier 1921) », « Enquête sur les conditions de vie de ménages ouvriers en Alsace (mai 1921) », *Comptes rendus statistiques* (Office de statistique d'Alsace et de Lorraine), III, fasc. 5, 1921, pp. 40-56.

« Revenus et dépenses de ménages de travailleurs. Une enquête officielle d'avant-guerre », *Revue d'Économie politique,* XXXV, 1921, pp. 50-59.

« L'instinct ouvrier dans l'art industriel (Étude sur la sociologie de Thorstein Veblen) », *Revue philosophique de la France et de l'étranger*, XCI, 1921, pp. 214-233.

„Beitrag zu einer soziologischen Theorie der Arbeiterklasse", *Jahrbuch für Soziologie*, 2, 1926, pp. 366-385.

« Les budgets de familles ouvrières aux États-Unis », *Bulletin de la Statistique générale de la France*, XX, 3, 1931, pp. 395-430.

« Une théorie expérimentale du salaire [d'après François Simiand] », *Revue philosophique de la France et de l'étranger*, CXIII, 1932, pp. 321-363.

L'Évolution des besoins dans les classes ouvrières, Paris, Félix Alcan, 1933, XII-163 p.

« Budgets de famille aux États-Unis et en Allemagne », *Bulletin de l'Institut français de sociologie*, fasc. 2, 3, 1933, pp. 51-83.

« Les Classes sociales. I. Introduction. Les classes sociales et les groupes nationaux », *Revue des Cours et Conférences,* XXXV, 3, 1934, pp. 213-220.

« Les Classes sociales. II. Définition des classes sociales », *Revue des Cours et Conférences,* XXXV, 4, 1934, pp. 325-333.

« Les Classes sociales. III. Les professions et les revenus », *Revue des Cours et Conférences,* XXXV, 6, 1934, pp. 538-547.

« Les Classes sociales. IV. Les groupements ruraux en France », *Revue des Cours et Conférences,* XXXV, 8, 1934, pp. 713-722.

« Les Classes sociales. V. La classe ouvrière. Matière et société », *Revue des Cours et Conférences,* XXXV, 9, 1934, pp. 23-32.

« Les Classes sociales. VI. La classe noble. Les titres et les fonctions », *Revue des Cours et Conférences,* XXXV, 11, 1934, pp. 260-269.

« Les Classes sociales. VII. La bourgeoisie et les classes moyennes. Technique et fonction », *Revue des Cours et Conférences,* XXXV, 13, 1934, pp. 450-460.

« Les Classes sociales. VIII. L'évolution contemporaine des classes sociales. Extension des classes et durabilité des conditions », *Revue des Cours et Conférences,* XXXV, 15, 1934, pp. 697-707.

Histoire de l'économie sociale. Les Classes sociales, 4 fasc., Paris, Centre de Documentation Universitaire (CDU)/Tournier & Constans, 1937, 185 p. (collection « Les Cours de Sorbonne ») Nouvelles éditions : 4 fasc., 1942, 185 p. ; fasc. unique, 1946, 215 p.

« Note sur les enquêtes par budgets de famille » [« Contribution à l'étude de la comparaison internationale » (Bureau international du travail, *Études et Documents,* 1932) ; « Récentes enquêtes sur les budgets familiaux », *Revue internationale du Travail,* 28 ; Armand Julin, « Résultats principaux d'un enquête sur les budgets d'ouvriers et d'employés en Belgique (1928-1929) », *Bulletin de l'Institut international de statistique*, 28 ; United States Department of Labor, *Changes in Cost of Living* ; René Hoffherr, Roger Moris et *alii*, *Revenus et niveaux de vie indigènes au Maroc* (Paris, 1934)], *Annales sociologiques*, série D, fasc. 2, 1937, pp. 137-142.

« Analyse des mobiles dominants qui orientent l'activité des individus dans la vie sociale », *Enquêtes psychologiques de l'Université libre de Bruxelles* (Institut de sociologie Solvay), Paris, Librairie du Recueil Sirey, 1938, pp. 59-210.

« Les caractéristiques des classes moyennes », *Inventaires III. Les Classes moyennes*, (publication du Centre de documentation sociale de l'École normale supérieure, avant-propos de Célestin Bouglé), Paris, Félix Alcan, 1939, pp. 28-52. Repris dans *Classes sociales et morphologie* (1972).

« Genres de vie, consommations et besoins », *Revue d'Économie politique*, janvier-février 1939 (numéro spécial « De la France d'avant-guerre à la France d'aujourd'hui »), pp. 439-455.

Esquisse d'une psychologie des classes sociales, Paris, Marcel Rivière, 1955, 239 p. (avant-propos et notes d'Armand Cuvillier, notice de Georges Friedmann) Nouvelle édition : Paris, Marcel Rivière, 1964. Reprise de « Analyse des mobiles dominants qui orientent l'activité des individus dans la vie sociale » (1938).

Classes sociales et morphologie, Paris, Éditions de Minuit, 1972, 461 p. (recueil d'articles présentés par Victor Karady, bibliographie).

Les Classes sociales, Paris, Presses Universitaires de France, 2008, XIII -300 p. (édition établie, annotée et introduite par Gilles Montigny) Reprise de *Les Classes sociales* (1937).

Le Destin de la classe ouvrière, Paris, Presses Universitaires de France, 2011, 577 p. (préface de Christian Baudelot, Roger Establet) Reprise de *La Classe ouvrière et les niveaux de vie* (1912) et de *L'Évolution des besoins dans les classes ouvrières* (1933).

Chapitre IX
Maurice Halbwachs et la sociologie italienne

Teresa Grande, Lorenzo Migliorati[272]

La relation entre Maurice Halbwachs et la sociologie italienne est abordée ici dans deux perspectives différentes. D'une part, nous nous intéressons à la lecture que Halbwachs a consacrée à l'œuvre monumentale de l'un des plus importants sociologues italiens de la première génération : le *Trattato di sociologia generale* de Vilfredo Pareto. Cette œuvre fut publiée en 1916 et traduite en français en 1917, année de la disparition d'Émile Durkheim. En 1918 et en 1920 Halbwachs publie deux comptes rendus du *Traité* pour la *Revue d'économie politique*[273].

Notre contribution se propose de suivre les traces de la lecture halbwachsienne de Pareto, en soulignant deux questions qui intéressent l'auteur : la première, celle de la classification des actions, des sentiments, des jugements et du raisonnement proposés dans le *Trattatto* ; la seconde, la réflexion sur les progrès de l'économie[274]. Ensuite, nous tenterons de reconstruire les différentes étapes de la réception de Halbwachs dans la sociologie italienne contemporaine. Bien que la première traduction italienne de Halbwachs remonte à 1963 avec le volume *Psychologie des classes sociales*, son entrée dans la sociologie italienne est fondamentalement liée au volume *La mémoire collective*, traduit en 1987. Cette traduction introduit Halbwachs et ses études sur la mémoire plus largement dans d'autres sciences humaines et en histoire.

---

[272] Chercheurs en sociologie, respectivement à l'Université de Calabre et à l'Université de Vérone.

[273] Halbwachs M., « Le Traité de sociologie générale de M. Vilfredo Pareto », *Revue d'économie politique*, 1918, pp. 578-585 ; « Le Traité de sociologie générale de M. Vilfredo Pareto », *Revue d'économie politique*, 1920, pp. 467-475.

[274] Pour plus de précisions voir Grande T., Migliorati L., "*Il* Trattato di sociologia generale *nella sociologia durkheimiana. Maurice Halbwachs lettore di Vilfredo Pareto", Rassegna Italiana di Sociologia*, n° 3, 2017, pp. 615-635.

Maurice Halbwachs lecteur de Vilfredo Pareto

Dans les premiers travaux scientifiques de Halbwachs après la Première Guerre mondiale et son activité politique au sous-secrétariat à l'Artillerie et munitions, on trouve le compte rendu de 1918 du premier livre du *Traité de sociologie générale* de Vilfredo Pareto. Deux ans après, il dédia un deuxième compte rendu au deuxième livre du *Traité*. Enfin, il reviendra encore sur Pareto en 1938 dans l'article « La Psychologie collective du raisonnement », paru dans la *Zeitschrift für Sozialforschung*, la revue de l'École de Francfort qui, en raison de l'exil de ses membres après 1933, avait été publiée par Félix Alcan à Paris. Dans ces articles, Halbwachs se montre un lecteur attentif et scrupuleux de Pareto et donne un point de vue particulier sur sa sociologie. Halbwachs adopte le point de vue de la sociologie de la connaissance et fait référence à deux thèmes centraux : le premier concerne les rapports entre sociologie et économie ; le deuxième, la question durkheimienne de l'origine sociale des fonctions mentales et la formation des représentations collectives. Pareto représente le cas plutôt rare d'un économiste sociologue qui pense que ces deux disciplines doivent, chacune de son propre point de vue, observer l'histoire et les comportements sociaux, dans le but de repérer les uniformités qui permettent de comprendre les sociétés[275].

Pareto passe à la sociologie en raison de son scepticisme à l'égard de l'action rationnelle économique. D'où la création de sa dichotomie entre « actions logiques » et « actions non-logiques ». Ces dernières seraient les mesures prises en dehors du raisonnement ou du calcul, liées aux émotions, aux sentiments, aux passions et aux instincts. Les actions non-logiques s'opposent aux « actions logiques » (que nous pourrions

[275] Parmi les sociologues de son temps, Pareto décrit la sociologie comme une science logico-expérimentale. Selon lui, la sociologie doit devenir scientifique dans le sens où elle ne doit avoir recours qu'au raisonnement logique, à l'observation directe et à l'expérience en tant que sources de connaissance objective. De cette façon, Pareto semble proposer une sorte de « soumission » aux faits, ce qui implique le caractère relatif et temporaire de chaque théorie. Il s'agit, en d'autres termes, de traiter seulement « ce qui existe » et non « ce qui devrait être ».

aussi définir comme étant rationnelles), ce sont des actions orientées vers une fin de manière adéquate, elles sont propres à l'étude de l'économie. Paradoxalement la sociologie deviendrait l'étude scientifique des actions non-logiques. Halbwachs réfléchit avant tout sur cette opposition, ce qui lui permet de s'ouvrir plus tard sur d'autres catégories parétiennes : l'opposition entre « résidus » et « dérivations », la théorie de la circulation des élites et le maintien de l'état d'équilibre.

Dans le premier compte rendu, Halbwachs reprend l'opposition entre « actions logiques » et « actions non-logiques » et en offre une interprétation personnelle. Il ne cache pas un certain scepticisme : « *Si l'auteur a voulu seulement excursionner à travers la littérature historique et sociale, jeter ici et là un coup de sonde, énumérer les problèmes, les sources, on doit rendre hommage à cet effort qui témoigne d'une érudition étendue et d'un souci appréciable d'analyse et de classification* »[276]. Pareto, dit-il, voulait « *un résultat de science ou une explication systématique approfondie, avec quoi il ne faut pas confondre la masse de développements un peu faciles où tant de questions diverses, tant de sujets à l'ordre du jour, tant de citations et de références l'ont engagé* »[277]. Il poursuit en disant que Pareto rejetterait toute métaphysique idéologique en faveur d'un procédé logico-expérimental, sans jugement de valeur, tout à fait centré sur l'observation des phénomènes. « *Mais autre chose est l'expérience, autre chose une collection de faits tirés un peu au hasard d'auteurs, principalement de l'antiquité gréco-latine, dont on ne peut apprécier la valeur représentative, et des époques les plus diverses* »[278]. De là, il pose la question rhétorique : « *Est-il bien sûr de n'avoir pas confondu trop souvent l'expérimentation avec l'exemplification, et, au lieu de procéder à une investigation systématique et exhaustive d'un ensemble de données vraiment homogènes, de n'être point parti à la recherche de faits propres à remplir un cadre formé d'avance, et où il peut retrouver un instinct, un intérêt qui lui a*

[276] Halbwachs M., « Le Traité de sociologie générale de M. Vilfredo Pareto », 1918, op. cit., pp. 580-81.
[277] Ibid., p. 581.
[278] Ibid.

paru, a priori, essentiel et constant dans la nature humaine ? »[279].

La conclusion est tranchante : Halbwachs accuse Pareto d'avoir une connaissance vraiment superficielle des données empiriques en sciences sociales, ce qui rend simplement inutilisable son livre. Il parle de : « classification arbitraire », « hédonisme utilitaire », « pleine idéologie » [280]. Et il ajoute un trait d'esprit ironique : « *Il reste que M. Pareto a écrit un livre vivant et nourri, qui ne fera peut-être pas faire un grand pas à la sociologie positive, mais propre à instruire beaucoup de lecteurs profanes, et où les travailleurs eux-mêmes pourront trouver maintes suggestions* »[281].

Par ailleurs, Halbwachs apprécie, chez Pareto, sa distinction entre « résidus » et « dérivations », en particulier dans le cadre de l'interprétation de l'action. Il la juge « pénétrante et originale ». Dans la théorie parétienne, les résidus et les dérivations sont les deux composantes essentielles de l'action. Les résidus constituent la manifestation des composantes impulsives innées dans l'action : les sentiments, les passions et les instincts. Les dérivations font référence aux justifications, historiquement situées, et aux rationalisations concernant les significations de l'action. Si les résidus sont constants, les dérivations sont variables en fonction du contexte et des époques historiques. Par rapport à l'analyse critique de cet aspect, Halbwachs note, avec une remarquable litote, que, bien que peu originale, la distinction entre résidus et dérivations « *n'est pas une mauvaise méthode pour retrouver parmi nos tendances celles qui ont un caractère social bien marqué, que de se guider sur la part de raisonnement qui s'y mêle* »[282]. On voit là une première formulation des rapports entre individu et société et entre affectivité et objectivité chez Halbwachs ; ce que l'on trouvera bien expliqué dans l'article de 1938 : *La psychologie collective du raisonnement*.

---

279 Ibid.
280 Ibid., p. 582-83.
281 Ibid., p. 585.
282 Ibid., p. 584.

Explicitons maintenant les deux thèmes les plus importants que Halbwachs aborde dans les deux comptes rendus de l'ouvrage de Pareto : la logique sociale du raisonnement et les rapports entre l'économie et la sociologie. La réflexion de Halbwachs sur la logique sociale du raisonnement se développe à partir de la classification des actions, des sentiments, des jugements et du raisonnement proposé dans le *Traité de sociologie* de Pareto ; cela, en particulier, dans le compte rendu de 1918 et dans la première partie de celui de 1920. Deux décennies après ces deux textes, Halbwachs dans son propos sur les origines sociales du raisonnement[283], reprend précisément la classification parétienne entre les résidus - que Halbwachs définit comme « *tout ce qui résiste à l'action rationnelle de la société* »[284] - et les dérivations, ou, comme il l'écrit, « *les arguments le plus souvent déductifs qui visent à expliquer, justifier, démontrer ces pensées à base d'instincts* »[285]. Au début de son texte, Halbwachs explique comment le raisonnement, en même temps qu'il se décompose en plusieurs propositions, reproduit un réel débat intérieur. Si on le compare avec l'opinion, le raisonnement semble s'appuyer sur l'individu ou sur les choses, et non sur la société. Il parle en effet de deux pôles du raisonnement : le *pôle subjectif* qui - utilisant un langage parétien - renvoie à ce qu'il appelle la logique affective (sentiments, croyances, tout ce qui n'appartient pas à la connaissance réelle), et le *pôle objectif*, qui se réfère au système des choses, donc à une raison positive. La pensée sociale résulte de l'interaction de ces deux logiques (l'une affective, l'autre objective). Par conséquent, le raisonnement semble se présenter selon Halbwachs comme « *l'opération par excellence grâce à laquelle nous échappons aux influences collectives, soit pour nous affirmer contre les autres (logique affective), soit pour nous subordonner (et les autres avec nous) aux lois des choses (logique objective)* »[286].

---

283 Halbwachs M., « La psychologie collective du raisonnement », in M. Halbwachs, *Classes sociales et morphologie*, Paris, Edition de minuit, 1972, pp. 131-151.
284 Ibid., p. 136.
285 Ibid., p.137.
286 Ibid., p. 133.

Dans cette réflexion, le recours à la pensée de Pareto est évident. Halbwachs admet explicitement que, de cet enchevêtrement inextricable d'éléments logiques et non logiques, qui est typique de la manière de penser des hommes dans la société, Pareto en a tracé un tableau précis. Selon Pareto[287] l'homme a une forte tendance à ajouter des développements logiques à des actions non logiques. Il définit cette tendance comme une « occupation délicieuse ». Il s'agit d'une activité continue de « construction du sens » qui est typique de l'homme dans la société. C'est exactement cette « construction du sens », qui est le résultat du travail entre le logique et le non-logique, que Halbwachs cherche à faire ressortir, et il attribue à Pareto le mérite d'avoir exploré à fond le vaste champ des raisonnements faux et plausibles (préjugés, superstitions, polémiques, théories) ; d'avoir enquêté sur l'action qui semble étrangère, sinon contraire, à la raison ; et d'en avoir souligné l'importance sociale[288]. En particulier, à travers l'utilisation de la réflexion parétienne, deux aspects de la logique sociale du raisonnement émergent dans le discours de Halbwachs :

1) La reconnaissance par Pareto d'une logique, même dans les actions qui semblent étrangères ou contraires à la raison, amène Halbwachs à soutenir que la logique du raisonnement doit être comprise dans un sens relatif. Car ce qui est logique pour un groupe, peut ne pas l'être pour un autre ; et aussi parce que, derrière ce qui nous semble illogique, il peut y avoir une logique objective mais non visible, une sorte d'« instinct rationnel », dit Halbwachs[289]. En un mot, Halbwachs suggère ici une interprétation relativiste de la connaissance.

2) Deuxièmement, Halbwachs souligne - dans le discours de Pareto - comment les individus cherchent constamment des raisons pour justifier leurs instincts, leurs goûts ou leurs préférences. Ce sont essentiellement des « dérivés » qui proviennent de ce que Halbwachs appelle « courants de pensée

---

[287] Pareto V., *Trattato di sociologia generale*, Milano, Edizioni di Comunità, 1981, p. 108.

[288] Halbwachs M., « La psychologie collective du raisonnement », op. cit., pp. 134 et 138.

[289] Ibid., p. 137.

sociale ». Il développe cette notion à partir des années vingt, dans le contexte de sa sociologie de la mémoire ; il indique que les « courants de pensée sociale » sont comme des ensembles de valeurs et de significations culturelles agissant sur l'individu, lui donnant dynamisme et ouverture vers le social. Se nourrissant de ces « significations » - observe Halbwachs[290] - l'individu réalise une opération de « justification » de sa propre action, dans l'effort de la faire approuver par les autres (le groupe) ; il renvoie l'action à une raison collective, à une pensée rationnelle commune à un groupe. En bref, selon Halbwachs, la logique du raisonnement n'est pas, comme il semble, l'opération par excellence qui permet à l'individu d'échapper aux influences collectives ; il faut plutôt dire que c'est la « pensée sociale actuelle » qui agit sur l'individu.

Ceci est également le cas pour la logique des sentiments, dont Halbwachs parle dans ce même article de 1938 ; toutefois, il aborde mieux ce thème dans l'article de 1939 sur *Les expressions des émotions et la société*, consacrée précisément aux origines sociales des émotions. Même pour l'expression des sentiments ou des passions, nous cherchons du soutien dans la plupart des groupes auxquels nous appartenons ; encore une fois, on note les « courants de pensée sociale », qui agissent pour « mieux renforcer en nous un désir ou une passion, pour les justifier à nos yeux, dans l'effort de paraître conforme aux tendances du groupe.

Revenant spécifiquement aux actions non logiques, Pareto indique quatre types d'*actions non logiques* : 1) Les actions dans lesquelles il n'y a ni but subjectif, ni but objectif, comme les habitudes ; 2) Les actions qui ont un but subjectif, mais qui n'ont pas de correspondance avec le but objectif, par exemple la magie ; 3) Les actions qui ont un but objectif, mais qui n'ont pas de fin perçue subjectivement, comme c'est le cas des actions de type physiologique instinctif ; 4) Les actions qui ont un but objectif et un but subjectif, mais il n'y a pas de correspondance entre eux : c'est l'exemple de ceux qui effectuent une action pour améliorer une situation, mais réalisent en réalité quelque chose de complètement contraire. En ce qui concerne cette

---

[290] Ibid., p. 138.

classification - comme l'explique Steiner[291] - Halbwachs s'intéresse principalement à un type d'action non logique : celui dans lequel il y a un but subjectif, mais pas objectif. Il interprète ce type d'action non-logique comme une action dont la logique est reconnue dans le groupe dans lequel l'action a lieu, mais pas dans la société plus large. Cela signifie que la nature de l'action et la logique correspondante sont liées à l'existence de groupes sociaux.

Halbwachs voit la logique formelle comme le résultat d'un processus historique et institutionnel dans lequel une pensée scientifique s'est développée. La dialectique, dit Halbwachs, a trouvé les conditions de son développement dans une société très ouverte et très mouvante : « *où se rencontraient non seulement des individus, mais des écoles ; où s'affrontent des essais et procédés de démonstration élaborés dans des régions très diverses, en Grèce, en Asie, en Italie. C'est en raison de leurs oppositions, et de leurs contradictions internes, qu'a pu se constituer une logique supérieure qui était comme un tribunal avec son code, ses lois, sa procédure, et dont relevait l'ensemble des logiciens, création collective qui a mis sa marque sur les esprits* »[292]. Halbwachs repère l'existence d'autres logiques collectives qui ont leur origine dans le partage de l'esprit des individus associés. Il donne comme exemples la logique des « prêtres et groupes religieux » et celle des « magistrats, avocats et hommes de loi » : le premier est défini et codifié par la « société des théologiens », le second par la « société des juristes »[293]. Ces logiques ont un caractère normatif : elles sont conçues pour définir, avant tout, « ce qui doit être », pour dicter les lois et les règles auxquelles les membres du groupe sont appelés à obéir.

Nous abordons à présent le deuxième thème développé par Halbwachs dans sa lecture de l'œuvre de Pareto : la réflexion sur les rapports entre économie et sociologie. Cette réflexion ne se

291 Steiner P., « Maurice Halbwachs : les derniers feux de la sociologie économique durkheimienne », *Revue d'histoire des sciences humaines*, n° 1, 1999, pp. 141-162.
292 Halbwachs M., « La psychologie collective du raisonnement », op. cit., p. 145.
293 Ibid., p. 149.

retrouve pas seulement dans sa lecture de Pareto, mais, comme le souligne Montigny[294], elle développe son intérêt pour les questions économiques à propos des œuvres de Pareto, Keynes, Weber et Schumpeter et dès ses premiers articles publiés en 1905, à propos d'auteurs allemands (Gustav Schmoller, Karl Bücher, Werner Sombart, Edouard Bernstein). Il propose des analyses prenant en compte les relations étroites entre économie politique, psychologie et sociologie. Halbwachs s'inscrit dans une ligne de pensée déjà tracée par François Simiand dans le contexte de la sociologie durkheimienne[295]. Il s'agit d'expliquer en termes économiques beaucoup de sentiments, valeurs, idées, que nous étudions en sociologie, mais dont l'économie doit aussi tenir compte.

La comparaison entre économie et sociologie se retrouve dans le deuxième compte rendu du *Traité de sociologie*. S'agissant de la distinction entre les deux disciplines[296], Halbwachs adopte le point de vue de la sociologie de la connaissance qui peut éclairer la sociologie économique, pour donner naissance à ce que l'on pourrait appeler - selon l'expression de Steiner (1998) - une « sociologie de la connaissance économique ». Halbwachs s'appuie sur la distinction que fait Pareto quant à l'objet des deux disciplines. Pour Halbwachs[297], d'après Pareto, l'économie pure considère que les hommes agissent selon les règles d'une logique abstraite et rigoureuse parce qu'ils sont placés en dehors de l'influence des sentiments, instincts et autres tendances similaires : « *Pour obtenir l'économique - écrit Halbwachs - il s'agit, en somme, d'éliminer des actions des hommes tout ce qui est social en quelque mesure, tout ce qui résulte de leur vie en*

---

[294] Montigny G., "Maurice Halbwachs, l'economia politica e la *Teoria generale* di Keynes", in T. Grande, L. Migliorati (a cura di), *Maurice Halbwachs. Un sociologo della complessità sociale*, Perugia, Morlacchi, 2016, pp. 255-280.

[295] Voir Pfefferkorn R., « Le rapport de Maurice Halbwachs avec l'économie politique de son temps », in Actes des Journées d'études des 16-17 novembre 1995 de l'Atelier de recherches théoriques de l'ISMEA : *L'hétérodoxie en économie politique*, Université de Marne la Vallée : 11-32 ; et « Simiand et Halbwachs, critiques du marginalisme », *Economies et Sociétés*, série débats, n° 9, ISMEA, Presses universitaires de Grenoble, 1996 : 27-35.

[296] Halbwachs M., « Le Traité de sociologie générale de M. Vilfredo Pareto », 1920, op. cit., p. 470.

[297] Ibid., pp. 470-71.

commun, de leur relation à quelque groupe. La collectivité économique ne peut être envisagée comme une personne : elle n'a pas d'unité. Tout ce qu'il y a de réel, en elle, ce sont les individus avec leurs besoins, mais en tant que ceux-ci s'expliquent par leur nature individuelle »[298].

Face à cette opposition entre l'économique et le social, Halbwachs se demande s'il est vraiment possible de séparer les intérêts économiques des individus, de ceux des groupes. Dans son idée, il est possible d'exprimer en termes économiques non seulement les intérêts, mais aussi beaucoup de valeurs, sentiments, idées, actions et événements (il cite les révolutions ou les mouvements de population), que l'économie ne devrait pas négliger. Toutefois, Halbwachs reconnaît que pour Pareto « *l'étude de l'économie pure n'est, au fond, qu'un exercice théorique qui a pour objet de nous familiariser avec des notions telles que celle de l'état d'équilibre, et de nous préparer à l'étude de la sociologie ou nous retrouverons cette notion sous une forme moins simple* »[299].

Le modèle de « l'état d'équilibre » est chez Pareto. Ce modèle est basé sur l'hypothèse que chaque système économique, avec des parties qui interagissent les unes avec les autres, a tendance à maintenir l'équilibre, même en présence de forces contraires. Les oscillations périodiques autour d'un « état d'équilibre » attirent particulièrement l'attention de Halbwachs à la fin de son deuxième compte rendu de 1920, où il insiste sur les oscillations produites par la « circulation des élites »[300]. Pareto[301] pense que « *la société est toujours gouvernée par un petit nombre d'hommes, par une élite* ». Cette élite se renouvelle sans cesse en son sein ; mais, elle est aussi remplacée par de nouvelles élites. L'histoire de la société est, dans une large mesure, « *l'histoire de la succession des aristocraties* »[302].

Halbwachs partage cette position. Il veut démontrer en outre comment la cause réelle des oscillations périodiques qui

---

298 Ibid., p. 471.
299 Ibid., p. 473.
300 Ibid., p. 469.
301 Pareto V., *Manuale di economia politica. Con una introduzione alla scienza sociale*, Milano, Società editrice libraria, 1919, p. 403.
302 Ibid., p. 405.

s'écartent de la moyenne se retrouve dans le contexte social et dans les forces psychologiques qui y agissent : « *La loi qui ramène les variations des prix aux oscillations de l'offre et de la demande autour d'une moyenne n'explique ni la grandeur de cette moyenne, ni le niveau des prix ; il faut chercher ailleurs, tâcher d'atteindre les tendances collectives des groupes vendeurs et acheteurs. La moyenne, loin de rien expliquer, supprime au contraire tout ce que nous intéresserait de connaître, c'est-à-dire les variations et ce qui est derrière* »[303]. Halbwachs, cependant, ne parvient pas à saisir le sens caché des arguments de Pareto. Ce dernier, en effet, avait été influencé par les études de Gabriel Tarde sur les lois de l'imitation et de Gustave Le Bon et Scipio Sighele sur la psychologie des foules, et il se montre convaincu de l'importance des composantes émotionnelles du comportement. Il pensait que les passions, les idées, les sentiments, les valeurs constituent une part fondamentale de l'étude de la vie en société. Dans le deuxième chapitre de son *Manuel d'économie politique,* il écrit que « *le fondement de l'économie politique, et en général de toutes les sciences sociales, est évidemment la psychologie* »[304].

Les réflexions de Halbwachs sur l'utilité d'une ouverture de la sociologie économique au domaine de la sociologie de la connaissance - dans une direction que Pareto n'avait pas exclue, mais que Halbwachs ne saisit pas correctement - ne trouvent cependant pas de développement définitif dans son travail. Elles constituent toutefois une suggestion intéressante et originale pour l'époque, un appel « *à une ouverture interdisciplinaire, à l'engagement d'un dialogue entre économistes et sociologues* »[305].

Le retour sur la lecture riche que Halbwachs propose du *Traité* est l'occasion aussi de relire aujourd'hui Pareto à partir de l'une des traditions sociologiques les plus éloignées le concernant, la tradition durkheimienne. Les sociologues français

---

303 Halbwachs M., « *Le Traité de sociologie générale de M. Vilfredo Pareto* », 1920, op. cit., p. 474.

304 Pareto V., *Manuale di economia politica. Con una introduzione alla scienza sociale*, op. cit., p. 35.

305 Montigny G., *Maurice Halbwachs, l'economia politica e la* Teoria generale *di Keynes*, op. cit., p. 280.

de son époque ont été très critiques envers Pareto. Bouglé l'a accusé de vouloir faire de la science sociale à la première personne, sans mentionner les influences des autres sociologues et philosophes ; Gurvitch a critiqué son utilisation d'une psychologie individualiste, il a dit qu'en cherchant les lois générales de l'équilibre social et de la circulation des élites, il ne propose rien d'autre qu'un lieu commun qui n'a aucune valeur scientifique. D'un autre côté, Pareto lui-même considérait Durkheim comme un pseudoscientifique, qui manquait de rigueur et se livrait à des abstractions métaphysiques[306].

Le rapport entre Halbwachs et Pareto est encore peu connu parmi les sociologues italiens. En effet, les deux comptes rendus et l'article de 1938 n'ont pas été traduits. Ces textes donnent toutefois un aperçu original du travail de Pareto. Au-delà de l'aspect descriptif du compte rendu de 1920, Halbwachs cherche à justifier la place de la sociologie économique parmi les savoirs qui s'inscrivent dans une perspective de *rationalisation matérielle de la connaissance* (qui intègrent les principes éthiques et les exigences de la politique) ; cela est très utile pour mettre en évidence les limites de la *rationalisation formelle* (celle de la logique économique pure, ou de l'*homo œconomicus*). En outre, l'analyse minutieuse que Halbwachs nous offre du *Traité* fournit des raisonnements originaux et utiles pour mieux comprendre la théorie parétienne - qui, on le sait, est très complexe. Elle permet de mieux comprendre le rôle des croyances et des récits collectifs, des mythes, des idéologies, en un mot des composantes les plus « passionnées » de l'action humaine, mais riches en contenu social que la sociologie contemporaine peut interpréter.

La réception de Maurice Halbwachs en Italie : de nouvelles vagues de redécouvertes

Si Halbwachs s'intéresse très tôt à Pareto et à la sociologie italienne, l'inverse n'est pas vrai. En effet, c'est un bien étrange destin que celui de la réception de Halbwachs. En France il est

306 Simon J. P., *Histoire de la sociologie*, Paris, Puf, 1991, p. 528 ; Valade B., *Pareto. La naissance d'une autre sociologie*, Paria, Puf, 1990.

considéré comme un « classique », ou comme « *le durkheimien intellectuellement le plus armé pour rénover la sociologie française* »[307] ; en Italie (et ailleurs) il est vu comme un épigone de Durkheim et souvent accusé de dogmatisme. Au sud des Alpes il est surtout connu (et à juste titre) pour ses travaux sur la mémoire collective, même si sa production scientifique couvre des thèmes divers. Halbwachs est un auteur qui, de sa mort à nos jours, fait l'objet de redécouvertes cycliques, entrecoupées de longues périodes d'oubli qui ne lui ont pas permis de s'affirmer de façon définitive dans le firmament des classiques fondateurs de notre discipline. Nous référant à la récente périodisation établie par Thomas Hirsch[308], on relève qu'en France, de 1945 à nos jours, Halbwachs a été plusieurs fois « réinventé », au cours de sa vie posthume.

Une première période, comprise entre 1945 et 1955, a vu naître et s'affirmer la nécessité de *sauver Halbwachs*[309] en l'affranchissant des liens avec la sociologie de Durkheim qui, à cette époque, était soumise à une critique sévère. « M. Halbwachs est en définitive le seul membre de 'l'école durkheimienne' à présenter une continuité au moins thématique avec les sociologies d'après 1945. Il est le seul, alors que la discipline se redéfinit progressivement comme science des sociétés industrielles contemporaines, à échapper au reproche unanime fait à l''école' d'É. Durkheim : sa trop grande concentration sur les sociétés du passé, voire sur les seules sociétés 'primitives' »[310]. Il était alors question de réinventer Halbwachs, « *dont l'ouverture d'esprit se situerait à l'opposé de tout 'dogmatisme sociologique'* »[311], en faisant ressortir son côté original, son rôle de médiateur entre les œuvres de Durkheim et de Bergson, dans le domaine d'une véritable psychologie sociale.

La deuxième vie posthume de Halbwachs, entre 1964 et les années 1970, s'inscrit dans un regain d'intérêt pour Durkheim.

---

307 Marcel J.-C., *Le durkheimisme dans l'entre deux-guerres*, Paris, Puf, 2001, p. 147.

308 Hirsch T., « Une vie posthume. Maurice Halbwachs et la sociologie française (1945-2015) », *Revue française de sociologie*, 2016, n° 57, pp. 71-96.

309 Hirsch T., Ibid., p. 74.

310 Ibid., p. 76.

311 Ibid., p. 74.

La sociologie française était alors en pleine institutionnalisation. « *Le Halbwachs 'durkheimien', appuyé par des recherches d'ordre historique, paraît, face à des versions divergentes, et pour certaines battues en brèche, en passe de s'imposer* »[312].

La troisième période correspondrait au *moment mémoire* et à la *consécration* de Halbwachs en tant que classique et *nouveau fondateur*. Elle couvre les années 1970 à 1994, et au-delà jusqu'à nos jours. Halbwachs est consacré en tant que sociologue de la mémoire par antonomase ; il devient un auteur d'envergure internationale et ses écrits sur la mémoire sont traduits dans plusieurs langues. Depuis lors, et jusqu'à présent, Halbwachs vit le temps de la consécration : « *il ne s'agit plus de 'sauver' tant bien que mal Halbwachs dans un moment de trouble et de réorientation disciplinaire, mais plutôt de justifier et d'accréditer une exceptionnalité qui ressort de l'actualité de fait, pluridisciplinaire et internationale, de ses travaux sur la mémoire* »[313].

Suivant cette périodisation nous nous proposons ici de retracer l'histoire de la réception de Halbwachs en Italie, afin de mieux cerner les quelques moments clefs d'un auteur qui, à notre avis, a été trop rapidement placé parmi les auteurs « mineurs » du panthéon classique, accablé d'une injuste suspicion de dogmatisme durkheimien.

Un sociologue inconnu (1945-1955)

Tandis qu'en France, au cours de la première décennie d'après-guerre, on assiste à une floraison de publications ou de rééditions des œuvres les plus importantes de Halbwachs, en Italie cet auteur reste un inconnu : aucune de ses œuvres ne sera traduite, ni discutée au-delà des Alpes. Comme l'écrit Toscano, le nœud du problème réside dans le fait que la sociologie italienne de la première moitié du XXe siècle, exception faite de Pareto, « *a discuté d'elle-même, et longuement, générant une discussion qui a été tout à fait redondante [...]. C'était une*

---

312 Ibid., p. 79.

313 Ibid., p. 80.

sociologie de la sociologie »[314]. De plus, dans une Italie qui venait d'être unifiée[315], la sociologie n'arrivait pas à concevoir l'idée d'une société capable de transcender les menus liens communautaires : « *la modernité se révéla presque seulement par la peur de la modernité* »[316]. Ensuite, pendant la vingtaine d'années du régime fasciste, la sociologie italienne se trouva contrainte au silence. Il faudra attendre l'après-guerre, avec la reconstruction, l'essor industriel, le boom économique et l'accélération de la modernisation, pour que s'établissent les conditions favorables à « *une véritable fondation de la sociologie en Italie* »[317].

Le retour d'un durkheimien (1964-1975)

Entre 1964 et 1975, tandis qu'en France on redécouvre en Halbwachs un auteur solidement enraciné dans la pensée de Durkheim, avec son cortège subséquent de nouvelles éditions de ses œuvres majeures, en Italie ne paraît, pour la première fois, que *Psicologia delle classi sociali*[318] alors qu'entre-temps la réflexion sur la société avait pris un caractère plus idéologique. Il s'agit de la traduction de *Psychologie des classes sociales*[319], déjà rééditée en France en 1955, avec l'avant-propos de Georges Friedmann. Le livre est publié par Feltrinelli une des plus importantes maisons d'édition italienne alors très marquée à gauche. Le livre est publié au début des années soixante, avant les révoltes de 1968 et la période de terrorisme politique, les *années de plomb*. De plus, entre les années soixante et soixante-

---

[314] Toscano M., *Società e sociologia in Italia. Per una lettura critica tra storia e cronaca*, in AA. VV., *Mosaico Italia. Lo stato del Paese agli inizi del XXI secolo*, Milano, FrancoAngeli, 2010, p. 15.

[315] L'unification nationale s'achève seulement en 1861.

[316] Ibid., p. 18.

[317] Ibid., p. 19.

[318] Halbwachs M., *Psicologia delle classi sociali*, Milano, Feltrinelli, 1963.

[319] *La psychologie des classes sociales* s'avère être le premier livre de Halbwachs traduit du français à l'italien et publié en Italie, mais aussi le premier publié en même temps en anglais, au Royaume Uni (*The Psychology of Social Class*, London, Heinemann, 1958), aux États-Unis (*The Psychology of Social Class*, Glencoe (Ill.), Free Press, 1959) et, en espagnol, pour le public mexicain (*Las clases sociales*, Mexico, Fondo de Cultura Economica, 1964).

dix, la sociologie, en Italie, connaissait sa période d'affirmation et d'institutionnalisation au sein des Universités. Le premier cours de sociologie est institué à Trente en 1968 ; l'exemple sera suivi par les Universités de Rome, Salerne, Naples et Urbino.

Le moment mémoire (1976-1994) et la consécration (depuis 1995)

Cette première flambée d'enthousiasme suscitée en Italie par les œuvres de Halbwachs est suivie d'un vide dominé par l'oubli pendant une vingtaine d'années. Il faudra attendre l'arrivée du *moment mémoire*[320] des années quatre-vingt en Italie. On traduira alors, pour la première fois, *La topographie des Évangiles en Terre sainte*[321], *La mémoire collective*[322] et *Les cadres sociaux de la mémoire*[323]. On traduira aussi le court article *I progetti di ingrandimento e di ristrutturazione di Parigi prima del XIX*^e^ *secolo*[324].

Halbwachs apparait sur la scène italienne comme un durkheimien *sui generis,* tout à fait spécial, comme « le » sociologue de la mémoire. Les thèmes abordés par Halbwachs dans sa théorie de la mémoire, notamment la place accordée au conflit, seraient quasi-blasphématoires en toute orthodoxie durkheimienne. Il devient dès lors aussi un auteur de référence pour les historiens italiens. La première édition italienne (1987)

---

[320] Le *moment mémoire* et la *consécration* sont marqués, en France, par les rééditions de *Cadres sociaux de la mémoire* (Paris-La Haye, Mouton, 1976 et Paris, Albin Michel, 1994), de *La mémoire collective* (Paris, Albin Michel, 1997), *Les causes du suicide* (Paris, Puf, 2002), *Le point du vue du nombre* (Paris, INED, 2005), *La topographie légendaire des évangiles en Terre sainte* (Paris, Puf, 2008), *Les classes sociales* (Paris, Puf, 2008), *La Théorie de l'homme moyen* (Chilly-Mazarin, SenS éditions, 2010), *Le destin de la classe ouvrière* (Paris, Puf, 2011), *Écrits d'Amérique* (Paris, Editions de l'EHESS, 2012), *La psychologie collective* (Paris, Flammarion, 2015), *Keynes, abstraction et expérience* (Paris, Editions Rue d'Ulm, 2016).

[321] Halbwachs M., *Memorie di Terrasanta*, Venezia, Arsenale Editrice, 1988.

[322] Halbwachs M., *La memoria collettiva*, a cura di P. Jedlowski, Milano, Unicopli, 1987.

[323] Halbwachs M., *I quadri sociali della memoria*, a cura di A. Cavicchia Scalamonti, Napoli, Ipermedium, 1997.

[324] Halbwachs M., *I progetti di ingrandimento e di ristrutturazione di Parigi prima del XIX secolo*, 1989.

de *La mémoire collective* a été assurée par le sociologue Paolo Jedlowski, un des premiers sociologues italien à travailler sur la mémoire, la postface a été signée par une historienne, Luisa Passerini, qui souligne la recherche innovante de Halbwachs. *La memoria collettiva* a connu une réception importante dans les sciences sociales italiennes. En 2001 la deuxième édition s'appuie sur le texte critique établi par Gérard Namer en 1997 à partir des manuscrits originaux de Halbwachs. L'introduction de *Memorie di Terrasanta* (traduction de *La topographie légendaire des Évangiles en Terre sainte*) est de Franco Cardini, l'un des plus importants historiens du Moyen Age en Italie et grand spécialiste de l'histoire des Croisades. Cardini reconstruit les liens et les croisements entre la sociologie durkheimienne des origines et les historiens des *Annales* à Strasbourg entre les deux guerres. Il analyse la recherche de Halbwachs avec l'œil « condescendant » de l'historien. Il souligne, par exemple, « *l'excessive imprécision des notes, la faiblesse d'un appareil critique souvent incomplet et fautif, le recours à des citations sommaires et parfois même incertaines* »[325]. A ses yeux Halbwachs devient « *un sociologue imprudent qui a envahi son domaine* »[326]. Cependant, il écrit que « *la passion et le courage qui s'en dégagent nous amènent à juger ce livre comme quelque chose de très cher et vénérable* »[327]. C'est donc via ce regard condescendant que Halbwachs fait son entrée dans le panorama intellectuel des historiens italiens.

Le *moment mémoire* sera une séquence plus longue en Italie qu'en France. C'est seulement dans la deuxième moitié des années quatre-vingt-dix et pendant les premières années du nouveau siècle que *Les cadres sociaux de la mémoire* seront publiés, par les soins de Antonio Cavicchia Scalamonti[328], d'autres traductions suivront[329].

---

[325] Cardini F., "Un sociologo al Santo Sepolcro", in M. Halbwachs, *Memorie di Terrasanta*, op. cit., p. VIII.
[326] Ibid.
[327] Ibid., p. 20.
[328] Halbwachs M., *I quadri sociali della memoria*, op. cit.
[329] L'article sur les émotions (correspondant à une session du cours de psychologie collective) : Halbwachs M., "L'espressione delle emozioni e la società", in *I viaggi di Erodoto*, n° 30, 1996, pp. 123-130 ; repris dans P.

Au cours des dernières années d'autres œuvres de Maurice Halbwachs ont été publiées d'une part grâce à la volonté de quelques chercheurs d'approfondir des thèmes spécifiques et suite à la consécration de Halbwachs comme *classique à redécouvrir*[330]. Ont notamment été publiés une monographie collective, *Maurice Halbwachs. Un sociologo della complessità sociale*[331], qui rassemble de nombreux textes sur la sociologie de Halbwachs d'auteurs italiens et français de générations différentes. Si la réception de Halbwachs en Italie s'est consolidée, cela semble désormais tenir, au moins partiellement, au fait qu'on parle de lui comme d'un représentant de la sociologie durkheimienne. D'une certaine façon, le *retour d'un durkheimien*, se produit en Italie vingt ans après la France, avec les corrections de perspective nécessaires. On reconnaît, en définitive, qu'il est un interprète, pas vraiment critique, mais très attentif et sérieux, des instances de la sociologie française de la

---

Jedlowski, Floriani S., Grande T., Nicotera F. Parini E. G. (a cura di), *Pagine di sociologia*, Roma, Carocci, 2002, pp. 84-92 ; le chapitre des *Cadres sociaux de la mémoire* dédié à la mémoire collective de la famille : Halbwachs M., *Memorie di famiglia*, a cura di B. Arcangeli, Roma, Armando, 1996; la réédition déjà signalée de *La memoria collettiva* : Halbwachs M., *La memoria collettiva. Nuova edizione critica*, a cura di P. Jedowski e T. Grande, Milano, Unicopli, 2001 ; et des textes choisis tirés des *Cadres* et de *La Mémoire collective* à l'intérieur d'une anthologie de textes sur la mémoire : Halbwachs M., "La ricostruzione del passato", in T. Grande, O. Affuso (a cura di), *M come memoria. La memoria nella teoria sociale*, Napoli, Liguori, 2012, pp. 13-39 ; "Memoria individuale e memoria collettiva", in T. Grande, O. Affuso (a cura di), *M come memoria. La memoria nella teoria sociale*, op. cit., pp. 40-52..

330 Halbwachs M., *Chicago: morfologia sociale e migrazioni*, a cura di M. Bergamaschi, Roma, Armando, 2008 : traduction de l'article de 1932 *Chicago, l'expérience ethnique* ; Halbwachs M., *Come vive la classe operaia*, a cura di D. Secondulfo e L. Migliorati, Roma, Carocci, 2014 : traduction du livre de 1912, *La classe ouvrière et les niveaux de vie ;* Halbwachs M., *La sociologia di Emile Durkheim*, a cura di T. Grande e L. Migliorati, Milano, FrancoAngeli, 2018 : traduction de l'article que Halbwachs dédia à Durkheim après sa mort dans la *Revue philosophique* en 1918..

331 Grande T., Migliorati L. (a cura di), *Maurice Halbwachs. Un sociologo della complessità sociale*, op. cit. L'idée et une partie des textes qui composent ce livre proviennent de la Conférence Internationale qui s'est tenue à l'université de Vérone à l'automne 2014 sous le titre *Maurice Halbwachs, sociologue retrouvé* (qui prend le titre du livre *Maurice Halbwachs, sociologue retrouvé*, publié en 2007 sous la direction de M. Jaisson et C. Baudelot).

première moitié du XXe siècle. Les textes de Halbwachs sont utilisés aujourd'hui par un petit cercle de sociologues : comme le dit Jedlowski à cet égard « *en sociologie, Halbwachs a été utilisé par ceux qui ont étudié les histoires de vie et les parcours biographiques, les générations et la formation de l'identité. Mais les études sur la dimension du pouvoir implicite dans les processus de construction du passé sont probablement celles dans lesquelles Halbwachs a davantage compté, tant sur le plan théorique que pour de nombreuses recherches empiriques* »[332]. En dehors de cela, très souvent son nom n'apparaît que brièvement dans les manuels ou dans les dictionnaires de sociologie, il est aujourd'hui encore plus cité que lu, et simplement désigné comme l'un des membres de l'école durkheimienne.

332 Grande T., "Maurice Halbwachs e la sociologia della memoria in Italia", intervista a Paolo Jedlowski, in T. Grande, . Migliorati (a cura di), *Maurice Halbwachs. Un sociologo della complessità sociale*, op. cit., p. 316.

Chapitre X
Une vie sociologique *provinciale* bien remplie. Maurice Halbwachs et Georges Gurvitch à Strasbourg (1919-1940)

Baudry Rocquin[333]

Durant l'entre-deux-guerres, la sociologie était une discipline encore mineure dans les universités. Entre 1919 et 1940, il n'existait ainsi que trois grands « pôles » actifs de recherche en sociologie. A l'université de Bordeaux, la chaire de « Pédagogie et science sociale » fondée par Emile Durkheim en 1887, revient en 1902 au sociologue protestant bordelais Gaston Richard (1860-1945) jusqu'en 1930. Max Bonnafous, normalien et philosophe socialiste, le remplacera jusqu'en 1938, date à laquelle Raymond Aron occupa la chaire pendant un intérim de six mois. A l'université de Paris, la chaire de Durkheim fut renommée « Pédagogie et Sociologie » en 1913, c'est Célestin Bouglé qui va occuper la chaire de Durkheim après sa mort en 1917. Puis vint Paul Fauconnet en 1921, qui va devenir professeur avec chaire en 1932. Enfin, il existait une chaire en Sociologie au Collège de France qui revint à Marcel Mauss de 1931 à 1940, mais celle-ci ne collationnait pas de grades.

La chaire de « Sociologie et Pédagogie » de l'université de Strasbourg, précédemment occupée par Georg Simmel de 1914 à 1918, revint, après le retour dans le giron français, à Maurice Halbwachs au 1er octobre 1919, à l'âge de 43 ans. Elle devint une chaire de sociologie en 1922. Une quatrième chaire de « Sociologie et pédagogie » fut temporairement mise en place à l'université de Montpellier entre 1929 et 1935 et occupée par le philosophe Georges Poyer, mais celle-ci fut finalement supprimée et remplacée par une chaire de philosophie.[334] En

---

[333] Docteur en sociologie, chercheur associé au laboratoire Dynamiques européennes, UMR 7367, Université de Strasbourg.

[334] Jean-Paul Laurens, « Georges Poyer (1884-1958), professeur de philosophie à la Faculté de lettres de Montpellier de 1922 à 1940 », *Le dit de l'Université Paul-Valéry Montpellier III*, 77, 2004, 3-4.

outre, des cours de sociologie étaient dispensés, sans chaire propre, à Nancy, à Dijon ou à Besançon, soit à l'université soit lors de séminaires *ad hoc*.[335]

De cette histoire, on connaît surtout l'histoire parisienne de « l'école française de sociologie » durkheimienne qui est longtemps restée dominante dans les écrits et les esprits. En particulier, un grand effort d'érudition sur le mouvement de l'entre-deux-guerres fut fait par Heilbronn (1985) et Marcel (2001) pour documenter cette période chez les durkheimiens.[336] Cette histoire, bien que passionnante et intense, a pourtant laissé de côté les autres « pôles » sociologiques.

Hormis le travail de pionnier de l'universitaire américain, J. E. Craig (1979), ce n'est que très récemment que le sujet a suscité un regain d'intérêt[337]. La vie sociologique strasbourgeoise a fait l'objet d'un superbe numéro de la *Revue des Sciences sociales* (numéro 40, 2008). Cela a permis de redécouvrir l'impressionnante série de sociologues qui passèrent par Strasbourg, de Max Weber qui y fit son service militaire en 1883, à Robert Park qui commença sa thèse sous la direction de Windelband, sans oublier Georg Simmel, Maurice Halbwachs, Georges Gurvitch, Henri Lefevbre, Abraham Moles ou encore Julien Freund.[338]

A Bordeaux, Matthieu Béra (2014) et surtout Cécile Rol (2015) ont redécouvert des archives qui nous renseignent sur les premiers cours de Durkheim pour l'un, et sur la correspondance de Gaston Richard à Bordeaux pour l'autre.[339]

Toutefois, il reste encore beaucoup de travail à faire pour savoir à quoi ressemblait la vie sociologique « régionale » ou

---

[335] Voir les différents comptes-rendus de ces cours dans les numéros de la *Revue Internationale de Sociologie* (1918-1940).

[336] Johan Heilbron, « Les métamorphoses du durkheimisme, 1920-1940 », *Revue Française de Sociologie*, 26 (1985), 203-37. Jean-Christophe Marcel, *Le Durkheimisme dans d'entre-deux-guerres*, Paris, PUF, 2001.

[337] John E. Craig, « Maurice Halbwachs À Strasbourg », *Revue Française de Sociologie*, 20, 1979, 273-92.

[338] La revue est disponible en ligne gratuitement : http://www.revue-des-sciences-sociales.com/index.html

[339] Matthieu Béra, *Durkheim À Bordeaux (1887-1902)*, Bordeaux, Confluences, 2014. Cécile Rol, « Gaston Richard (1860-1945) : Un Sociologue En Rébellion », *Lendemains*, 2015, 2/3.

plus communément « provinciale ». Ainsi ce chapitre cherche à expliciter le long silence qui a régné autour de la sociologie à Strasbourg, en dépit de sa richesse et des intellectuels qui s'y succédèrent. L'oubli de cette vie intellectuelle sociologique est-il dû à un manque de sources (car il ne s'y passait vraiment rien), ou bien est-il plutôt dû à une négligence volontaire, reflet du tropisme parisien ?

Pour répondre à cette question, il faut prendre en compte les stratégies des acteurs concernés. Afin de jeter la lumière sur ce fait, nous avons utilisé les dossiers universitaires et rectoraux de Maurice Halbwachs et de Georges Gurvitch, disponibles tous deux aux Archives Départementales du Bas-Rhin, situées à Strasbourg. Nous avons également utilisé les 19 lettres rescapées de la correspondance de Gaston Richard sur la vie sociologique bordelaise retrouvées par Cécile Rol (2015)[340]. Enfin, nous avons eu recours au numéro 40 de la *Revue des Sciences sociales* pour illustrer le contexte historique, la situation spécifique alsacienne et les nominations universitaires.

Ce chapitre propose une typologie de « trois stratégies provinciales » mises en œuvre par ces sociologues, en particulier strasbourgeois, comme solution à leur problématique afin de montrer que c'est partiellement une forme d'autocensure qui explique ce long silence.

Maurice Halbwachs (1877-1945) : « faire contre mauvaise fortune bon cœur »

Le dossier de Maurice Halbwachs aux Archives indique qu'il est passé du statut de Maître de conférences à la Faculté des Lettres de Caen, à celui de Professeur de sociologie et pédagogie à la faculté des Lettres de Strasbourg à partir du 1er octobre 1919[341]. Il a 43 ans, Durkheim est mort deux ans auparavant. C'est donc une double promotion : de grade, d'abord, et d'estime ensuite, car les nouveaux nommés en Alsace sont très attendus afin de redonner des couleurs françaises à la région après son

---

[340] Cécile Rol, Ibid.

[341] Toutes les archives sont tirées de la cote 1007W708 – Dossier de Maurice Halbwachs, Archives départementales de Strasbourg'.

retour à la France. Il aura à sa disposition les grandes ressources dont est nouvellement dotée l'Université de Strasbourg afin de poursuivre ses recherches et ses enseignements en sociologie, science par excellence de l'éducation républicaine depuis Durkheim. En 1920, Paul Lapie et Paul Fauconnet instaurent même un cours obligatoire de sociologie dans les deux cents écoles normales pour remplacer le cours de morale.

Une note du rectorat d'avril 1920 souligne à quel point les attentes autour de Halbwachs et de la sociologie étaient grandes : « M. Halbwachs pourra rendre à l'ensemble de l'enseignement alsacien le plus signalé des services en prenant la direction d'un enseignement général de la pédagogie, théorique et pratique, *française.* »[342] Il s'agissait en effet de franciser la région qui avait vécu sous domination germanique de 1870 à 1918, et la sociologie de Halbwachs semblait être la candidate idéale pour cela.

Son dossier indique que, pour sa première année universitaire (1919-1920), il « enseigne jeudi de 4 h 30 à 5 h 30 et vendredi de 9 h 15 à midi » et que son cours comptait « 12 étudiants le vendredi, 15 à 20 le jeudi. » Son dossier pour l'année suivante (1920-1921) indique même que son « Cours sur les classes sociales, [et sur le] Contrat social de Rousseau » comptait « Dix élèves et une trentaine d'auditeurs », ce qui est remarquable. En effet, à la Sorbonne, le « Certificat de Morale et de Sociologie » (il n'existe pas de diplôme propre à la sociologie mais une simple option de la Licence de Philosophie) n'attire qu'une trentaine d'étudiants chaque année dans les années 1930. Les effectifs d'étudiants à l'université sont faibles entre les deux guerres comme le souligne Antoine Prost.[343] Le cœur de l'enseignement de sociologie durkheimienne se trouve à Paris, outre les Ecoles Normales et l'ENS, dirigée par Bouglé et son Centre de Documentation Sociale de 1920 à 1940. Son dossier souligne aussi que Halbwachs « mène volontairement une existence un peu retirée, mais extrêmement active » et qu'il « est sûrement un esprit de haute valeur ».

---

[342] C'est nous qui soulignons.

[343] Antoine Prost, *L'enseignement en France (1800-1967)*, Paris, Armand Colin, 1968.

Des incompréhensions surviennent toutefois rapidement. Halbwachs a désormais partie liée avec la situation alsacienne. Il souhaite débaptiser sa chaire et finit par obtenir la suppression de la mention « Pédagogie » pour ne garder qu'une chaire de « Sociologie » au 1er mars 1922. Cela laisse penser que Halbwachs n'avait pas la même conception de son devoir universitaire que Durkheim et ses élèves, la pédagogie n'est plus au cœur de son projet. Au lieu de cela, c'est la sociologie qui devenait la principale activité (de recherche) et non plus l'enseignement et la formation aux concours d'enseignants qui requéraient de la pédagogie : comme le cite Craig, à propos de cette « mangeuse de forces intellectuelles qu'est l'agrégation »[344]. L'incompréhension première se fait alors jour : là où on attendait de lui qu'il apporte « la science française » aux futurs enseignants alsaciens comme l'avait fait Durkheim dans sa chaire de « Science sociale et Pédagogie » à Bordeaux, puis à la Sorbonne, Halbwachs favorisait la dimension recherche et scientifique de la discipline.

Une coupure de presse (sans date ni titre apparent, mais probablement de fin 1920) qui figure dans son dossier semble étayer cette hypothèse : à l'université de Strasbourg, l'*Elsaesser Kurier* du 30 décembre « proteste contre le cours que M. Halbwachs, professeur de pédagogie à l'université de Strasbourg a fait dernièrement sur le Christ ». D'après le *Kurier*, « M. Halbwachs a reconnu que Jésus-Christ est un personnage historique et qu'il a réellement existé. Toutefois, la personne du Christ n'est pas celle que des millions de chrétiens et de croyants adorent et vénèrent aujourd'hui. Ce personnage a été fait par les apôtres et les disciples. » Halbwachs aurait anthropologisé le Christ et sociologisé son culte, ce qui ne plût pas aux partisans du quotidien catholique alsacien[345]. Le *Kurier* pose à M. le Recteur la question suivante : « Vraiment est-ce celui qui doit être enseigné devant nos futurs professeurs et inspecteurs des écoles à l'université alsacienne de Strasbourg ? Le peuple alsacien paye-t-il ses contributions pour permettre à un homme

---

344 Craig, op. cit., p. 276.

345 L'*Elsässer Kurier* était un quotidien catholique fondé par l'abbé Haegy, qui remplaça le *Colmarer Zeitung* interdit en 1897.

de toucher un traitement et de blesser le sentiment de la majorité croyante de notre peuple alsacien ? » Ce qui était attaqué serait sa sociologisation de la croyance religieuse qui mettrait en péril la réalité biblique, et donc la foi du « peuple » catholique alsacien.

Ce débat fut initié dès 1925 par Marc Bloch lui-même, lorsque l'on cherchait à établir les rapports entre la sociologie, l'histoire et la mémoire. Maurice Halbwachs illustra son propos dans *La topographie légendaire des Evangiles en Terre sainte* paru pour la première fois en 1940[346]. Il n'y eut cependant pas de suite à cet épisode, du moins dans les archives. Une autre note du rectorat datée de juillet 1931 souligne même à quel point son succès et sa célébrité se sont accrus à Strasbourg et en France : « L'activité de M. Halbwachs comme professeur et comme auteur de travaux est trop connue pour qu'il soit besoin d'insister sur elle. Il convient en outre de louer les qualités de bonté, de tact et de mesure que ce maître éminent sait manifester dans la vie quotidienne de la Faculté. » Halbwachs semblait faire au mieux de sa position, si loin de Paris, pour tirer parti de son investissement dans ses recherches et dans la Faculté. La note ajoute : il est un « excellent professeur, qui exerce sur les étudiants une grande influence. Compte parmi les meilleurs disciples et continuateurs de Durkheim. »

Halbwachs est en effet très actif durant ses années strasbourgeoises. Il développe de nombreuses intuitions dans ses « Cours de Strasbourg » sur les classes sociales et sur le contrat social de Rousseau qui seront reprises une fois en Sorbonne après 1935.[347] Il noue de nombreux contacts avec les intellectuels strasbourgeois et publie dès janvier 1921 une *Enquête sur les conditions de vie des ménages ouvriers en Alsace* dans les Comptes-rendus de l'Office de statistiques d'Alsace-Lorraine et avec le mathématicien Maurice Fréchet publia conjointement en 1924 un manuel de statistiques, *Le calcul des probabilités à la portée de tous*. En 1925 il publie à Paris chez Félix Alcan dans la collection « Bibliothèque de philosophie contemporaine » *Les*

[346] Maurice Halbwachs, *La topographie légendaire des Evangiles en Terre Sainte*, Paris, PUF, 2008

[347] Voir le chapitre de Gilles Montigny dans ce volume.

Cadres sociaux de la mémoire publié, puis en 1928 *La Population et les tracés de voies à Paris depuis cent ans* aux PUF, *Les Causes du suicide* avec un *Avant-propos* de Marcel Mauss, chez Alcan en 1930 et *La Statistique en Sociologie* en 1935. Adepte des nouvelles approches, statistiques ou psychologiques, sur le suicide, Halbwachs profite de ses années strasbourgeoises pour publier (à Paris) certaines de ses œuvres les plus connues et effectue même un voyage aux Etats-Unis en 1930 (il est professeur invité à l'Université de Chicago de septembre à décembre) dont il rapporte *L'évolution des besoins dans les classes ouvrières* (1933).[348]

Toutefois, et de manière surprenante, il ne dirige que deux thèses d'université (et non d'Etat, le plus haut grade) : celle de Madeleine L. Cazamian intitulée *Le roman et les idées en Angleterre : l'influence de la science 1860-1890*, en juin 1923 et celle de Lowell Bennion, *Max Weber's methodology*, soutenue en décembre 1933 et publiée à Paris aux Presses Modernes[349].

Seize ans après sa nomination en Alsace, région où il avait par ailleurs des attaches puisqu'il était d'ascendance alsacienne par son père (professeur d'allemand qui avait opté pour la France en 1871), Maurice Halbwachs est nommé par arrêté du 6 septembre 1937, maître de conférences à l'université de Paris en suppléance de Célestin Bouglé.[350]

On voit donc bien à quel point cette vie *provinciale* n'a pas été une sinécure pour Halbwachs, qui a dû affronter des oppositions tant du point de vue scientifique (le dogmatisme durkheimien présent chez lui est encore critiqué par certains de ses collègues) qu'intellectuel (l'impression de « colonisation » de l'Alsace par des Français de l'intérieur à l'université qui imposent leurs idées, comme le montre l'extrait du *Kurier*). Mais

---

[348] Sur le voyage aux Etats-Unis de Halbwachs, voir Marcel, Jean-Christophe, « Maurice Halbwachs à Chicago ou les ambiguïtés d'un rationalisme durkheimien », *Revue d'Histoire des Sciences Humaines*, n° 1, 1999, 47-68.

[349] Françoise Olivier-Utard, « La sociologie au cœur des reconfigurations disciplinaires », *Revue des Sciences Sociales*, 2008, 74-81 (p. 76). D'après sa notice Wikipédia anglaise, Bennion fonda l'Institut de Religion de l'Université de l'Utah en 1934, resta très attaché aux idées de Max Weber et fut très engagé par la suite dans l'église mormone jusqu'à sa mort en 1996.

[350] Craig, op. cit., p. 275.

ce fut pour lui une période très féconde du point de vue de la recherche, même en étant éloigné de Paris. Il s'est investi dans l'université et fit de son long passage à Strasbourg, « contre mauvaise fortune bon cœur » puisque cela le mena directement à la Sorbonne. Il fut remplacé par Georges Gurvitch.

Georges Gurvitch (1894-1965) : une position précaire

Les archives de l'université ont gardé une notice biographique de Georges Gurvitch, dont le parcours fut complexe : né dans une famille juive en 1894 à Novorossiisk dans l'Empire des tsars, il devient docteur de l'université d'Etat de Pétrograd (aujourd'hui Saint-Pétersbourg) en 1917, puis, agrégé de l'Université en 1919. Il obtient par la suite un magister en philosophie et droit public de l'université Russe de Prague, en Tchécoslovaquie, le 4 avril 1925. C'est à ce moment-là qu'il choisit de s'installer en France et reprend des études de sociologie. Il est naturalisé français en 1929 et devient docteur ès Lettres avec mention très honorable le 22 janvier 1932 à la Sorbonne, avec des thèses portant sur *L'idée du droit social* et sur *Le temps présent et l'idée du droit social.* De 1928 à 1933, il donna des cours libres à la Sorbonne, dont les premiers ont été publiés sous le titre : les tendances actuelles de la philosophie allemande.[351] Il est chargé de suppléance à la Faculté des lettres de Bordeaux en sociologie le 1er mai 1934, en remplacement de Max Bonnafous, puis devient enfin chargé de cours de sociologie à la Faculté des lettres de Strasbourg le 1er décembre 1935, en suppléance temporaire de Maurice Halbwachs, nommé lui aussi, en suppléance temporaire (mais non encore titulaire) de Célestin Bouglé à Paris. Il est alors marié et sans enfants.[352]

Le registre du Conseil chargé d'examiner les candidatures à la suppléance de Maurice Halbwachs indique qu'à la séance du 4 juillet 1935, « M. le Doyen fait connaître que celui-ci [Georges Gurvitch] lui est recommandé par des lettres de M. M. Lévy-Bruhl, Bouglé, Fauconnet, Mauss, Brunschwig, Hubert, Cirot,

---

[351] Ce dernier détail d'après le rapport présenté par M. Halbwachs sur la candidature de M. Gurvitch à sa suppléance à Strasbourg, 4 juillet 1935.

[352] Toutes les archives proviennent du dossier 1007W694 : dossier de Georges Gurvitch, Archives départementales de Strasbourg.

Darbon » mais que « M. Boulanger objecte : 1. que M. Gurvitch, naturalisé seulement depuis 1929, ne lui semble pas avoir la culture profondément française qui est indispensable tout particulièrement à l'Université de Strasbourg ; 2. que M. Gurvitch paraît spécialisé trop exclusivement dans les études de sociologie juridique ». Avec le soutien de Maurice Halbwachs et de Charles Blondel, il est tout de même recommandé comme suppléant auprès du ministre par 14 voix sur 24 votants.

Une explication possible à ce fait est due, peut-être (pour la Présidence du Conseil et pour le Doyen de l'Université), à ses origines. N'oublions pas que Georges Gurvitch a conservé toute sa vie un fort accent russe. Une lettre du Doyen de la Faculté des Lettres au Recteur datée du 11 juillet 1935 indique que si « personne parmi nous n'a songé à mettre en doute la haute compétence de M. Gurvitch » qui était alors « attestée par nos quatre professeurs de philosophie et quelques-unes des plus hautes personnalités philosophiques de Paris ou de la Province ». Il s'est trouvé seulement « un certain nombre de mes collègues pour exprimer la crainte que M. Gurvitch, venu relativement tard dans notre pays, naturalisé depuis peu d'années, ne fût pas particulièrement désigné pour diriger de jeunes Alsaciens ou Lorrains qui ont besoin d'une formation *nettement française* »[353].

On voit là encore que la question pédagogique et la spécificité alsacienne sont, en plus de la naturalisation récente de Gurvitch, de nature à soulever les interrogations de la part des collègues à Strasbourg. Une autre explication possible relève de la teneur de ses liens avec la Révolution russe en 1918, à laquelle il a participé, et avec le Parti Communiste Français. Cependant, rien ne permet d'étayer plus loin cette seconde hypothèse du moins avec les archives disponibles.

Le dossier universitaire de Georges Gurvitch comprend de nombreuses lettres qui contiennent, en substance, une préoccupation qu'il eut toute sa vie : celle des moyens pour subvenir à ses besoins. Ainsi dès le 9 décembre 1935, une lettre du Recteur de l'Académie de Strasbourg adressée au Sous-secrétaire d'Etat à la Présidence du Conseil, se fait l'écho de la demande de Gurvitch de bénéficier de « l'indemnité de

---

[353] Nous soulignons.

résidence » qui pose apparemment un casse-tête juridique vu le statut encore précaire de son poste. Le Recteur demande ainsi de « permettre, par analogie [aux fonctionnaires auxiliaires temporaires], une mesure de bienveillance en faveur de M. Gurvitch ». Le Président du Conseil écrivit le 22 novembre 1935 au Recteur qu'il « ne faisait pas obstacle » à ce que Gurvitch puisse suppléer Halbwachs bien que « toutefois, il devra être bien précisé que la décision concernant M. Gurvitch n'aura, à aucun égard, pour effet de lui conférer la qualité de fonctionnaire public » car il s'agit d'une délégation temporaire de suppléance qui, sauf renouvellement, prendra fin avec l'année scolaire ». Les autorités étaient inquiètes que celui-ci fasse des démarches dans ce sens. On peut dire que l'accueil de Gurvitch à Strasbourg fut plutôt mitigé, il s'était engagé auprès de Marcel Mauss d'enseigner la sociologie durkheimienne.

On sait juste que le renouvellement de la suppléance de Gurvitch fut près d'être interrompu l'année suivante car on s'était opposé à celui-ci, sans que l'origine de ceci fût claire. Gurvitch souligne que sa « situation deviendrait tragique si mon renouvellement n'était pas obtenu depuis le 1er octobre 1936, j'attendrai encore quelques jours à Paris la décision » du ministère. Sa suppléance fut renouvelée et il obtint enfin le précieux sésame lorsqu'il fut nommé, à dater du 1er octobre 1939, maître de conférences de sociologie, « l'intéressé ayant accompli à ces dates les dix années de nationalité française exigées par la loi du 19 juillet 1934 [...] pour être titulaire d'une fonction d'Etat. »

Signe de son impatience ou de son activité incessante, Gurvitch chercha un moyen d'aller continuer sa carrière ailleurs. Après avoir donné des conférences à Madrid en 1936 puis à Londres (les 14 et 19 octobre 1938), il espère pouvoir aller aux Etats-Unis qui lui réserveraient, en tout état de cause, un accueil plus chaleureux. Une lettre de Horatio Sheafe Krans, directeur de l'*American University Union* à Paris, au Recteur de Strasbourg datée du 8 février 1938 indique ainsi que « M. Gurvitch a fait connaître à l'*Institute* [of Social Research de New York] qu'il était désireux de faire aux Etats-Unis une série de conférences, pendant les mois d'octobre et de novembre 1938. J'aimerais donc bien savoir si le Professeur Gurvitch parle l'anglais tout à fait couramment et si vous le considérez comme un bon conférencier ». En réponse, l'administration de l'Université de Strasbourg précise qu'« aux dires de M. Gurvitch lui-même, il ne parlerait que très difficilement l'anglais. Aussi M. Gurvitch ne pense plus guère à faire des conférences aux Etats-Unis ». C'est donc un curieux paradoxe, sauf à rappeler son attrait pour une carrière américaine qu'il entama, en tant qu'exilé, à partir de 1940.

Avec le début de la Seconde Guerre mondiale et l'évacuation de l'Université de Strasbourg à Clermont-Ferrand en octobre 1939, Gurvitch se retrouve dans une situation très difficile. Il est révoqué par Vichy après les lois antisémites de 1940. Mais finalement il apprend par un télégramme envoyé en 1940 par la *New School of Social Research de New York* que « le Conseil d'Administration de la *New School for Social Research* vous a nommé professeur associé de sociologie pendant deux ans à partir du mois d'octobre. Le salaire annuel sera de 2000 $ et une bourse pour les frais de voyage de 1000 $ au maximum peut être octroyée. Répondre par télégramme et donner des instructions pour vous transmettre le contrat. Président Alvin Johnson»[354].

Il demande ainsi aux autorités, « étant invité comme professeur temporaire de sociologie à la *New School for Social Research*, New York [...] j'ai l'honneur de demander votre autorisation d'accepter cette invitation pour une durée de dix mois. Je me permets ainsi de solliciter un congé du 1er octobre 1940 jusqu'au 1er août 1941, avec le maintien de mon traitement »[355]. Il omet de préciser que c'est un poste pour deux années et qu'il n'a pas l'intention de revenir, mais il faut évidemment prendre en compte le contexte du régime de Vichy et sa judaïté. Gurvitch passa finalement la guerre à New York et ne rentra en France qu'en 1945, date à laquelle il n'avait pas l'intention de revenir à Strasbourg.

---

[354] « *Board of trustees New school for social research New York have elected you associate professor of sociology two year term beginning october salary 2000 dollars annually maximum allowance travelling expenses 1000 dollars please cable acceptance and instructions where we should send contract. Alvin Johnson, President* ».

[355] Lettre de Gurvitch au Doyen de la Faculté des Lettres, 7 septembre 1940.

La possibilité d'envisager une carrière parisienne se fait de plus en plus pressante. Lui, qui eût tant de mal à se faire à Strasbourg et qui trouvait cette position peu enviable au vu notamment de ses conditions de travail précaires, n'a pourtant pas manqué de publier et d'être actif pendant ses années alsaciennes : il publie *L'expérience juridique et la philosophie pluraliste du droit* chez Pedone en 1935, puis des *Essais de sociologie* à Paris en 1938, et enfin un manuel, *Éléments de sociologie juridique*, à Paris chez Aubier en 1940. Au retour de ses années américaines, il a publié sa *Sociology of Law* en 1942, et *Twentieth Century Sociology* avec Wilbert E. Moore, un des premiers étudiants doctorants de Talcott Parsons à Harvard qui devint Président de l'*American sociological association*, en 1945. Il avait gagné une envergure qu'il n'avait pas eue à Strasbourg.

Dans une lettre de Georges Gurvitch au Recteur de Strasbourg datée du 6 septembre 1945, il sous-entend qu'il resterait bien à Paris car, écrit-il, « je viens de rentrer en France pour reprendre mon enseignement. Je me mets donc à votre disposition et j'attends vos ordres. [...] Devrais-je me rendre immédiatement à Strasbourg pour accomplir les formalités de la réintégration, ou ces formalités pourraient être accomplies sans ma présence ? » Et il insiste, « évidemment j'espère pouvoir toucher bientôt mon traitement, si cela était possible. »

Une lettre du Dr Camille Dreyfus, du Consulat général de France à New York, datée du 27 octobre 1945 certifie qu'il « est atteint d'une affection coronarienne suite d'infraction [un infarctus] du myocarde ». Le médecin estime que ce « état grave » risque de mettre « la vie de M. Gurvitch en danger, si toutes les précautions requises ne sont pas mises entièrement en œuvre », c'est-à-dire qu'il fallait lui éviter « d'exercer ses fonctions à Strasbourg pendant les mois d'hiver. Un congé pour raison de santé s'impose donc. » A ceci s'ajoute, annonce Gurvitch, « le désir de mener au bout les enquêtes du Centre d'Etudes Sociologiques sur la structure sociale de la France d'après-guerre » et de ne pas « déranger l'enseignement une seconde fois pendant l'année ».

Les autorités rectorales ne furent pas dupes car on lit ainsi cette analyse du Recteur selon laquelle « après 5 ans d'absence,

M. Gurvitch n'a fait à Strasbourg qu'une courte apparition. Il ne semble pas avoir l'intention de se fixer à nouveau au bord du Rhin » en dépit de sa « grande réputation de savant. Très actif organisateur de publications savantes » souligne le Doyen[356]. Après sa révocation en 1940, il est réintégré en 1945, puis nommé à compter du 1er janvier 1946 Professeur titulaire de la chaire de « Morale et Sociologie », son nouveau nom, à Strasbourg. Gurvitch n'y remit jamais les pieds puisqu'il devint Directeur de recherches au CNRS le 1er octobre 1947, puis professeur de sociologie à la Faculté des Lettres de l'Université de Paris le 1er octobre 1948. Il proposa alors que Georges Duveau, son suppléant, soit « directement » nommé Maître de conférences de sociologie à l'Université de Strasbourg[357]. C'est ainsi que Gurvitch décrocha ce dont il rêvait – un poste à Paris – et que sa période strasbourgeoise, si chaotique, fut longtemps passée sous silence. Ce n'est pas le cas de Gaston Richard.

Gaston Richard (1860-1945), une sédentarité et une provincialité revendiquées

Une troisième et dernière stratégie face à la province, après la bonne volonté de Halbwachs et le refus de Gurvitch de retourner enseigner à Strasbourg, fut celle de Gaston Richard (1860-1945). Richard est un sociologue qui, après avoir suivi Durkheim dans l'*Année sociologique*, rompit avec lui en 1905. Plutôt que de lutter pour obtenir une chaire à Paris, Richard revendiqua une vie sociologique « alternative » au modèle dominant, durkheimien et parisien. Il resta toute sa vie à Bordeaux, succédant à Durkheim à la chaire de « Pédagogie et science sociale » à l'université, de 1902 à 1930. Il devint éditeur de la revue concurrente, la *Revue Internationale de Sociologie*, à la suite de la disparition de René Worms, en 1926. Richard vécut dans une sédentarité et une provincialité revendiquées, notamment auprès de ceux qui s'intéressaient à ses idées comme Roger Bastide.

Dans une des lettres qu'il nous reste de leur correspondance, retrouvée par Rol (2015), on trouve cette exhortation

[356] Notice individuelle de Gurvitch, 1945-46.
[357] C'est Gurvitch qui souligne.

« provincialisante » de Richard au jeune Roger Bastide : « Les études philosophiques dépendent avant tout de la méditation personnelle, on peut les mener à bien partout et il s'en faut de beaucoup que Paris soit un milieu propre à la réflexion et à une méditation suivie : on y vit dans une sorte de vertige. Tous ceux qui y ont élaboré des œuvres un peu fortes les avaient conçues et préparées dans le recueillement de la province »[358]. Cela semble être validé par l'étude de la biographie du « moment strasbourgeois » de Halbwachs et de Gurvitch qui commencèrent là-bas leur œuvre.

Il ajoute, de façon édifiante, que « le jeune homme des grandes villes est détourné de l'étude par le sport, le cinéma et trop souvent aussi par le vice. Moins distrait, le jeune provincial se concentre plus sur ses livres, s'intéresse plus à ses lectures et à l'enseignement qu'il reçoit ». Ce n'est sans doute pas un hasard s'il trouva en Bastide une oreille compatissante puisque celui-ci fit une longue partie de sa carrière « aux marges » et non à Paris, puisqu'il fut Professeur de sociologie à São Paulo au Brésil de 1938 à 1957. Mais n'est-ce pas précisément cet éloignement du centre névralgique français, avec à la clé une sérénité supplémentaire, qui explique l'oubli relatif dans lequel est tombé Richard de nos jours ?

Conclusion

Ainsi, il y eut dans l'entre-deux-guerres plusieurs stratégies face à la province : se replier sur sa ville ou ronger son frein en attendant un poste à Paris, en allégeant ses responsabilités. Contre toute attente, l'exemple de Strasbourg montre que la vie sociologique provinciale fut bien plus active qu'anticipée. Le « moment strasbourgeois » laissa des marques indélébiles sur deux des trois sociologues étudiés, ce qui explique une partie de leur cheminement intellectuel plus tardif. Si la position hors-champ à Bordeaux avait bien des avantages pour Richard, elle fut vécue comme une souffrance par Gurvitch à Strasbourg et acceptée, contre mauvaise fortune de bon cœur, par Halbwachs. Comme le résume bien Françoise Olivier-Utard : « Leurs

[358] Lettre de G. Richard à R. Bastide, 19 août 1924.

communs cheminements à Strasbourg sombrèrent dans l'oubli, sans doute parce que les fins de carrière parisiennes sont toujours un point culminant, qui efface toute histoire provinciale. Les bouleversements liés à la Seconde Guerre mondiale perturbèrent la traçabilité des filiations, car après le conflit, il ne restait plus personne à Strasbourg. Même Strasbourg se mit à oublier ses pionniers »[359]. Au-delà de cet oubli, ce volume vient nous les rappeler et ouvre un nouveau chantier de recherche.

[359] Olivier-Utard, op. cit., p. 80.

Chapitre XI
Georges Gurvitch, un hyperactif de retour des États-Unis

Patricia Vannier[360]

Le parcours de Georges Gurvitch, figure incontournable de la reconstruction de la sociologie française de l'après Seconde Guerre mondiale, a donné lieu à plusieurs publications[361] dont un article posthume et autobiographique du philosophe passé en sociologie, « l'exclu de la horde »[362] ainsi qu'il se qualifiait. Certaines périodes de sa vie ont fait l'objet d'études plus récentes – les années d'avant-guerre lorsqu'il obtint un poste à l'Université de Strasbourg, le « moment » Strasbourg[363], ou les années de guerre lorsqu'il trouva refuge aux États-Unis et tenta en vain une insertion universitaire[364]. Comprenant qu'il n'aurait pas de situation stable et qu'il lui serait donc difficile de mettre fin à son statut d'exilé, la Libération de la France en 1944 signifia pour lui non seulement le retour dans sa deuxième patrie, après la Russie, mais aussi la possibilité de jouer un rôle prépondérant à l'université et en sociologie.

Ce chapitre porte sur les premières années de son retour de l'exil américain dans une France libérée, mais meurtrie et à reconstruire. Dès lors, ses activités et ses réalisations furent

---

[360] Maître de conférence en sociologie, Université de Toulouse-Le Mirail.

[361] Voir notamment : Balandier G., 1972, *Gurvitch*, Paris, PUF ; Bosserman P., 1981, « Georges Gurvitch et les durkheimiens en France, avant et après la seconde guerre mondiale », *Cahiers Internationaux de Sociologie*, LXX, pp. 111-126 ; Cazeneuve J., 1966, « La sociologie de Georges Gurvitch », *Revue française de sociologie*, VII-1, pp. 5-13 ; Marcel J.-C., 2001, « Georges Gurvitch : les raisons d'un succès », *Cahiers Internationaux de sociologie,* vol 110, janvier-juin, pp. 97-119.

[362] Gurvitch G., 1966, « Mon itinéraire intellectuel ou l'exclu de la horde », *L'Homme et la société*, n°1, pp. 3-12.

[363] Rol C., 2008, « Le « moment » Strasbourg de Georges Gurvitch (1935-1948) », Revue des Sciences Sociales, 40, pp. 113-130.

[364] Guth S., 2019, « L'insertion universitaire américaine de G. Gurvitch », *in* Vannier P., *La sociologie en toutes lettres. L'histoire de la discipline à travers les correspondances*, Toulouse, PUM (à paraître).

décuplées, posant les bases institutionnelles de la refondation de la sociologie française, mais aussi les conditions de son internationalisation, tout en produisant une œuvre intellectuelle originale autour de ce qu'il nomma l'hyperempirisme dialectique. C'est ce portrait de Gurvitch, hyperactif au service de la sociologie française, que nous nous proposons d'illustrer par des extraits de sa correspondance avec sa collaboratrice, Yvonne Roux.[365] Mais avant cela, il nous semble nécessaire d'apporter – ou de rappeler – quelques éléments biographiques.

Quelques éléments biographiques

La biographie de Georges Gurvitch, né en 1894, est fortement marquée par l'instabilité, l'incertitude et l'insécurité. Contraint de quitter la Russie révolutionnaire en 1920, il trouva refuge à Prague avant de s'installer en France en 1925. Ses diplômes n'étant pas reconnus, il donna des cours dans différentes institutions (la Sorbonne, l'Institut d'études slaves notamment), obtint sa naturalisation en avril 1929, âgé alors de trente-cinq ans, et soutint sa thèse d'État en 1932 sur l'idée du droit social à la Sorbonne. Après des remplacements aux facultés de Lyon en 1933[366] et de Bordeaux en 1934 et 1935 en remplacement de Max Bonnafous[367], il fut nommé, en 1935, maître de conférences à Strasbourg sur le poste de Maurice Halbwachs qu'il occupa jusqu'à la défaite de 1940. Néanmoins, bien qu'étant naturalisé, il ne fut titularisé qu'en octobre 1939, en raison de la règle des dix ans. Cette situation le plaça plusieurs années dans l'incertitude d'une titularisation, devant être reconduit chaque année sur son poste, et l'obligea à s'endetter en raison d'un salaire inférieur[368].

[365] Yvonne Roux a transmis une partie de sa correspondance avec Georges Gurvitch aux archives de l'AISLF déposées à l'Université Toulouse Jean Jaurès.
[366] Rol. C. *op. cit.*, p. 114.
[367] Je remercie Matthieu Béra pour la communication d'archives issues de l'Université de Bordeaux, notamment du registre « faits et gestes de la Faculté ».
[368] Rol. C. *op. cit.*, p. 116.

Sa titularisation ne signifia pourtant pas la fin de l'instabilité et de l'insécurité car elle intervint dans le contexte du conflit mondial. Mobilisé, puis réformé quelques semaines plus tard en septembre 1939, il rejoignit Clermont-Ferrand où l'Université de Strasbourg s'était repliée. Inquiet de la situation politique et se sentant menacé par les lois anti-juives et la révision des naturalisations – il sera suspendu de son poste sans versement de salaire à partir de juillet 1940 – il entama plusieurs démarches pour partir à l'étranger.

Il reçut enfin une invitation pour enseigner dès septembre 1940 à la *New School for Social Research* de New York où il participa à la fondation de l'École libre des Hautes Études.[369] Cette période d'exil pendant laquelle il chercha une insertion universitaire fut pourtant encore source d'incertitude et d'instabilité. En effet, Suzie Guth montre combien le renouvellement de sa bourse, prévue initialement pour une durée de deux ans, était chez lui une hantise et combien il déploya d'efforts pour tenter d'obtenir un poste dans une université américaine[370].

De retour en France en 1945, à désormais cinquante ans, Gurvitch est réintégré sur son poste à Strasbourg et promu professeur des universités, mais sans véritablement l'occuper, prétextant son état de santé pour rester à Paris. En 1948, il succéda à Albert Bayet à la Sorbonne et fut également nommé directeur d'études à la VIe section de l'École Pratique des Hautes Études (EPHE). Au cours de cette période de retour des États-Unis, Georges Gurvitch dépensa énormément d'énergie pour institutionnaliser la sociologie française aussi bien sur le plan de la recherche que de l'enseignement, et pour la diffuser au moyen de ses propres publications et à travers l'AISLF qu'il lança dès

[369] Pour aller plus loin, voir notamment : Loyer E., 2007, *Paris à New York. Intellectuels et artistes français en exil 1940-1947,* Pluriel/Hachettes Littératures, Paris ; Schrecker C., 2014, « Les enjeux du passé dans la construction d'une façade : La *New School for Social Research* au prisme de son histoire », *Sociologies pratiques*, Presses de Sciences Po (P.F.N.S.P.), pp. 39-49.

[370] Il réussit toutefois à donner un cours dans la prestigieuse université d'Harvard, mais un accident cardiaque le contraint à le reporter à l'année suivante (Guth S., *op. cit.*).

1956 lors du colloque de Royaumont. Cette hyperactivité se donne à voir sur une frise chronologique assez impressionnante mais pourtant non exhaustive (Schéma 1).

SCHÉMA 1. FRISE CHRONOLOGIQUE DES ACTIVITÉS, RESPONSABILITÉS ET PUBLICATIONS DE GEORGES GURVITCH (1929-1965)

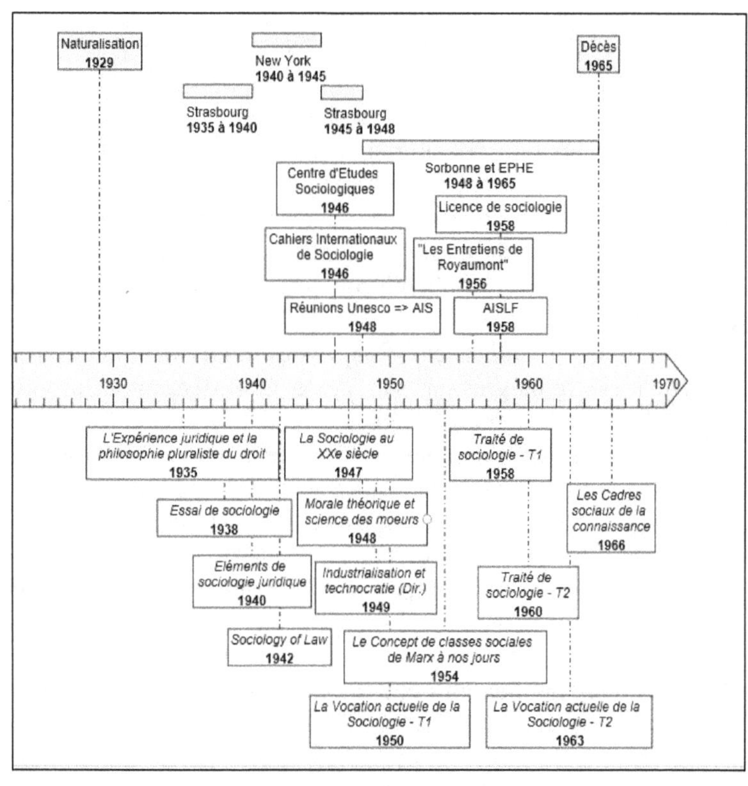

Une hyperactivité au service de la sociologie française

Georges Gurvitch refonda en effet les bases institutionnelles de la sociologie, dans un contexte certes favorable aux sciences sociales, d'abord sur le volet de la recherche avec la création en 1946 du premier laboratoire CNRS de sociologie, le Centre d'Études Sociologiques (CES)[371], qu'il dirigea durant deux ans avant de le confier à Georges Friedmann. Il associa les survivants de l'école durkheimienne au comité de direction du CES : Albert Bayet, Georges Bourgin, André Cholley, Georges Davy, Lucien Febvre, Louis Gernet, Gabriel Le Bras, Maurice Leenhardt, Henri Lévy-Bruhl, Georges Lutfalla, Louis Massignon, Marcel Mauss, Paul Rivet, Henri Wallon. Ils ont comme point commun d'avoir tous collaboré aux *Annales de sociologie*, la revue qui fit suite à *L'Année sociologique*, dont le dernier numéro date de 1942[372]. L'idée que la création du Centre d'Études Sociologiques serait inspirée du modèle américain et de l'expérience de Gurvitch aux États-Unis est à relativiser car on retrouve des sources bien françaises, notamment chez Célestin Bouglé et Marcel Mauss, ce dernier proposant dans les années 1930, par exemple, la constitution d'un institut de recherches en sciences sociales[373]. Par ailleurs, Georges Gurvitch lança dès 1946 *Les Cahiers Internationaux de Sociologie*, revue dans laquelle les chercheurs du CES publièrent leurs travaux, et participa à la « résurrection » de *L'Année Sociologique* en 1949 qui, préparée

---

[371] Vannier P., 1999, « Un laboratoire pour la sociologie : le Centre d'Études Sociologiques (1946-1968) ou les débuts de la recherche sociologique en France », thèse de doctorat de l'Université de Paris 5, 8 janvier, mais aussi : Heilbron J., 1991, « Pionniers par défaut ? Les débuts de la recherche au Centre d'Études Sociologiques (1946-1960) », *Revue Française de Sociologie*, XXXII-3, pp. 365-379 ; Lautman J., 1981, « Chronique de la sociologie française après 1945 », in *Science et théorie de l'opinion publique*, Paris, Retz ; Tréanton J.-R., 1991a, *op. cit.* et Tréanton J.-R., 1991b, « Les débuts du CES, 1946-1955 (suite) », *Revue Française de Sociologie*, XXXII-4, pp. 487-495.

[372] Tréanton J.-R., 1991a, « Les Premières années du Centre d'Études Sociologiques (1946-1955) », *Revue Française de Sociologie*, XXXII-3, p. 382.

[373] Mazon B., 1988, *Aux origines de l'École des hautes études en sciences sociales, le rôle du mécénat américain 1900-1960*, Paris, Cerf, pp. 323-327 ; Mauss M., Besnard P., 1985, « Les sciences sociales à Paris vues par Marcel Mauss », *Revue Française de Sociologie*, n°26-2, pp. 350-351.

au Centre d'Études Sociologiques, relia bien dans un premier temps les refondateurs de la sociologie française à la tradition durkheimienne[374].

Après la recherche, l'autre versant de l'institutionnalisation de la sociologie est l'enseignement. Gurvitch contribua, avec Jean Stœtzel et Raymond Aron, à la création en 1958 de la licence de sociologie qui marqua le début de l'autonomisation universitaire de la discipline. Georges Gurvitch œuvra aussi pour l'internationalisation de la sociologie dès son retour des États-Unis. Il participa aux premières réunions préparatoires à la fondation de l'Association Internationale de Sociologie (AIS) organisées en octobre 1948 par le département de sciences sociales de l'Unesco à Paris. Il fut associé à G. Le Bras et à G. Davy, doyen de la Sorbonne qui devint vice-président de l'AIS de 1949 à 1956, Louis Wirth en assura la présidence de 1949 à son décès en 1952.[375] Le français et l'anglais étaient déclarés les deux langues officielles, dites « langues de travail », de l'AIS. Cependant, dès le début des années 1950, l'usage du français déclinait au sein de l'AIS au profit de l'anglais. Gurvitch, inquiet de cette situation et redoutant l'hégémonie de la sociologie américaine, demanda en 1954 l'ouverture d'une section francophone à l'AIS qui ne fut pas acceptée.[376] Il s'engagea alors dès 1956 avec H. Janne, lors du colloque « Les entretiens de Royaumont », à fonder une association pour défendre et promouvoir l'expression francophone de la sociologie. L'AISLF fut officiellement créée en 1958 et compte aujourd'hui près de 1900 membres à travers le monde[377].

---

374 Vannier P., 2019, « La relance de *L'Année sociologique* (1949-1960) : un pari réussi », *L'Année Sociologique*, Numéro spécial n°69-1.

375 Platt J., 1998, *A Brief history of ISA: 1948-1997*, Québec, Édité par l'ISA, 75 p.

376 Platt J., *op. cit.*

377 Pour aller plus loin : Janne H., 1990, « Comment et pourquoi est née, en 1958, l'Association Internationale des Sociologues de Langue Française », *Bulletin de l'AISLF*, N°6, pp. 25-32 ; Roux Y., 1990, « Aux débuts de l'Association des Sociologues de Langue française (AISLF) », *Bulletin de l'AISLF*, N°6, pp. 5-23 ; Vannier P., 2017, « "Un tout petit monde" : Le réseau international des sociologues francophones de l'AISLF à travers le temps et l'espace » *Problèmes sociologiques*, 3-4, pp. 104-127. http://www.sp-bg.eu/index.php/bg/2017-3-4

Gurvitch contribua également au développement des relations internationales au sein du Centre d'études Sociologiques, en particulier par la formation. Il déposa ainsi à la bibliothèque, tenue par Yvonne Halbwachs, des ouvrages de sociologie américaine qu'il avait ramenés des États-Unis et favorisa les abonnements à des revues étrangères dont une quinzaine à des revues américaines. Il encouragea la venue de professeurs étrangers, américains le plus souvent, , dont les plus connus furent Robert Merton et Jacob Moreno, pour des conférences au CES toujours dans l'optique de former les sociologues mais aussi de développer les relations internationales[378].

Si l'on retient surtout son œuvre institutionnelle, l'œuvre intellectuelle de Gurvitch est loin d'être négligeable même si elle est aujourd'hui largement considérée comme obsolète ou démodée. Il a construit un courant qu'il nomma « hyperempirisme dialectique » et qu'il a développé à travers un grand nombre de publications. Ses premiers travaux, comme sa thèse, portaient sur le droit social et les systèmes moraux dans les institutions qu'il abordait également dans ses cours et séminaires de la Sorbonne et de la VIe section de l'EPHE. À son retour en France, ses ouvrages évoluèrent vers d'autres thèmes, celui des classes sociales, la morale, la technocratie, la connaissance... Mais Gurvitch publia également des ouvrages qui dressent un bilan de la sociologie ou qui définissent la sociologie (Schéma 1).

La Sociologie au XXe siècle que Gurvitch publia en 1947 aux PUF avec un collègue américain, Wilbert E. Moore, inaugura tout d'abord une bonne entente avec Claude Lévi-Strauss qu'il avait connu à New York pendant la guerre et à qui il confia la présentation de la sociologie française[379]. Il lui demanda par la suite de rédiger une introduction aux œuvres choisies de Marcel Mauss[380], mais dont il critiqua l'« interprétation très personnelle » dans un « avertissement à la première édition »[381]. Ce fut le début de la polémique entre les deux hommes sur la

---

378 Vannier P., 1999, *op.cit.*

379 Lévi-Strauss C., « La sociologie française », *in* Gurvitch G. et Moore W., *ibid.*, tome 2.

380 Mauss M., 1950, *Sociologie et anthropologie*, Paris, PUF.

381 Gurvitch G., in Mauss M., *ibid*, p. VIII.

notion de structure[382] – G. Gurvitch publiant en 1955 un article intitulé « Le concept de structure sociale »[383] contre C. Lévi-Strauss, auquel ce dernier répondit en 1958 dans *Anthropologie structurale*[384].

La Vocation actuelle de la sociologie[385], publiée en deux tomes, en 1950 et 1963, ainsi que *Traité de sociologie*[386], deux volumes également sortis en 1958 et 1960, restent des monuments pour l'histoire de la sociologie.

Les Cadres sociaux de la connaissance[387], dont la publication eut lieu juste après sa mort survenue le 12 décembre 1965, sont considérés par certains de ses disciples comme un « testament sociologique » [388] et comme un modèle de l'hyperempirisme dialectique, inscrivant définitivement Gurvitch en tant que sociologue de la connaissance. L'hyperempirisme dialectique et relativiste de Gurvitch fut considéré comme une « sociologie de la liberté », selon l'expression de Georges Balandier[389] dans un petit livre qu'il lui a consacré, faite de classifications, de « petits groupes », de « paliers en profondeur »… Mais ses constructions théoriques, complexes et rigides avec les énumérations de niveaux, de paliers, de types, de genres, de modes, de classes…, l'ont rendue assez hermétique et inapte au passage à la postérité[390].

---

[382] Lévi-Strauss C., Éribon D., 1988, *De près et de loin*, Paris, O. Jacob, p. 103.

[383] Gurvitch G., 1955, « Le concept de structure sociale », *Cahiers Internationaux de Sociologie*, Vol. 19, pp. 3-44.

[384] Lévi-Strauss C., 1958, *Anthropologie structurale*, Paris, Plon. Voir notamment : Jeanpierre L., 2004, « Une opposition structurante pour l'anthropologie structurale : Lévi-Strauss contre Gurvitch, la guerre de deux exilés français aux États-Unis », *Revue d'Histoire des Sciences Humaines*, 2, n°11, p. 13- 44.

[385] Gurvitch G., 1950, *La Vocation actuelle de la sociologie*, Tome 1, Paris, PUF et Gurvitch G., 1963, *La Vocation actuelle de la sociologie*, Tome 1, Paris, PUF.

[386] Gurvitch G., 1958, *Traité de sociologie*, Tome 1, Paris, PUF et Gurvitch G., 1960, *Traité de sociologie*, Tome 2, Paris, PUF.

[387] Gurvitch G., 1966, Les cadres sociaux de la connaissance, Paris, PUF.

[388] Roux Y. 1966, « Georges Gurvitch, *Les Cadres sociaux de la connaissance* », compte-rendu, *L'Homme et la société*, n° 2, pp. 182-185

[389] Balandier G., *op. cit.*

[390] Voici ce qu'en dit H. Mendras : « Sur le plan intellectuel, je lui dois le peu que j'ai acquis de raffinement philosophico-théorique. […]. Sa définition des

Une hyperactivité perceptible dans ses lettres

On peut donc bien parler d'hyperactivité chez Gurvitch, à la fois intellectuelle et institutionnelle – siégeant dans diverses commissions et comités –, qui transparaît dans ses courriers envoyés à Yvonne Roux, devenue sa collaboratrice technique depuis le 1er octobre 1956[391].

En examinant plus particulièrement les courriers de l'année 1958, celle de la publication du tome I du *Traité de Sociologie*[392], nous pouvons voir plusieurs aspects de la personnalité de Gurvitch et de son travail. Quatorze lettres constituent le corpus de cette année 1958, envoyées lorsqu'il est hors de Paris, en vacances ou en colloque, dont onze entre mi-juillet et début octobre[393].

Son style est très accessible, proche du langage parlé, comme on peut le voir dans cette lettre retranscrite à l'en-tête du CNRS et de l'EPHE (Document I), assez représentative de celles envoyées à Yvonne Roux. Gurvitch utilise systématiquement le souligné pour appuyer ses consignes, souvent un post-scriptum, voire plusieurs dans une même lettre. Il s'adresse à Yvonne Roux avec le « chère madame », mais l'année suivante, en 1959, ce sera « chère amie ». Très souvent, il termine ses lettres en écrasant ses phrases pour les faire tenir sur la fin de la feuille. La plupart des lettres tiennent sur une feuille recto verso, deux seulement sur les quatorze du corpus sont rédigées sur deux feuilles recto verso.

Une première lecture de ces lettres montre un Gurvitch hyperactif mais inquiet. C'est sans doute la première caractéristique de sa personnalité qu'il laisse transparaître – une

---

classes sociales en dix-huit critères peut paraître aujourd'hui un peu farfelue, des notions comme la « résistance à la pénétration de la société globale » un peu ésotériques et peu opératoires, mais au bout du compte cette définition reste le dernier effort intelligent pour réconcilier la notion marxiste avec les analyses descriptives de l'époque. » (Mendras H., 1995, *Comment devenir sociologue ? Souvenirs d'un vieux mandarin*, Actes Sud, p. 22.)

391 Elle remplaça Jacques Maître devenu chercheur au Centre d'Études Sociologiques.

392 Gurvitch G., 1958, *op. cit.*

393 La rentrée universitaire avait lieu à cette époque vers la mi-octobre.

inquiétude concernant les délais, l'envoi et la réception de manuscrits, les corrections, les traductions…

Le 2 avril 58 : « *Voici mon manuscrit. Seules les notes manquent. Quoique j'ai envoyé par recommandé (en donnant au facteur) je serai inquiet. Soyez gentille de me confirmer la réception. Merci.* »

Réponse d'Y. Roux, le 3 avril 58 : « *Je reçois votre lettre à l'instant. Dès que je serai en possession je vous téléphonerai afin de vous rassurer. C'était d'ailleurs mon intention avant même que n'arrive votre mot* ».

Le 13 août 58 : « *j'attendais des nouvelles de madame Tallec (?), hier dans l'après-midi, je l'ai eue au téléphone et elle m'a dit avoir envoyé une grande partie du manuscrit tapé et m'a promis d'envoyer le reste aujourd'hui. J'espère qu'elle ne s'était pas trompée d'adresse et j'attends avec le courrier d'aujourd'hui cet envoi* ».

Le 27 septembre 58 : (avec un usage appuyé du souligné) « *Je n'ai rien reçu de vous à partir de la page 204, et je suis assez inquiet. Avez-vous envoyé toutes les épreuves directement à Duvignaud y compris ma propre prose ?* » « *Pourvu que tout ceci ne retarde pas la parution du Volume. S'il ne parait pas début de novembre, il n'aura aucune diffusion cette année* »[394].

Son hyperactivité inquiète se traduit bien évidemment par un surcroît de travail pour Yvonne Roux qui reçoit de fréquentes consignes dans ses lettres.

Le 12 juin 58, Gurvitch lui donne rendez-vous pour le lendemain chez lui : « à 17 heures. *Je voudrais vous donner a) la fin de mon manuscrit, encore 14 pages b) la révision des pages tapées à la machine, ainsi que vous demander c) de faire quelques recherches à la bibliothèque* ».

Le 13 août 58 : « *il faudrait donc que vous m'envoyez une copie des conférences IX, X, XI, XII, XIII et XIV (multitude des temps) après votre rentrée à Juan les Pins. Merci* ».

Le 13 septembre 58 : « *Un de ces jours, il faudrait que vous passiez chez nous pour dresser la liste de livres reçus que j'ai laissés par terre. Merci* ».

---

[394] Les mots et les phrases sont soulignés par G. Gurvitch.

Il se montre parfois assez exigeant envers sa collaboratrice technique, n'hésitant pas à lui confier quelques tâches supplémentaires. Travailler au service de Gurvitch impliquait donc une part de dévouement, de s'y consacrer entièrement.

Le 15 juillet 58 : « *Je vous serais très reconnaissant si vous pouviez avant votre départ en vacances travailler d'arrache-pied pour avancer la dactylographie du manuscrit tant que possible.* »

Le 13 août 58 : « *Je suis particulièrement touché du fait que vous soyez allée jusqu'à sacrifier des heures ou jours de vos vacances pour faciliter les choses* ».

En plus d'assurer le secrétariat courant de Gurvitch, notamment la dactylographie de ses cours, conférences et publications, Yvonne Roux assurait le secrétariat de rédaction des *Cahiers Internationaux de Sociologie* et le secrétariat de l'AISLF, à l'image, donc de l'hyperactivité de son patron.

La charge de travail de Gurvitch était en effet très lourde puisque l'année 1958 fut celle de la publication du *Traité de Sociologie* mais également celle de la sortie du numéro XXV des *Cahiers Internationaux de Sociologie*, ce qui impliqua de multiples relectures, des corrections, des précisions bibliographiques à une époque où la photocopie était encore peu courante et internet une utopie. Cette charge de travail généra chez lui de nombreux motifs de plaintes, sur le silence de Balandier, la mauvaise écriture de ses collègues ou la mauvaise traduction… faisant de Gurvitch un hyperactif plaintif.

Et quand la délivrance suit l'inquiétude, Gurvitch n'hésite pas à ajouter un « *Hourra ! Le manuscrit est arrivé* » (lettre du 13 août 58).

Entre le 13 et le 22 septembre 58 (date non précisée) : « *La traduction faite par Madame Berger du CNRS est abominable. Bien pire, 10 fois pire qu'Arnavon (?). Il était plus difficile de corriger que de réécrire à nouveau* ».

Le 27 septembre 58, à propos de Duvignaud : « *Je n'ai eu de lui jusqu'à présent que 120 pages corrigées que les Presses sont en train de tirer. Il faut lui rappeler la situation !* »

CENTRE NATIONAL DE LA RECHERCHE SCIENTIFIQUE
CENTRE D'ÉTUDES SOCIOLOGIQUES

ÉCOLE PRATIQUE
DES HAUTES ÉTUDES
(SORBONNE) VIe SECTION

GROUPES DE RECHERCHES
SUR LA SOCIOLOGIE DE LA CONNAISSANCE
ET LA SOCIOLOGIE DE LA VIE MORALE
54, rue de Varenne, PARIS VIIe – Tél. : LITré 16-49

*PP.S.
L'éboulement à Domodossola ne promet pas de trop beau temps en Italie.*

Directeur :
GEORGES GURVITCH
Professeur à la Faculté des Lettres de l'Université de Paris
Direction adjoint :
ROGER BASTIDE
Directeur d'études à
L'École Pratique de Hautes Études
Secrétaire général :
JEAN CAZENEUVE
Chargé de recherches au C.N.R.S.

*P.P.P.S.
Les secondes épreuves qui en ce qui concerne mes contributions doivent être regardées de très près (Sect. I et II) et en ce qui concerne les autres contributions doivent seulement être vérifiées formellement sont à envoyer à Juan les Pins par parties*

Paris, le *22 août 1958*
*« Mas des Pins Parasols »
Bld. Wilson, chez
M. M. Bielmann
Juan les Pins
(A. M.)*

Chère Madame,

Je viens d'avoir une conversation téléphonique ce matin avec M. Gilbert. Il en est ressorti un changement de dates, dont je m'empresse de vous faire part avant de partir ce soir à Venise et Juan-les-Pins.

Les épreuves (la mise en page) vous arriveront sans faute vers le 15 septembre. Ils demandent une correction rapide pour tirer le volume pour septembre. Dans ces conditions, je dois modifier ce que je vous ai dit dans ma lettre précédente. Si c'est possible, il serait très désirable que vous partiez pour rendre visite à votre famille soit du 1 septembre au 15 septembre, soit de la fin septembre au 15 octobre. Par contre, votre présence serait bien nécessaire à Paris du 15 septembre à la fin septembre, juste aux dates que je vous ai suggérées pour votre départ.... (!!)

Je m'excuse de ce contre-temps et de mes indications antécédentes erronées. Ce sont les Presses qui ont changé de batterie. Mais maintenant c'est définitif. Nous partons ce soir.

Bonne fin de vacances (malgré le temps exécrable) et encore une fois Merci. Meilleurs souvenirs de maison à maison et milles excuses. G. Gurvitch
PS. Ayant écrit cette lettre, je reçois la vôtre du 20 août d'où les deux PS.

DOCUMENT I. LETTRE DE GEORGES GURVITCH ADRESSÉE À YVONNE ROUX LE 22 AOÛT 1958.

13 septembre 58 : « *Je travaille durement sur le cahier XXV. Le manuscrit est tout entier dans mes mains, comme toujours sans aucune aide de Balandier.* »

Entre le 13 et le 22 septembre 58 : « *Je sais que je vous fais travailler durement et je le regrette. Je ne trouve pas moi-même une minute de repos et je n'ai pas commencé de revoir mon cours sur La Multiplicité des temps sociaux ! Le temps file entre mes doigts, c'est probablement l'effet de la vieillesse...* »

Le 27 septembre 58 : « *Je rêve du jour lorsque je pourrais envoyer les bons à tirer signés des pp. 155-254. Merci.* »

Le 3 octobre 58, lorsque le tome I du *Traité* est terminé : « *C'est un lourd poids qui est enlevé de mes épaules et j'en respire plus facilement* ».

Ainsi, tel un hyperactif au service de la sociologie, Georges Gurvitch, de retour des États-Unis, multiplia les projets et s'engagea dans diverses activités, posant les bases institutionnelles de la refondation de la sociologie française et les conditions de son internationalisation. Les lettres de l'année 1958 qu'il adressa à Y. Roux le décrivent plus humainement comme un hyperactif à la fois inquiet, exigeant et plaintif.

Figure capitale et déterminante de la refondation de la sociologie française après la Seconde Guerre mondiale, sa mort brutale survenue en décembre 1965, juste avant de voir publiés *Les Cadres sociaux de la connaissance*, et d'achever son projet d'écrire une histoire de la sociologie[395] suscita de nombreux hommages mais conduisit aussi à réévaluer son œuvre et son influence sur la sociologie. C'est l'exercice condensé que réalisa Henri Janne dans ce télégramme envoyé à G. Balandier, alors président de l'AISLF : « *Ma tristesse est profonde de perdre Gurvitch ami personnel et grand créateur d'idées de la sociologie contemporaine. Sa forte personnalité manquera au concert riche en résonance de la science sociale française. Son œuvre complexe et pénétrante restera par-delà les querelles de l'abstrait et du concret. Je conserverai fidèlement sa mémoire en retenant aussi son rôle central dans l'association internationale des sociologues de langue française aujourd'hui en deuil* ».[396]

---

[395] Roux Y., *op. cit.*, p. 182.
[396] Archives de l'AISLF.

Son hyperempirisme dialectique a certes comblé un vide intellectuel laissé par la disparition des durkheimiens comme le signale P. Bosserman[397], mais plus théoricien qu'empiriste, plus philosophe que sociologue à une période où les études empiriques étaient indispensables et hautement valorisées, son autorité intellectuelle était en partie assise sur son pouvoir institutionnel, la déshérence post-mortem de sa pensée en est la conséquence logique.

On ne peut nier cependant chez cet « *exclu de la horde* »[398], comme il se nomme dans un article autobiographique écrit en 1957, un certain charisme intellectuel qui attira et fascina toute une génération de sociologues, même si pour P. Bosserman[399] cette attraction était pour une large part due à son langage opaque et abscons, bien différent du style des lettres écrites à Yvonne Roux. G. Gurvitch avait d'ailleurs conscience que le style de ses livres était difficile, il en souffrait mais savait aussi en rire comme le rapporte Jean Cazeneuve : « *Il est vrai que les livres et articles de Georges Gurvitch n'étaient pas aussi agréables à lire que ceux de son rival [R. Aron]. Il en était tout à fait conscient. Un jour, il me confia, en plaisantant : "Je voudrais qu'on rétablisse la servitude et qu'on me donne Aron comme esclave. Je penserais et il écrirait. Ainsi, nous ferions un chef-d'œuvre"* ».[400] (Cazeneuve, 1989, p. 75)

Bibliographie

BALANDIER Georges, 1972, *Gurvitch,* Paris, PUF.

BOSSERMAN Philip, 1981, « Georges Gurvitch et les durkheimiens en France, avant et après la seconde guerre mondiale », *Cahiers Internationaux de Sociologie*, LXX, pp. 111-126.

CAZENEUVE Jean, 1966, « La sociologie de Georges Gurvitch », *Revue française de sociologie*, VII-1, pp. 5-13.

[397] Bosserman P., *op. cit.*

[398] Gurvitch G., 1966, *op. cit.*

[399] Bosserman P., *op. cit.*, p. 115.

[400] Cazeneuve J., 1989, Les Hasards d'une vie, des primitifs aux téléspectateurs, Paris, Buchet/Chastel, p. 75.

CAZENEUVE Jean, 1989, *Les Hasards d'une vie, des primitifs aux téléspectateurs*, Paris, Buchet/Chastel.

GURVITCH Georges et MOORE Wilbert E., 1947, *La Sociologie au XXe siècle*, tome I, Paris, PUF.

GURVITCH Georges, 1950, *La Vocation actuelle de la sociologie*, tome I, Paris, PUF.

GURVITCH Georges, 1955, « Le concept de structure sociale », *Cahiers Internationaux de Sociologie*, Vol. 19, pp. 3-44.

GURVITCH Georges, 1958, *Traité de sociologie*, tome I, Paris, PUF.

GURVITCH Georges, 1960, *Traité de sociologie*, tome II, Paris, PUF.

GURVITCH Georges, 1963, *La Vocation actuelle de la sociologie*, tome II, Paris, PUF.

GURVITCH Georges, 1966, *Les cadres sociaux de la connaissance*, Paris, PUF.

GURVITCH Georges, 1966, « Mon itinéraire intellectuel ou l'exclu de la horde », *L'Homme et la société*, n° 1, pp. 3-12.

GUTH Suzie, 2019, « L'insertion universitaire américaine de G. Gurvitch », *in* VANNIER P., *La sociologie en toutes lettres. L'histoire de la discipline à travers les correspondances*, Toulouse, PUM (à paraître).

HEILBRON Johan, 1991, « Pionniers par défaut ? Les débuts de la recherche au Centre d'Études Sociologiques (1946-1960) », *Revue Française de Sociologie*, XXXII-3, pp. 365-379.

JANNE Henri, 1990, « Comment et pourquoi est née, en 1958, l'Association Internationale des Sociologues de Langue Française », *Bulletin de l'AISLF*, N°6, pp. 25-32.

JEANPIERRE Laurent, 2004, « Une opposition structurante pour l'anthropologie structurale : Lévi-Strauss contre Gurvitch, la guerre de deux exilés français aux États-Unis », *Revue d'Histoire des Sciences Humaines*, 2, n° 11, p. 13- 44.

LAUTMAN Jacques, 1981, « Chronique de la sociologie française après 1945 », in *Science et théorie de l'opinion publique*, Paris, Retz.

LÉVI-STRAUSS Claude, 1947, « La sociologie française », *in* Gurvitch G. et Moore W., *La Sociologie au XXe siècle*, tome II, Paris, PUF.

LÉVI-STRAUSS Claude, 1958, *Anthropologie structurale*, Paris, Plon.

LÉVI-STRAUSS Claude, ÉRIBON Didier, 1988, *De près et de loin*, Paris, O. Jacob.

LOYER Emmanuelle, 2007, *Paris à New York. Intellectuels et artistes français en exil 1940-1947,* Pluriel/Hachettes Littératures, Paris.

MARCEL Jean-Christophe, 2001, « Georges Gurvitch : les raisons d'un succès », *Cahiers Internationaux de sociologie,* vol 110, janvier-juin, p. 97-119.

MAUSS Marcel, 1950, *Sociologie et anthropologie*, Paris, PUF.

MAUSS Marcel, BESNARD Philippe, 1985, « Les sciences sociales à Paris vues par Marcel Mauss », *Revue Française de Sociologie*, n° 26-2, pp. 343-351.

MAZON Brigitte, 1988, *Aux origines de l'École des hautes études en sciences sociales, le rôle du mécénat américain 1900-1960*, Paris, Cerf.

MENDRAS Henri, 1995, *Comment devenir sociologue ? Souvenirs d'un vieux mandarin*, Actes Sud.

PLATT Jennifer, 1998, *A Brief history of ISA : 1948-1997*, Québec, Édité par l'ISA, 75 p.

ROL Cécile, 2008, « Le « moment » Strasbourg de Georges Gurvitch (1935-1948) », *Revue des Sciences Sociales*, 40, p. 113-130.

ROUX Yvonne, 1966, compte-rendu de « Georges Gurvitch, *Les Cadres sociaux de la connaissance*, Paris, PUF, 1966 », *L'Homme et la société*, N. 2, pp. 182-185.

ROUX Yvonne, 1990, « Aux débuts de l'Association des Sociologues de Langue française (AISLF) », *Bulletin de l'AISLF*, N°6, pp. 5-23.

SCHRECKER Cherry, 2014, « Les enjeux du passé dans la construction d'une façade : La *New School for Social Research* au prisme de son histoire », *Sociologies pratiques*, Presses de Sciences Po (P.F.N.S.P.), pp.39-49.

TRÉANTON Jean-René, 1991a, « Les Premières années du Centre d'Études Sociologiques (1946-1955) », *Revue Française de Sociologie*, XXXII-3, pp. 381-404.

TRÉANTON Jean-René, 1991b, « Les débuts du CES, 1946-1955 (suite) », *Revue Française de Sociologie*, XXXII-4, pp. 487-495.

VANNIER Patricia, 1999, « Un laboratoire pour la sociologie : le Centre d'Études Sociologiques (1946-1968) ou les débuts de la recherche sociologique en France », thèse de doctorat de l'Université de Paris 5, 8 janvier.

VANNIER Patricia, 2017, « "Un tout petit monde" : Le réseau international des sociologues francophones de l'AISLF à travers le temps et l'espace » *Problèmes sociologiques*, 3-4, pp. 104-127.

VANNIER Patricia, 2019, « La relance de *L'Année sociologique* (1949-1960) : un pari réussi », *L'Année Sociologique,* Numéro spécial n° 69-1 (à paraître).

Chapitre XII
La recherche à l'université française de Strasbourg après 1919. Grâce aux hommes et aux structures

Françoise Olivier-Utard[401]

La refondation d'une université française à Strasbourg en 1919 est un cas d'école, car on y voit à l'œuvre, au jour le jour, la mise en place et le développement d'un projet politique d'enseignement supérieur. L'ensemble des disciplines est concerné par l'élaboration d'un modèle dynamique prenant appui à la fois sur ce qui a brillamment existé précédemment, le modèle allemand humboldtien (c'est-à-dire une université globale d'enseignement et de recherche), et sur une réflexion approfondie menée en France depuis 1915 en prévision du retour des provinces perdues. Je voudrais insister sur les conditions institutionnelles qui ont permis qu'une telle entreprise soit menée à bien, puis donner des exemples concrets des résultats obtenus[402].

Un plan concerté pour promouvoir la libre recherche

La délégation d'universitaires français qui vient prendre possession des locaux de la *Kaiser-Wilhelms-Universität* en novembre 1918 a travaillé depuis 1915 à cette réouverture. Elle connaît l'organisation et les résultats de l'université allemande d'autant plus précisément que bon nombre des participants, issus de familles alsaciennes ayant quitté l'Alsace en 1871, connaissent les rouages du système allemand dans ses mérites et ses défauts.

Comme le mot d'ordre est de « faire aussi bien sinon mieux que les Allemands », on consent des crédits substantiels à la

---

[401] Maître de conférences HDR honoraire en histoire.

[402] Olivier-Utard Françoise, *Une université idéale ? Histoire de l'université de Strasbourg (1919-1939)*, Strasbourg, Presses universitaires de Strasbourg, 2016.

création de postes, la restauration des bâtiments, au point que le budget accordé la première année est le double de celui de l'ensemble des universités françaises. La bienveillance d'Alfred Coville, directeur de l'enseignement supérieur, facilite l'entreprise. On conserve donc telles quelles, pour commencer, toutes les chaires allemandes dans leurs intitulés ainsi que tous les instituts et on lance une campagne de recrutement de 143 enseignants pour l'ensemble des facultés. L'équipe dirigeante ne conserve toutefois pas les domaines allemands des facultés (théologie, médecine, droit et philosophie) car elle tient à la distinction entre Lettres et Sciences, confondues dans l'université allemande. Carte blanche est donnée aux administrateurs nommés (futurs doyens) pour organiser leur faculté. En Lettres, c'est Christian Pfister, professeur d'histoire à l'Ecole Normale Supérieure, et Alsacien d'origine, qui est à la manœuvre. Il va devoir nommer 40 enseignants, (21 professeurs, 5 maîtres de conférences et 14 chargés de cours).

Le modèle du *Seminar* pour favoriser l'esprit de synthèse

Ce n'est pas l'enseignement qui va servir de moteur à la refondation, mais la recherche. Le professeur est appelé à transmettre, mais aussi produire, des connaissances nouvelles. Dans les universités allemandes, le professeur dirige un institut où il initie ses étudiants à la recherche. L'organisation pratique de l'institut se fait dans le *Seminar*, c'est-à-dire des réunions de travail dans un espace dédié (un bureau par titulaire de chaire, une salle de réunion adjacente et une bibliothèque spécialisée). Les Français ne retiennent pas le terme de *Seminar*, mais utilisent celui de *laboratoire*, qui manifeste un souci de scientificité. Lucien Febvre écrira « nos bibliothèques sont nos laboratoires ».

Les instituts sont organisés au sein des facultés, et non au niveau de l'université, c'est-à-dire qu'ils relèvent du conseil de faculté et non du recteur-président de l'université. Cela permet une large autonomie dans le choix des orientations de recherche. Cette structure administrative est une condition de la liberté de recherche. Il y a 19 instituts en Lettres. Cette multiplicité soulève des commentaires étonnés dans le monde académique français.

Henri Berr[403] lui-même s'interroge sur leur utilité : il ne perçoit pas que ce grand nombre permet justement la diversification des objets de recherche.

La logistique fonctionnelle, une fois acquise, permet de passer rapidement aux questions épistémologiques, celles du renouvellement des objets et des méthodes. En Lettres, Christian Pfister n'est pas pris au dépourvu car il dispose d'un groupe assez homogène, acquis à « l'esprit de synthèse » initié depuis le début du siècle par Henri Berr. Il va se servir de l'opportunité institutionnelle pour recruter des personnels sur la base des réseaux d'avant la guerre, essentiellement ceux de l'ENS (Charles Andler, Henri Berr) et du cercle d'Albert Thomas. À la faculté des Sciences, de la même façon, le doyen recrute des équipes déjà constituées.

Les candidats retenus viennent d'un peu partout et sont d'âges divers. La plupart d'entre eux ont été lauréats de bourses de la Fondation Thiers. Certains ont fait un séjour en Allemagne avant la guerre. A peu près tous ont une expérience internationale. Pfister choisit ainsi Lucien Febvre, Marc Bloch, André Piganiol, Albert Grenier, Maurice Halbwachs et Charles Blondel, pour ne citer que les noms les plus connus.

Dès le départ chacun se montre intéressé par ce que font les autres. L'indianiste du Collège de France, Sylvain Lévi, qui n'est là que provisoirement, institue les « réunions du samedi », au cours desquelles tous les universitaires sont invités à faire part de leurs travaux. Parler d'interdisciplinarité serait anachronique, mais toujours est-il que le professeur d'archéologie côtoie un médecin physiologiste, un juriste spécialiste de la théorie de l'État ou encore un mathématicien de la stochastique. Ces réunions et conférences, dont Febvre dira qu'elles sont des « fêtes intellectuelles », se poursuivront dans l'entre-deux-guerres et prendront même parfois des formes plus structurées, comme par exemple le Cercle de philosophie du droit ou celui de Philosophie et orientalisme, ouverts à tous les enseignants de l'université.

---

403 Henri Berr, « L'esprit de synthèse dans l'enseignement supérieur I, *Revue de synthèse historique*, tome 32, 1921, p. 8-9.

De nouveaux objets, de nouvelles méthodes

Les nouvelles missions de l'université ouvrent la voie à de nouveaux objets d'étude et à de nouvelles méthodes de travail. Ainsi en histoire, les nouveaux nommés passent de l'histoire des grands hommes à celle des mentalités, des prix, des objets, etc. La perspective est globalisante. Ils empruntent tous une partie de leurs méthodes à d'autres disciplines.

En sociologie, Maurice Halbwachs est la cheville ouvrière des transformations des objets et des méthodes dans sa discipline. Il a une approche très matérialiste. Pour avoir précédemment travaillé sur le coût de la vie, il se tourne vers le mathématicien Maurice Fréchet pour produire des statistiques dont il pense pouvoir discuter avec les économistes de la faculté de Droit. Il convainc le conseil d'université de modifier, dès 1922, l'intitulé de sa chaire, qui perd sa référence à la pédagogie et donne toute sa place à la seule sociologie. Celle-ci va diversifier ses centres d'intérêt, puisque s'y développeront successivement dans l'entre-deux-guerres la sociologie religieuse, menée par Georges Gurvitch et la sociologie de l'art, initiée par Pierre Francastel.

Grâce à l'impulsion de Georges Gurvitch, un Cercle d'études de philosophie du droit et de sociologie juridique voit le jour. S'y retrouvent des juristes, des philosophes, des professeurs de latin et de grec, de langues et civilisation étrangères, ainsi que des historiens, sur les questions de libéralisme politique, de dictature etc.

En psychologie, Charles Blondel, professeur de psychologie, installé à l'institut de philosophie, prend contact avec les médecins. Il pratique une psychologie expérimentale dans des hôpitaux de Strasbourg et du Bas-Rhin. Il a une activité éditoriale intense au sein du *Journal de psychologie normale et pathologique*. Son successeur, en 1937, est Daniel Lagache, ancien de l'ENS, philosophe et médecin, qui s'intéresse à la psychopathologie et à la psychanalyse.

La géographie est une autre discipline que Christian Pfister cherche à installer à Strasbourg. Les travaux allemands, menés par Georg Gerland et Karl Sapper, avaient porté sur le volcanisme et la séismologie, au sein des instituts de géologie et de séismologie. Les bases de la géomorphologie avaient été établies par eux à Strasbourg. Pfister, lorsqu'il tente de pourvoir la chaire, essuie plusieurs refus de la part de géographes français connus. Il choisit alors Henri Baulig, jeune géomorphologue, élève de La Blache, formé aux Etats-Unis (ce qui est encore rare à l'époque). Il lui confie la mise sur pied d'un institut, logé, faute de place à l'université, au Palais du Rhin, ancien palais de l'empereur. Il est important de souligner que Baulig n'a pas encore soutenu sa thèse et que cette charge administrative l'oblige à la laisser de côté jusqu'en 1928. Ses responsabilités, dans la création d'un institut de géographie, montrent que, dans son cas, la hiérarchie académique passe après la compétence organisationnelle. Notons, par contre, que la contestation de ses choix épistémologiques se manifeste au sein de la faculté des Lettres : Febvre, qui est un tenant de la géographie humaine, voit d'un œil sévère la tournure que prend l'institut de géographie de Strasbourg. Ses commentaires sont peu nuancés dans la correspondance qu'il entretient avec Marc Bloch ! Toutefois l'orientation portée par Baulig est maintenue.

Un institut de littérature comparée est créé de toutes pièces par Fernand Baldensperger, qui propose, à partir de son expérience américaine et allemande, un regard critique sur les littératures française et étrangères. Il ouvre la voie en France.

L'archéologie locale n'avait pas été enseignée à Strasbourg du temps allemand. Sous l'impulsion d'Albert Grenier, la chaire qui, dans une autre université française, aurait été celle des Antiquités nationales s'intitule d'emblée Antiquités nationales et rhénanes. Grenier dépasse les cadres nationaux pour se pencher sur les Celtes, les Germains, les Romains de part et d'autre du Rhin. Il transcende les frontières. C'est une position courageuse au lendemain d'une guerre qui a mis aux prises les deux rives du Rhin. Grenier participe aussi à la mise en place de nouveaux concepts muséologiques, en exposant le résultat de ses fouilles sans commentaires chauvins.

En novembre 1918, un rapport spécifique aux sciences économiques est demandé à Charles Rist, qui ne manque pas de rappeler que l'ancienne faculté allemande de droit était en même temps une faculté des Sciences de l'État (*Staatswissenschaften*), c'est-à-dire une faculté des Sciences économiques, politiques et sociales. Il se prononce pour le maintien de la tradition allemande et pour l'orientation très mathématisée de l'économie, telle que l'avait pratiquée Gustav Schmoller. Il propose donc de conserver un enseignement de statistique et de méthode des sciences sociales, considérant que ce serait « une diminution sensible que de le supprimer ». Mais le doyen Beudant n'est pas en mesure de recruter des successeurs français aux économistes allemands. Faute de candidats, le projet de Rist échoue. L'enseignement de l'économie reste très conforme à la tradition française. Le flambeau est en fait repris non par les économistes mais par les historiens et les sociologues, guidés par les mathématiciens. Maurice Halbwachs et Maurice Fréchet publient ensemble en 1924 un manuel de statistiques pour les étudiants de l'Institut de Droit commercial. C'est une première étape vers un enseignement moderne.

L'institut des études germaniques devient progressivement un observatoire de l'Allemagne. L'étude de la civilisation allemande, menée par Edmond Vermeil, porte sur la politique allemande et l'Allemagne contemporaine. Plusieurs facteurs y ont contribué. D'abord, la création à Mayence d'un institut destiné primitivement à la formation des officiers français des troupes d'occupation : un grand nombre d'enseignants (Febvre, Baulig etc.) sont appelés à y donner régulièrement des cours. Ensuite, après le rapatriement du Centre à Strasbourg, suite au référendum de la Sarre, le choix est fait officiellement de maintenir le principe d'un observatoire de l'Allemagne, susceptible de fournir au gouvernement français des renseignements sur les courants qui traversent la vie politique allemande. Vermeil envoie régulièrement des notes pour informer le gouvernement français de la situation à Berlin. L'institut fait appel « pour tout ce qui concerne la civilisation allemande depuis les origines jusqu'à nos jours[404] » au concours des philosophes, des sociologues, des historiens et des juristes de l'université. Juste avant la deuxième guerre mondiale, un institut d'études européennes est programmé. Son objectif est un

---

404 Henri Berr, « L'esprit de synthèse dans l'enseignement supérieur, II. L'université de Strasbourg, vue d'Allemagne », *Revue de synthèse historique*, tome 34, 1922, p. 5.

élargissement des travaux menés précédemment sur la seule Allemagne. Il n'entrera en fonction qu'après 1945.

Plusieurs thèses soutenues à l'institut d'études germaniques portent sur la philosophie allemande, en particulier sur Husserl. Citons la thèse d'université d'Emmanuel Lévinas, en 1930 : *La théorie de l'intuition dans la phénoménologie de Husserl.*

Le rayonnement de l'université

Par les publications

Le souci de la publication anime les universitaires strasbourgeois. La faculté des Lettres de Strasbourg devient rapidement une maison d'édition : la Société des publications de Strasbourg naît un an avant les Presses universitaires de France, en 1920. Elle est gérée par Prosper Alfaric, professeur d'histoire des religions. Les premiers ouvrages publiés sont *La philosophie médiévale* d'Etienne Gilson, *Les rois thaumaturges* de Marc Bloch, *Le rameau d'or* de James Frazer.

Mais cela ne suffit pas ! Le travail mené de façon coordonnée à Strasbourg débouche, en 1929, à Paris, sur la création de la revue des *Annales*, par Lucien Febvre, Marc Bloch et leurs amis strasbourgeois, appuyés par le réseau qu'ils se sont constitué en Europe. Le récit de sa gestation a été décrit à de multiples reprises et nous y renvoyons les lecteurs[405]. Nous retiendrons l'importance du réseau international, patiemment établi par les invitations des futurs collaborateurs à la faculté des Lettres de Strasbourg. À côté de cette revue qui fait grand bruit, il y en a d'autres, plus spécialisées, qui naissent à cette époque, et qui durent toujours, pour certaines d'entre elles. Citons la *Revue de littérature comparée*, créée et dirigée par Fernand Baldensperger et Paul Hazard

[405] Carbonnel Charles Olivier et Georges Livet, *Au berceau des Annales. Le milieu strasbourgeois. L'histoire en France au début de XXème siècle.* Actes du colloque de Strasbourg (11-13 octobre 1973), Presses de l'Institut d'études politiques de Toulouse, 1983.

Par la vulgarisation

Faire connaître la culture française et les activités de l'université de Strasbourg est un mot d'ordre partagé. Des conférences sont organisées, dès la première rentrée, dans de très nombreuses villes de toute l'académie (qui comprend alors la Moselle). Elles se font dans le cadre d'une nouvelle structure, appelée Extension universitaire. Personne ne rechigne à donner une conférence devant un public parfois clairsemé, dans une petite ville éloignée qu'on ne peut rejoindre que par un train cahotant et mal chauffé. La liste des conférences est impressionnante. Durant l'année 1920/1921, si l'on comptabilise les déplacements mentionnés dans le rapport annuel du doyen, 60 conférences ont été données dans 13 villes différentes par 20 enseignants de la faculté des Lettres, sans compter les conférences proposées à l'invitation de diverses sociétés savantes à Mulhouse et Strasbourg. Cette effervescence ne diminue guère au fil des ans.

L'intérêt manifeste pour la vulgarisation se retrouve aussi dans l'expérience de l'université populaire. Sous la houlette d'Hubert Gillot (professeur de littératures espagnole et italienne, successeur du doyen Pfister), des cours sont organisés dans le cadre nouveau qu'offre l'université populaire. Si le résultat est moins concluant que dans le reste de la France, c'est que le dialecte alsacien (et l'allemand) est encore la langue maternelle de la majorité de la population. Il faut attendre la promotion de la génération suivante d'élèves formés au français. Pour la même raison, le projet de création d'un Institut du travail ne peut aboutir : les syndicalistes ne sont pas francophones et les professeurs ne sont pas de bons germanophones.

Lorsqu'en 1929 un émetteur radio est installé à Brumath, au nord de Strasbourg, pour contrecarrer les émissions allemandes seules disponibles au-delà de la crête des Vosges, un certain nombre d'universitaires parlent régulièrement sur les ondes, en allemand ou en français. Ils contribuent ainsi à une autre forme de vulgarisation. Il ne semble pas qu'il y ait eu un autre exemple de ce type en France.

Par l'ouverture internationale

Le bannissement des universités allemandes, décidé au début de la guerre par les alliés, en réponse à la Lettre de soutien au régime signée en 1915 par 92 universitaires allemands, persiste à l'université de Strasbourg après les accords de Locarno, en 1925. Quand les universités du monde entier reprennent peu à peu leurs contacts avec leurs homologues allemandes, celle de Strasbourg se voit interdite de tout lien. Cette interdiction, qu'elle est seule à subir jusqu'en 1939, au nom du risque d'ingérence allemande dans les affaires alsaciennes, lui nuit gravement. Cette décision politique imposée à l'université est un frein difficilement contournable. C'est au point que même les lecteurs d'allemand ne sont pas allemands…

Si le « voyage en Allemagne » n'est possible ni pour les étudiants ni pour les enseignants, comment les instituts compensent-ils cette lacune ? Scientifiques et littéraires choisissent des terrains neutres, à l'étranger par exemple, pour y rencontrer les collègues dont les travaux les intéressent. Les colloques internationaux sont l'occasion d'échanges discrets, qui ne peuvent aller jusqu'à une invitation. Au moment de la réouverture, en 1919, la plupart des personnels recrutés avaient déjà fait des séjours en Allemagne dans le cadre de leur doctorat (Bloch et Halbwachs par exemple). Les doctorants suivants ont moins de chance. Ils ne peuvent compter que sur une bourse Rockefeller pour contourner l'interdiction, mais ce sont surtout des scientifiques (sciences, médecine) qui partent. On sent ici le poids négatif des règles imposées à l'institution.

L'interdiction trouve sa compensation dans l'ouverture internationale. Il y a d'abord les pays francophones : Henri Pirenne, de Louvain, est plus qu'un conseiller en matière de philosophie de l'histoire. Il est régulièrement invité à Strasbourg pour y donner des conférences. D'un autre côté, les universitaires strasbourgeois se lancent dans les contacts avec les universités américaines. Ils ne semblent pas gênés par la maîtrise de l'anglais. Le grand nombre de docteurs Honoris Causa et de conférenciers américains témoigne aussi de la vigueur des liens. La faculté accueille des étudiants américains, dont certains soutiennent des thèses d'université à la faculté des Lettres de

Strasbourg. Une bibliothèque est offerte par une ressortissante des États-Unis, pour faire connaître la civilisation américaine.

Et le public ?

Nous venons de voir que l'institution mise en place à Strasbourg pousse nettement à la recherche, presque indépendamment du public. Il convient d'évoquer rapidement les contenus des enseignements et leur réception par les étudiants. Les effectifs de la faculté des Lettres passent de 300 en 1920 à plus de 700 dans les années trente. Les filles en forment la moitié, les étrangers le quart. C'est le résultat de l'ouverture de l'université aux jeunes filles et aux étrangers, venus en grande majorité d'Europe centrale. Ces étudiants ont la possibilité de rechercher la licence libre ou la licence d'enseignement. Les programmes varient en fonction de ces choix.

Quels sont les débouchés ? On est peu renseignés sur les débouchés en Lettres, à part l'enseignement supérieur pour ceux qui se lancent dans une thèse, et l'enseignement secondaire, par le concours de l'agrégation ou le recrutement local. On assiste par ailleurs à un paradoxe saisissant : les filles, qui composent assez vite la moitié des effectifs en Lettres, sont nettement désavantagées dans leurs éventuelles ambitions. Comme l'a fait remarquer Juliette Rennes[406], l'obtention d'un diplôme ne conduit pas nécessairement à l'exercice d'un métier. Celles qui seraient tentées par une thèse ne se lancent finalement pas dans l'aventure car elles n'ont aucun espoir d'obtenir un poste de maître de conférences à l'université. On observe aussi que même les enseignants les plus engagés dans la modernisation des missions de l'université n'ont aucune doctorante. Les femmes qui soutiennent des thèses d'université sont majoritairement des étrangères (8 sur 10) qui rentrent chez elles ensuite. Leurs travaux ont porté sur la littérature étrangère (anglaise ou américaine) ou comparée. Si l'on regarde ce qui se fait en sciences, on constate que les femmes y soutiennent des thèses d'État dans des disciplines émergentes, en rupture avec la

[406] Rennes Juliette : *Le mérite et la nature. Une controverse républicaine : l'accès des femmes aux professions de prestige, 1880-1940*, Fayard, 2007.

hiérarchie traditionnelle des disciplines : physiologie, biologie etc. sous la conduite de professeurs tout aussi dynamiques que le sont les novateurs en Lettres. Le poids des mentalités, l'esprit mandarinal et le plafond de verre jouent donc plus en Lettres qu'en sciences.

Conclusion

La reconfiguration des disciplines en sciences humaines s'institutionnalise à Strasbourg à partir de 1919. Elle s'y développe dans toute la période de l'entre-deux-guerres et s'impose peu à peu dans l'enseignement supérieur français. Les objets et les méthodes évoluant au sein même des disciplines traditionnelles font émerger des champs nouveaux. Les orientations impulsées à Strasbourg débordent largement le cadre académique, grâce aux réseaux et aux revues qui se développent. Elles dépassent aussi le cadre national en s'ouvrant à des collaborations étrangères. C'est une aventure intellectuelle qui se concrétise grâce à l'enthousiasme de ses acteurs et à la souplesse institutionnelle, sans laquelle rien n'aurait été possible. La libre recherche, objectif donné à l'université de Strasbourg en 1919, et une grande souplesse d'organisation ont tiré l'université vers le haut. Progressivement, les nombreuses mutations qui permettent aux enseignants strasbourgeois de rejoindre Paris, que ce soit à la Sorbonne ou au Collège de France, les placent dans des positions de pouvoir académique qui contribuent à une évolution du système universitaire national. L'effort entrepris à Strasbourg a des répercussions en France. Si Christian Pfister, devenu recteur de l'académie de Strasbourg, déplore ces départs en 1927, on comprend aujourd'hui qu'il manque de recul et n'est pas en mesure de voir ce que l'université de Strasbourg a rendu possible.

Chapitre XIII
Professeurs antifascistes et résistants à l'université de Strasbourg

Christian de Montlibert[407]

Pour des raisons liées à mon histoire personnelle j'ai toujours été très impressionné par le fait que l'université de Strasbourg soit la seule université française décorée de la Légion d'honneur au titre de la résistance, respectueux devant la plaque commémorative du Palais universitaire, ému de constater que, dans la crypte de la Sorbonne où reposent les universitaires résistants fusillés, l'université de Strasbourg est présente trois fois : pour deux stèles (le philosophe Jean Cavaillès et le médecin Paul Reiss) et pour une plaque commémorative (l'historien Marc Bloch), reconnaissant enfin qu'une plaque ait été apposée au Panthéon pour Maurice Halbwachs mort en déportation.

Le fait que tant d'enseignants, arrivés à Strasbourg en 1919, aient été liés aux mouvements de résistance au fascisme et au nazisme n'est pas le fait d'un hasard qui aurait constitué ici un conglomérat de destinées individuelles, mais un fait social où se combinent des effets de trajectoires sociales et des effets de groupe. Il y a eu, bien sûr, des professeurs antifascistes et résistants ailleurs, mais une telle concentration n'existe que parmi ceux qui ont été nommés à Strasbourg, en 1919 ou après. Pour le comprendre, je me suis demandé si ces enseignants ne partageaient pas des *manières de voir, de penser, d'agir communes*. Pour le savoir, il faut revenir d'abord sur la situation de l'université en 1918-1919 et énoncer les critères qui ont prévalu, à l'époque, pour le recrutement et les nominations. Cette proximité des manières d'être, condition nécessaire, n'est pourtant pas suffisante. Encore faut-il que les dispositions de ces universitaires aient pu *s'actualiser*, pendant les quinze ou vingt années strasbourgeoises, dans une *épistémologie* à même de

[407] Professeur émérite de sociologie, Université de Strasbourg, Laboratoire CNRS Sage, UMR 7363.

rendre attentif aux transformations immédiates du monde. Pour cela, je me suis interrogé *sur les conditions sociales et culturelles qui ont permis le développement d'une activité intellectuelle* (dont les travaux des uns et des autres, qui donnent souvent lieu à des publications dans une coopérative d'édition - ancêtre des Presses Universitaires de Strasbourg, l'organisation des réunions interdisciplinaires du samedi et la création de ce qu'on a appelé « l'Ecole des Annales » sont des témoignages), rendant en quelque sorte probable une attention à la situation allemande et plus largement au développement du fascisme en Europe. Enfin, je retiendrai, comme exemple, *l'engagement intellectuel* de deux professeurs l'un, sociologue, Maurice Halbwachs et l'autre germaniste, Edmond Vermeil, qui illustre bien ces trajectoires et ces manières de penser.

Une politique d'Etat : créer une nouvelle université française

La Kaiser-Wilhelm-Universität.

L'université allemande a été particulièrement choyée après 1871. L'Allemagne entreprit de créer à Strasbourg un centre de diffusion et de rayonnement de la pensée germanique. Non seulement le gouvernement de Berlin soutint la construction de bâtiments importants, vu le nombre d'étudiants, mais aussi la création d'une bibliothèque qui, jusqu'à la Première Guerre mondiale, à partir de laquelle Harvard la supplantera, sera la première bibliothèque du monde en nombre de volumes. Les postes de professeurs n'ont pas soulevé d'enthousiasme dans un premier temps parce que Strasbourg était considérée comme une ville inhabitable, trop détruite par la guerre. Ils sont pourvus par des enseignants ayant des *curricula* variés : certains n'ont pas les diplômes requis, d'autres ont été refusés jusqu'alors pour des motifs idéologiques (Georg Simmel, qui avait pâti de l'antisémitisme et avait essuyé des refus de nomination, obtint finalement un poste à Strasbourg en 1914), d'autres, au contraire laissent espérer pour l'Université un grand renom scientifique. La situation de l'université, devenue plutôt enviable avec le nouvel urbanisme[408] et les constructions universitaires[409] se détériore néanmoins vers 1887-1888 lorsque le gouvernement, pour se concilier les bonnes grâces d'une partie de la population autochtone, veut mettre fin à l'anticatholicisme des universitaires et engage des négociations avec le Vatican pour créer une faculté de théologie catholique. Ceci étant, en 1918, la *Kaiser-Wilhelms-Universität* jouit d'un grand prestige en raison de son ouverture sur l'industrie[410] et de la renommée de ses professeurs.

Une stratégie de reconquête

Dès 1915, des Alsaciens devenus universitaires, qui avaient « opté » pour la France en 1871, dont Paul Appell[411] (mathématicien), Lucien Herr[412] (bibliothécaire de l'Ecole normale supérieure), Charles Andler[413] (germaniste), Henri Berr[414] (philosophe), élaborent des projets pour une université de Strasbourg redevenue française. Des groupes d'études ont été constitués par le ministère de la guerre et par le ministère des

---

408 Denis Marie-Noëlle, « Le cadre de vie universitaire des sociologues strasbourgeois au temps de l'Université allemande (1872-1918) », *Revue des sciences sociales*, 2008, n° 40.

409 Denis Marie-Noëlle, « Les statues de l'Université impériale de Strasbourg et la pédagogie du pangermanisme », *Revue des sciences sociales*, n° 34, 2005.

410 Olivier-Utard Françoise, « La dynamique d'un double héritage. Les relations université-entreprise à Strasbourg », *Actes de la recherche en sciences sociales*, 2003/3, n° 148.

411 Paul Appell (1855-1930) fut un mathématicien connu pour ses travaux sur les fonctions algébriques. Il a soutenu le capitaine Dreyfus, à deux reprises, en 1898 et lors de la révision de son procès en 1906. Il créa, en 1914, la Société de Secours national. Après la Première guerre mondiale il fut représentant de la France à la Société des Nations.

412 Lucien Herr (1864-1926) fut un philosophe qui occupa les fonctions de bibliothécaire de l'Ecole normale supérieure à partir de 1888. Grand connaisseur de toutes les tendances du socialisme il exerça une grande influence sur les étudiants.

413 Charles Andler (1866-1933) fut un germaniste spécialiste de la culture socialiste en Allemagne.

414 Henri Berr (1863-1954) futt un philosophe qui défendit la possibilité d'une synthèse en histoire. Il dirigea la publication de « *L'évolution de l'humanité* » dans laquelle Marc Bloch et Lucien Febvre présentèrent leur projet d'une nouvelle école historique et Henri Hubert son travail sur une sociologie du temps.

affaires étrangères en vue de l'élaboration d'une politique de réorganisation de l'université de Strasbourg. En 1917 une sous-commission est créée par le ministère de la guerre : elle comprendra sept universitaires qui élaboreront et planifieront le développement de la nouvelle université. L'historien Christian Pister[415] rédigera le rapport. La fermeture de la *Kaiser-Wilhelms-Universität* devenue définitive le 7 décembre 1918, les professeurs allemands doivent quitter leur poste. La situation est tendue comme le romancier Alfred Döblin l'a bien exprimé dans *Bourgeois et soldats.* Une commission de 17 universitaires français s'installe à Strasbourg. Ses objectifs sont clairs : non seulement créer une université dotée de crédits substantiels pour faire mieux que l'université allemande et avoir les mêmes cursus et les mêmes diplômes que dans les autres universités françaises, mais aussi créer une université moderne avec une chaire de lettres modernes, de psychologie, de sociologie (c'est une première !), d'histoire des religions, de littérature comparée, enfin de maintenir la théologie. Pour cela 146 postes seront affectés à l'université. Christian Pister qui fait office de doyen, voudrait que l'université fonctionne dès le premier janvier 1919, mais le gouvernement, qui prépare le traité de Versailles, tergiverse. De plus la question de l'Alsace-Lorraine est traitée à Paris. Il faudra la nomination d'Auguste Millerand comme commissaire du gouvernement et son installation à Strasbourg pour résoudre une partie des problèmes[416]. En attendant, Pister autorise la tenue de

---

[415] Christian Pfister, originaire d'Alsace, ancien élève de l'Ecole normale supérieure, a d'abord enseigné à Nancy où s'étaient regroupés des enseignants ayant « opté » (ou des enfants d'*optants*) pour la France, puis à la Sorbonne où il fréquente le réseau très solidaire des Alsaciens de la Sorbonne qui se double parfois de réseaux familiaux (mariages croisés de enfants). Voir Olivier-Utard Françoise, *Une université idéale ? Histoire de l'université de Strasbourg de 1919 à 1939*, Strasbourg, Presses universitaires de Strasbourg, 2015, p. 293.

[416] En mars 1919, Georges Clemenceau confie le Haut-Commissariat d'Alsace-Lorraine à Alexandre Millerand (radical de droite, membre du Bloc républicain national, constitué autour de Georges Clémenceau). Il aura les pleins pouvoirs législatifs (décret du 21 mars 1919) pour mener à bien l'objectif de réadapter progressivement les trois départements à l'administration française. Entre mars et avril 1919, Millerand va réorganiser le Haut-Commissariat et mettre en place des directions en fonction des attributions des ministères dont une direction chargée de l'université et, surtout, une direction chargée de la législation

cours assurés par des enseignants prêtés par d'autres établissements et par des enseignants, soldats dans la région ; c'est ainsi que Marc Bloch arrive à l'université ! Le 22 novembre 1919 la rentrée solennelle de l'Université a enfin lieu en présence du président de la République, Raymond Poincaré.

L'existence de « dispositions » communes

La biographie des professeurs nommés à la faculté des lettres permet de saisir les critères de choix qui ont prévalu.

On peut sans risque d'erreur penser que – **premier critère** - *la qualité scientifique* des candidats a été déterminante. Nombre d'entre eux sont issus de l'Ecole normale supérieure, Maurice Halbwachs (ENS 1898), Lucien Febvre (ENS 1899), Pierre Roussel (archéologue, ENS 1890), Marc Bloch (ENS 1904), André Piganiol (historien spécialiste d'histoire romaine, ENS 1903), etc. Comme l'écrit Françoise Olivier-Utard « *le recrutement se fit au sein de l'élite de l'ENS qui fournit le gros du contingent dans les premières années qui suivirent la réouverture de la faculté à Strasbourg* »[417]. Le recrutement ne fut jamais local. Les plus âgés ont soutenu des thèses novatrices et/ou ont déjà publié des travaux reconnus par leurs pairs, et, pour certains, déjà tentés d'obtenir un poste de professeur d'université. Maurice Halbwachs a soutenu sa thèse sur *la classe ouvrière et les niveaux de vie* pour laquelle Emile Durkheim a eu le plus grand mal à réunir un jury, tant faire entrer les ouvriers à la Sorbonne semblait incongru, (sa seconde thèse porte sur *Quételet et la statistique morale).* Il est déjà connu pour son travail sur *le prix des terrains et les expropriations à Paris* dont Jean Jaurès a rendu compte dans l'*Humanité.* Lucien Febvre a soutenu sa thèse sur *Philippe II et la Franche- Comté* dans laquelle il adosse l'histoire à l'économie et montre l'importance des représentations mentales. Charles Blondel a soutenu une thèse sur « *la conscience morbide* » dans laquelle il insiste sur le

---

ouvrière et des Assurances sociales qui existent depuis les réformes de Bismarck de 1883 et 1889, mais n'existent pas en France de « l'intérieur ».

[417] Olivier-Utard Françoise, *Une université idéale ? Histoire de l'université de Strasbourg de 1919 à 1939*, Strasbourg, Presses universitaires de Strasbourg, 2015.

milieu social qui fournit « les données collectives » nécessaires à « la conscience claire ». Avant la guerre de 14-18, Marc Bloch avait préparé sa thèse sur la vie des populations rurale à l'époque du servage. Huit d'entre eux ont par ailleurs bénéficié d'une bourse du Centre de recherches humanistes de la fondation Thiers, sous le patronage de l'Institut de France, bourse qui ne pouvait être accordée qu'aux moins de trente ans[418].

Comme toutes les candidatures ont été visées par le commissaire du gouvernement, Auguste Millerand (ministre de la guerre dans le gouvernement Poincaré de 1912 à 1913, puis dans le gouvernement Viviani de 1914 à 1915, avant d'être président du conseil puis président de la République en 1920), on peut penser que la dimension patriotique attestée par *le comportement durant la guerre* – **deuxième critère** - a été déterminant. On sait que Marc Bloch par exemple a été décoré de la croix de guerre avec quatre citations et qu'il a reçu la Légion d'honneur pour faits de guerre; que Charles Blondel a été médecin psychiatre durant la guerre de 1914-1918 traitant les soldats affectés de troubles mentaux, que Maurice Halbwachs, trop myope pour être soldat n'a pas voulu bénéficier de son exemption et a été rattaché au secrétariat d'Etat chargé de l'armement ; que Lucien Febvre a commencé la guerre comme sergent et l'a terminée comme capitaine ; que Pierre Montet (égyptologue) a obtenu la croix de guerre et la médaille militaire ; que Paul Perdrizet (archéologue) a été engagé volontaire en 1914 puis a été affecté au bureau d'analyse de la presse étrangère ; qu'Emile Amann (théologien) a été aumônier (en ligne) durant la Grande Guerre ; qu'Edmond Vermeil (germaniste) a été blessé au combat et a demandé à remonter en ligne ; il s'est vu décerner la croix de guerre avec citation ; que Samuel Rocheblave (littérature et histoire de l'art) s'est occupé des enfants réfugiés des zones occupées ; qu'Etienne Gilson (philosophe) a commencé la guerre comme sergent, a été sous-lieutenant à Verdun, fait prisonnier, décoré de la croix de guerre.

Mais – **troisième critère** - loin de s'en tenir là, Millerand, Pister, Andler, entre autres, ont cherché aussi à retenir des candidats avec des *attaches familiales avec l'Alsace et/ou qui*

---

418 Olivier-Utard Françoise, *op.cit.*

connaissaient la culture allemande. Ainsi Blondel, qui occupera la chaire de psychologie, s'est-il confronté à la psychologie allemande et, comme médecin psychiatre, à la psychiatrie allemande et à la psychanalyse freudienne ; ses origines familiales rattachent Maurice Halbwachs à l'Alsace-Lorraine (ses parents ont opté pour la France et son père professeur d'allemand est connu pour sa grammaire de la langue allemande), il a séjourné à Berlin (d'où il a été expulsé pour avoir donné un compte rendu d'une grève ouvrière dans l'*Humanité*). Sa pratique de l'allemand lui permettra de multiplier les recensions d'ouvrages publiés en Allemagne ; Marc Bloch est, lui aussi, le fils d'une famille qui a opté pour la France, (son père Gustave est né à Fegersheim, lui-même a épousé Simone Vidal dont la famille a vécu en Alsace) ; il a séjourné en Allemagne, à Leipzig et à Berlin, en 1908-1909. On sait qu'il dépouillait régulièrement la *Deutscher Litteraturanzeiger* de la bibliothèque de Leipzig et demandait un *Rezensionsexemplar.* Lucien Febvre n'a pas séjourné en Allemagne mais connaissait les ouvrages historiques allemands ; Edmond Vermeil a été lecteur à l'université de Göttingen de 1904 à 1907.

Quatrième critère - on peut dire d'eux, de manière sans doute un peu abrupte, qu'ils ont intériorisés la même « valorisation de la Raison ». Leurs travaux se feront sous l'égide d'une *philosophie rationnelle de la connaissance* héritière des Lumières et du positivisme. Nombre d'entre eux sont nés dans la deuxième moitié du XIXe siècle, à une époque où l'école et les lycées ont été profondément transformés sous l'influence de Condorcet, Comte et Stuart Mill. Pour Ferry la transformation de l'enseignement et de l'éducation permettra de « *régénérer l'Humanité* » puisque « *philosophie positive, politique positive et religion de l'Humanité contribuent à former la conscience sociale* ». Pour ce faire, la IIIe République a entrepris de transformer le réseau d'écoles, de lycées et d'universités, hérité de l'époque napoléonienne et du Second Empire, en investissant des sommes considérables. Maurice Halbwachs né en 1877, Lucien Febvre et Edmond Vermeil nés en 1878, Marc Bloch né en 1886, entre autres, bénéficient de ces investissements considérables qui permettent un encadrement de qualité dans une école très sélective. L'époque de leur jeunesse a été dominée par deux idéaux : *le progrès* et *l'émancipation*. Les récits autobiographiques de Maurice Halbwachs permettent de bien comprendre la place du *progrès* : il dit son admiration et celle de ses parents pour les travaux des ingénieurs et des savants : Claude Bernard, Marcellin Berthelot, Pasteur sont des noms vénérés. Mais le progrès doit aussi être humain, poursuivre sans cesse *l'émancipation* du genre humain. Ferry, Gambetta, Jaurès, Waldeck-Rousseau, Combes... défendront une école émancipatrice, une école qui vise comme le disait Kant « *l'exercice public de la raison critique* ».

Cette conception du progrès et de l'émancipation se retrouve dans la philosophie de la connaissance des savants recrutés à Strasbourg. Elle conduira Prosper Alfaric, le professeur d'histoire des religions, à présider l'Union rationaliste, à être très investi dans les cercles Jean Macé et à subir – parce qu'il était prêtre défroqué - une cabale montée par les catholiques strasbourgeois. Faut-il ajouter que ces universitaires ont, pour certains d'entre eux, suivi les cours de préparation à l'agrégation de Durkheim et de Lévy-Bruhl, très attachés à la philosophie rationnelle de la connaissance, fortement influencés par les Lumières et la philosophie kantienne.

Enfin, étant donné les orientations politiques de Charles Andler (traducteur du « *Manifeste du parti communiste* »), et d'Auguste Millerand (qui a été socialiste d'inspiration marxiste dans sa jeunesse), on peut supposer qu'un **cinquième critère**, lié à une *orientation politique de gauche*, ait prévalu. André Piganiol était un ami de Marcel Mauss, membre du parti socialiste, militant dreyfusard, cofondateur de *l'Humanité* » avec Jean Jaurès ; Maurice Halbwachs a participé aux luttes en faveur du capitaine Dreyfus, il a été renvoyé d'Allemagne pour avoir rendu compte d'une grève ouvrière à Berlin, il a servi, durant la guerre de 14-18, au ministère de l'armement dirigé par le socialiste Albert Thomas et a participé à la mise en place, pour la première fois, de délégués ouvriers, dans l'usine d'armement de Roanne ; Marc Bloch appartient à une famille qui a « opté » pour la République française et qui a participé aux luttes en faveur du capitaine Dreyfus ; Georges Lefèvre a été guesdiste dans sa jeunesse et était un ami très proche de Jean Jaurès. Nombre d'entre eux, Lucien Febvre par exemple, fréquentait les membres de l'*Année sociologique* dont Henri Hubert, François Simiand et Marcel Mauss, membres du parti socialiste.

Faut-il ajouter que cette caractéristique est en quelque sorte amplifiée par les liens familiaux qui se sont mis en place entre ces républicains, laïcs, radicaux et socialistes : les enfants des uns ont épousé les enfants des autres. Pour certains l'adhésion à un protestantisme ouvert renforce ces manières de penser le monde social.

Mais ces caractéristiques communes, si elles peuvent expliquer une attitude propre à les sensibiliser aux fascismes, ne suffisent pas à communaliser cette propension. La capacité à actualiser cette attitude et surtout à la faire partager demande de s'interroger sur les pratiques intellectuelles de l'université de 1919.

Des pratiques universitaires renforcent les dispositions initiales

Le fonctionnement de l'université nouvelle

Dans l'université nouvelle de Strasbourg on enseigne, pour la première fois, la littérature comparée, la première chaire de sociologie y est créée ainsi qu'un Institut d'histoire des religions dont le professeur Prosper Alfaric, son directeur, disait « *qu'il s'agissait d'établir un contrepoids laïque à l'enseignement des deux facultés de théologie* ». Ensuite des rencontres et des confrontations entre disciplines vont trouver à s'actualiser dans *les réunions du samedi*. On peut penser, vue l'influence considérable de Durkheim sur ces professeurs, que c'est en quelque sorte le modèle de l'*Année sociologique* – dans lequel se trouvent des analyses sociologiques, des textes ethnologiques, des études économiques, des recensions d'ouvrages historiques - qui inspirera ces réunions du samedi combiné à la pratique du séminaire issue de l'université allemande. Enfin c'est là que se met en place une nouvelle manière de faire de l'histoire avec *l'Ecole des Annales*.

Les réunions du samedi. Un exemple : les interventions de Maurice Halbwachs

Lors des réunions du samedi se développa une conception intéressante de l'interdisciplinarité. Il ne s'agissait pas de mêler les disciplines dans un brouet vite insipide si ce n'est incohérent mais bien au contraire de développer une confrontation des disciplines. Chacun savait bien que l'affirmation de la spécificité de sa discipline servirait l'avancée de la science et que, faciliter l'intrusion de critères de jugement autres que ceux des pairs, mettrait en cause les fondements du savoir.

Halbwachs, très assidu à ces réunions, défendait sa discipline et ses manières spécifiques de penser le monde social. Il s'y employait habilement en choisissant de parler d'ouvrages qui lui permettaient de préciser sa pensée et d'engager des discussions argumentées. Il traite en 1922 de deux livres de Marcel Granet, *La religion des Chinois*[419] et *Fêtes et chansons anciennes de la Chine*[420] ; en 1923, il recense deux livres de Georges Davy *La foi jurée*[421] et *Des clans aux empires. L'organisation sociale chez les primitifs et dans l'Orient Ancien*[422] ; en 1925, il revient à Granet avec *Danses et légendes de la Chine ancienne* [423] puis traite du livre de Cassirer, *La pensée mythique*[424] ; en 1929 enfin, Halbwachs présente le travail de Robert Hertz *Mélanges d'histoire des religions et de folklore*[425]. On l'aura compris, Maurice Halbwachs choisit soigneusement les ouvrages qu'il présente. Dans tous les cas il s'agit de durkheimiens ou d'auteurs qui accordent une importance à l'œuvre de Durkheim et qui ont

419 Granet M., *La religion des Chinois*, Paris, Gauthier-Villars, 1922.

420 Granet M., *Fêtes et chansons anciennes de la Chine*, Paris, Albin Michel, 1988 (1ère édition : 1919).

421 Davy G., *La foi jurée*, Paris, Alcan, 1922.

422 Davy G., Moret A., *Des clans aux empires. L'organisation sociale chez les primitifs et dans l'Orient Ancien,* Paris, La Renaissance du livre, 1923.

423 Granet M., *Danses et légendes de la Chine ancienne*, Paris, PUF, 1994, (1ère édition 1926).

424 Cassirer E., *La philosophie des formes symboliques*, tome 2, *La pensée mythique*, Paris, Minuit, 1953 (1ère édition : 1925), traduction et index de J. Lacoste.

425 Hertz R., *Mélanges d'histoire des religions et de folklore*, Paris, Alcan, 1928.

une place importante dans l'élaboration des sciences sociales ou de la pensée philosophique de l'époque. Mais Halbwachs ne se contente pas de présenter des ouvrages, il intervient aussi pour défendre sa conception de la sociologie, ce qui le conduit à débattre avec des historiens et géographes (Piganiol, Febvre, Pirenne) et avec le psychologue Blondel. Halbwachs reproche à la psychologie son subjectivisme et à l'histoire son ignorance de l'importance des faits sociaux dans la causalité[426].

On le voit il n'était pas question d'une vague interdisciplinarité fusionnelle mais bien d'une confrontation entre disciplines[427]. Les débats suscitaient des discussions argumentées et étayées, qui n'avaient rien à voir avec des impositions de normes ou de méthodes qu'il aurait fallu impérativement respecter.

L'Ecole des Annales

Tout comme l'*Année sociologique* est née d'une volonté de se démarquer des deux grandes revues philosophiques, la *Revue philosophique* de Ribot et la *Revue de métaphysique et de morale* de Renouvier qui dominaient la fin du XIXe siècle[428], les *Annales, histoire économique et sociale*, est une revue née de la volonté de se démarquer des revues dominantes dans l'entre-deux-guerres.

---

426 Le samedi 24 novembre 1923 dans une discussion serrée avec Henri Pirenne venu à Strasbourg pour recevoir les insignes de docteur *Honoris Causa*.

427 On comprend donc l'urgence qu'il y a, comme le disait P. Bourdieu, à développer un champ scientifique où, pour s'affronter les uns les autres, les chercheurs doivent abandonner toutes les armes non scientifiques. C'est sans doute une nécessité pour que la raison scientifique se réalise, ce qu'elle fait « *lorsqu'elle vient à être inscrite non dans les normes éthiques d'une raison pratique ou dans les règles techniques d'une méthodologie scientifique, mais dans les mécanismes sociaux de la compétition apparemment anarchique entre des stratégies armées d'instruments d'action et de pensée capables de régler leurs propres usages et dans les dispositions durables que le fonctionnement de ce champ produit et présuppose* ».

428 Besnard Ph., « La formation de l'équipe de l'Année sociologique », *Revue française de sociologie,* 1979, 20, n°1, pp.7-31.

Comme l'a montré Bertrand Müller[429], Lucien Febvre supportait mal les critiques de Péguy et de Valéry adressées à l'histoire et à la sociologie. Il souhaitait créer une revue pour répondre aux reproches par les actes. Il s'agissait aussi pour lui d'une entreprise de « repolitisation »[430] de la science contre une « histoire serve » et contre une « histoire romancée » refusant les apports de l'économie, de la sociologie et de la psychologie. Cette prise de position était aussi « une réponse des anciens dreyfusards à la remontée d'une histoire nationaliste et antirépublicaine »[431]. L'idée de considérer une situation historique comme un fait social total qui demande pour être compris de croiser les approches est en effet au centre de cette épistémologie. Pour expliquer son apparition à Strasbourg on peut penser que les préoccupations proprement scientifiques liées à la recherche historique ont trouvé dans cette université un terrain social favorable à leur développement. L'histoire de l'Alsace et son tiraillement entre l'Empire germanique et la République française et la confrontation, ici plus qu'ailleurs, de plusieurs langues et de trois religions principales, sont pour beaucoup dans cette volonté de saisir un fait social, non seulement à partir de points de vue différents, mais aussi d'y voir des niveaux divers plus imbriqués que superposés. Cette ambition de confrontation entre des disciplines était déjà présente, il est vrai, dans le projet initial qui créait à l'université de Strasbourg la première chaire de littérature comparée et le premier Institut d'histoire des religions.

Reste que l'Ecole des *Annales* s'est concrétisée et fortement structurée, là, plus tôt qu'elle ne l'aurait sans doute fait ailleurs, non seulement du fait de la concentration de professeurs partageant la même formation intellectuelle, mais aussi du fait de cette confrontation des cultures (germanique, française) et des religions.

Ceci étant, ce regroupement d'individus – ayant des caractéristiques communes, partageant la même conception de la

---

429 Müller B., « Histoire traditionnelle» et 'histoire nouvelle': un bilan de combat de Lucien Febvre », *Genèse, Sciences sociales et histoire*, 1999, n° 34, pp. 132-143.

430 L'expression de « repolitisation » est de Michel de Certeau, in *Esprit,* 1981.

431 Charle Ch., *Paris, fin de siècle, culture et politique,* Paris, Le Seuil, 1998.

science, sensibles aux « forces sociales » qui meuvent les sociétés, sceptiques, comme Durkheim le leur a appris, sur la capacité de tel ou tel homme politique à transformer le monde selon sa volonté - donne aussi à leurs membres la force d'affronter d'autres manières de penser le monde social.

Des idéaux communs

Pour ces professeurs la vérité est « *destinée à affranchir les destinées humaines des transcendances passées et des servitudes qu'elles ont pour fonction de conserver* » comme l'écrira Edmond Vermeil pour caractériser celui qui a joué un rôle important dans leur recrutement, Charles Andler[432]. Tous refusaient un fatalisme résigné et pensaient qu'une science essentiellement libératrice, dénoncerait les coups de force de ceux qui s'emparent du pouvoir et s'y maintiennent grâce à l'efficacité des moyens de coercition dont ils disposent ou qu'ils inventent. Sceptiques devant les logiques des partis politiques, ils partageaient plus ou moins l'idée qu'il leur fallait étudier et critiquer les agissements des partis, l'influence du clergé, le pouvoir de l'argent, les prises de pouvoir politique, les causes et les effets de la misère, la guerre des classes, les mécanismes producteurs d'inégalités... D'une certaine façon ils adhéraient aux exigences de la raison et étaient animés d'une foi démocratique et sociale. Que ces hommes aient partagé cette conception du monde explique en partie leur refus des pensées antirationalistes qui se développaient en Allemagne depuis le romantisme et les œuvres de Herder, puis de Nietzsche.

Une ouverture sur le monde et sur l'Allemagne en particulier

Se confronter aux intellectuels allemands

Des liens étroits avec les intellectuels allemands ont été tissés. Ces initiatives sont soutenues au plus haut niveau puisque le

---

432 Vermeil Ed., Charles Andler, *Bulletin de l'Union pour la vérité*, 1935, 43 e année, n° 1-2.

ministre de l'instruction publique du Cartel des gauches, Anatole de Monzie, fait un voyage à Berlin en 1924 pour faciliter les échanges universitaires[433]. On sait que certains des Strasbourgeois enseignaient en Allemagne, rendaient compte de publications, participaient à des colloques et rencontres, dont celles de Davos. En 1929, Henri Tronchons, professeur de littérature comparée, assiste à l'opposition entre Heidegger et Cassirer (en même temps d'ailleurs que Norbert Elias, jeune étudiant). En 1930, Lucien Febvre et Maurice Halbwachs rencontrent Hermann Kantorowicz, Alfred Weber et Werner Sombart. Maurice Halbwachs s'opposera d'ailleurs à ce dernier lui reprochant sa position favorable au nazisme.

Ces professeurs strasbourgeois contribuaient à une meilleure connaissance des auteurs allemands (Edmond Vermeil sur la musique allemande et sur la littérature du XIXe siècle, Henri Tronchons sur Herder). Ils rédigeaient des recensions d'ouvrages. Maurice Halbwachs recense par exemple les ouvrages de Max Weber et d'Ernest Cassirer. Rien ne montre mieux son souci de contribuer à une universalisation des sciences sociales que sa critique du livre d'Ernest Cassirer sur les formes symboliques et les commentaires qu'il fait des ouvrages de Max Weber. En 1929 il publie une note intitulée « Max Weber un homme, une œuvre » dans les *Annales d'histoire* et y reviendra dans *l'Esquisse d'une psychologie des classes sociales*[434]. Toujours intéressé par les travaux allemands, il commente un livre de Cassirer consacré à la pensée mythique[435] qu'il analyse longuement pour en dire que ce livre transplante l'étude de la mentalité primitive sur le terrain de la philosophie critique en lui attribuant une sorte de fonction psychique autonome. On le voit

[433] Elles sont aussi mises en œuvre par des agents différents : Paul Rivet et Franz Boas chercheront, par exemple, à maintenir les liens avec les anthropologues allemands et autrichiens.

[434] Traitant du capitalisme, il s'accorde avec Weber pour y voir un système qui « introduit partout des règles uniformes » : Il souligne combien Weber a raison de voir dans le développement du capitalisme l'effet de manières de penser et de vivre.

[435] Cassirer E., *Das mythische Denken*, Berlin, 1925. Traduit et réédité sous le titre *La pensée mythique,* vol. II, in *La philosophie des formes symboliques*, Paris, Minuit, 1972, traduction et index par Jean Lacoste.

Halbwachs se sert des recensions pour faire avancer l'universalisation du point de vue sociologique mais aussi pour faire connaître la pensée germanique.

Prendre position contre le nazisme et le fascisme

Cette connaissance de l'Allemagne conduit très vite ces professeurs à s'inquiéter de l'élection de 1933 et de l'arrivée au pouvoir d'Hitler. Ils sauront s'opposer très tôt aux philosophies qui permettent le développement d'un terrain intellectuel favorable aux pensées d'extrême droite et au nazisme[436]. En France la montée du fascisme conduira Prosper Alfaric, Georges Cerf (mathématicien, nommé à Strasbourg en 1922), Lucien Febvre, Maurice Halbwachs, Edmond Vermeil, Georges Lefèvre (nommé à Strasbourg en 1928) à être dans les premiers signataires d'un appel lancé en mars 1934 au nom d'un comité d'action antifasciste et de vigilance par Paul Rivet, Alain et Paul Langevin. A Strasbourg plus de 60 enseignants en rejoindront le comité local.

Deux personnalités marquantes

Maurice Halbwachs (1877-1945)

L'exemple de Maurice Halbwachs est particulièrement intéressant. Il développe une critique très vive des orientations de la sociologie en Allemagne (excluant de sa critique Max Weber qu'il apprécie), qui va jusqu'à la rupture après le ralliement de nombre de sociologues aux thèses nazies. Halbwachs, en effet, a lu les sociologues allemands. Il a publié de nombreuses recensions de leurs livres. Il s'est attaché à Sombart et découvre avec stupeur que cet auteur développe de plus en plus de prises de position qu'il ne peut accepter. Sombart s'en prend à la sociologie occidentale et critique avec haine la sociologie

---

[436] Cette prise de position a perduré puisque Etienne Gilson (professeur d'histoire de la philosophie à Strasbourg de 1919 à 1922), qui n'a rien d'un militant de gauche, a refusé, lors de son entrée à l'Académie française, en 1946, de faire l'éloge de son prédécesseur Abel Hermant, collaborateur notoire ayant professé des idées nazies.

française (sous-entendue durkheimienne)[437] à qui il reproche son naturalisme, sa recherche de lois mécanistes, son souci de mathématisation et de quantification[438]. Cette sociologie française, dépréciée pour son rationalisme, est bien sûr incapable d'accéder à « l'essence » des phénomènes et s'oppose en tout à un « humanisme allemand » glorifié. Les sociologues, dont Sombart, applaudissent l'arrivée au pouvoir des nazis, ils y voient une chance pour la sociologie qui peut s'emparer des notions de « communauté » et « de peuple » et se développer, grâce aussi, comme l'a bien montré O. Rammstedt, aux nombreux instituts que créent les nazis[439].

Maurice Halbwachs sait bien que cette sociologie s'inspire d'auteurs comme Spengler qui dans le « *Déclin de l'Occident* » a dénoncé « *les théories plébéiennes du rationalisme, du libéralisme et du socialisme* », exalté les « *catégories naturelles* » qui distinguent « *le fort du faible* », affirmé l'existence « *d'un ordre hiérarchique naturel* ». Pour lui, le retour au droit naturel se fond dans l'idéalisation d'un retour à la nature, identifié aux relations patriarcales du monde paysan. Ces thèses, il les retrouve, certes outrées, mais bien présentes dans les proclamations d'Hitler[440]. Conscient de la situation Maurice

---

[437] Rammstedt O. « A propos de la constitution d'une 'sociologie allemande'. Théorie et empirisme dans la détection de l'ennemi du peuple », *Regards sociologiques,* 1995, n° 5, pp 35-54.

[438] Heidegger qui prononce son discours avec le brassard nazi s'en prendra aussi avec rage à la quantification et à la « moyennisation ». Cf. Bourdieu P. *L'ontologie politique de Martin Heidegger*, Paris, Minuit, 1988.

[439] Maurice Halbwachs a vite compris que « *cette sociologie se définit par simple inversion des propriétés de ses adversaires : francophiles, juifs, progressistes, démocrates, rationalistes, socialistes, cosmopolites... ». La sociologie allemande ne sera pas tout cela mais strictement son contraire, comme le dit Franz Böhm, un des sociologues partisans de la « sociologie allemande* ».

[440] Halbwachs a écouté ces discours et sait combien cette pensée contient non seulement de négation de la raison et de la science, de valorisation de l'irrationnel, d'idéalisation d'un passé mythifié, mais aussi de haine à l'encontre de la démocratie, des syndicats ouvriers, du capitalisme industriel et plus généralement de la civilisation moderne. Lui qui a écrit sur les « migrations » ne peut accepter la mystique du sang et du sol. On conçoit qu'il soit indigné par les déclarations contre le marxisme, contre les communistes, contre les juifs transformés en « parasites qui se nourrissent du corps d'autres peuples », contre

Halbwachs prend position. Dès 1933 il publie un court texte sur *la population juive en Allemagne* ; en 1937, il publie 3 pages, toujours dans les *Annales d'Histoire*, consacrées aux *finances du national-socialisme* ; en 1939, un texte sur *les politiques de l'hygiène et l'Etat totalitaire*.

Maurice Halbwachs retrouve ces thématiques en France dans nombre d'ouvrages, d'articles, de déclarations, toutes hostiles à la sociologie qu'il a entrepris de mener et d'enseigner. Ses adversaires expriment de plus en plus ouvertement des jugements racistes et antisémites. Maurice Halbwachs s'indigne sans doute – et partage cette indignation avec son épouse qui est la fille de Victor et Suzanne Basch (le président de la Ligue des Droits de l'Homme)[441] – lorsqu'il lit, en 1932, l'ouvrage de G. Mauco, *Les étrangers en France : leur rôle dans l'activité économique »* (Mauco sera conseiller en démographie sous Pétain). Il partage en cela les positions de Lucien Febvre qui, en 1936, critiquait fermement la notion de race, dénonçant « *ce mythe romantique d'une histoire raciale* » y voyant « *une opinion dangereuse* ».[442].

Edmond Vermeil (1878-1964)

Edmond Vermeil est un autre exemple caractéristique de cette démarche qui conduit à l'antifascisme et à la résistance au nazisme. Il a été l'élève de Charles Andler (1866-1933). Il a publié de nombreux ouvrages sur la culture germanique, *Les maîtres de la musique ancienne et moderne* en 1929, *Beethoven* en 1929, *Quelques idées du jeune Nietzsche sur l'éducation* en 1914, *La pensée religieuse d'Ernst Troeltsch* en 1923, *Henri Heine, ses vues sur l'Allemagne et les révolutions imaginaires.*

« le judéo bolchevisme » qui s'est emparé de la Russie, contre le prolétariat urbain. Il devine les dangers cachés dans cette volonté de conquête d'un « espace vital » à l'Est. Il pressent les crimes en puissance lorsqu'il lit que Hitler a déclaré qu'un « gouvernement conscient aurait exposé à l'action des gaz toxiques quelques 10 ou 15 000 de ces hébreux corrupteurs du peuple ». Montlibert Ch. de, « Une histoire qui fait l'Histoire : la mort de Maurice Halbwachs à Buchenwald », *Revue des sciences sociales*, 2006, n° 35, pp 114-121.

[441] Victor et Suzanne Basch seront assassinés par la milice en 1944.

[442] Cité par Remi Lenoir, « Halbwachs sociologue ou démographe » in *Maurice Halbwachs 1877-1945* Strasbourg, Presses universitaires de Strasbourg, 1997.

Vermeil est né dans une famille protestante libérale : son père était un huguenot du Languedoc, commerçant en vins, émigré en suisse. Il fait ses études primaires dans un village protestant et ses études secondaires aux lycées de Nîmes et de Montpellier. Plus tard il sera lecteur à Göttingen, puis, il enseigne l'allemand à l'Ecole alsacienne de Strasbourg entre 1907 et 1914. Soldat, il termine la guerre comme capitaine. Blessé, il demande et obtient de retourner au front avant d'être affecté dans des services de propagande. Après ses années strasbourgeoises, il accueillera, dans son appartement parisien, (comme le fera aussi Charles Blondel) des intellectuels allemands fuyant le nazisme. A Paris, il s'opposera fortement, comme l'a montré L. Richard[443], à ses collègues qui prennent des positions favorables aux nazis. Il participe à la *Freie deutsche Universität* installée à Paris en 1935, rassemblant des universitaires ayant pu fuir l'Allemagne nazie. Edmond Vermeil fut un des premiers signataires de l'appel lancé par Paul Rivet, Alain, et Paul Langevin pour un comité de vigilance des intellectuels en 1934. En 1940 il enseigne à Montpellier jusqu'en 1942 où il est révoqué (il était sur la liste nazie des universitaires opposés au national-socialisme et participait à un réseau de la Résistance) ; il se cachera dans le Tarn avant d'être évacué à Londres en 1943 et de rester près de de Gaulle partageant après la guerre les vues gaulliennes.

Edmond Vermeil, publie deux ouvrages majeurs sur le nazisme, *Doctrinaires de la Révolution allemande 1918-1938,* et *Allemagne essai d'explication* livre qui, en 1940, sera saisi par l'armée allemande chez l'éditeur qui en préparait la diffusion. Le premier de ces livres est significatif des manières dont les intellectuels de Strasbourg voyaient l'évolution de la politique nazie. Edmond Vermeil cherche en quelque sorte à montrer que l'énonciation de l'idéologie nationale-socialiste a été préparée par des productions symboliques construisant et légitimant la nécessité d'une *révolution conservatrice*. Pour lui l'idéologie nazie forme un ensemble homogène dans lequel s'exprime une croyance dans la supériorité de la culture allemande, un racisme qui prétend s'inspirer de la biologie moderne, des thèses qui sont destinées à légitimer par avance l'expansion d'un peuple « sans

---

[443] Richard Lionel, *Le nazisme et la culture*, Paris, Maspero, 1978.

espace » et justifier son programme militaire. Cette Allemagne nazie se dresse contre le libéralisme économique et contre le marxisme. Ses idéologues préfèrent s'en prendre à la Franc-maçonnerie, derrière laquelle ils voient la ploutocratie, le capitalisme et le judaïsme. Derrière ce qu'ils appellent « les trois internationales » (« l'Internationale catholique des monarchies », « l'Internationale de la démocratie libérale » et « l'Internationale socialiste du prolétariat »), les nazis voient un élément commun, le Judaïsme. Il part de l'idée que « *l'ancienne et indéracinable opposition entre irrationalisme et rationalisme* » est fondamentale. Tout est centré, comme l'écrit Vermeil, et comme le dira Halbwachs à propos de sociologues ralliés au nazisme, autour de l'« *éternelle offensive allemande contre la philosophie des Lumières* ». Le Troisième Reich accomplira « *la Révolution contre la Raison* ». Edmond Vermeil, qui alertait sans cesse le gouvernement français sur les risques du nazisme, s'est beaucoup engagé dans la compréhension de l'usage de la notion de race qu'en faisait l'extrême droite avec une revue *Race et racisme, (Bulletin du groupement d'étude et d'information* présidé par Célestin Bouglé alors directeur de l'Ecole normale supérieure dont Jacques Millot – sciences naturelles - et Edmond Vermeil assuraient le secrétariat). Paul Rivet, Maurice Leenhardt, Georges Lefèvre y étaient membres du comité directeur.

Conclusion

Les traits communs de ces savants, élus à Strasbourg en 1919 et après, et leurs manières de penser le travail intellectuel dans la perspective d'un rationalisme hérité des Lumières ont trouvé à s'actualiser dans le fonctionnement de cette université nouvelle. Tout montre que s'est élaborée là, une philosophie de la connaissance exigeante, qui rendait attentif à toutes les transformations du monde susceptibles de porter atteinte à « l'humaine condition ». Pierre Bourdieu disait de Maurice Halbwachs « *Je sais que les vertus académiques n'ont pas bonne presse aujourd'hui et qu'il n'est que trop facile de tourner en dérision... un humanisme scientifique qui refuse de faire dans l'existence deux parts, l'une consacrée aux rigueurs de la science, l'autre aux passions de la politique et qui tâche de mettre les armes de la raison au service des convictions de la générosité* ». Tout laisse à penser que cet humanisme scientifique, alliant la science et la générosité, était l'idéal que poursuivaient ces spécialistes des sciences sociales. Idéal au nom duquel ils s'opposèrent à nombre de dérives mortifères, idéal qui les conduiront aussi à être de plus en plus en porte-à-faux avec des représentations et des pratiques antisémites et racistes qui niaient cette Vérité que leurs travaux avaient sans cesse recherchée.

Chapitre XIV
Dominique Zahan : naissance de l'ethnologie africaine à l'université de Strasbourg (1960-1968)

Gaëlle Weiss[444]

L'histoire de l'ethnologie à l'université de Strasbourg est étroitement liée à Dominique Zahan, grand africaniste du XXe siècle, spécialiste des populations de la boucle du Niger, principalement des Dogon, des Moose et surtout des Bambara dont il a étudié plus particulièrement les sociétés d'initiation. Nommé premier professeur d'ethnologie à Strasbourg en 1960, avant d'être appelé en 1968 à la Sorbonne, il est le fondateur et premier directeur de l'Institut d'ethnologie de l'université strasbourgeoise en 1960[445].

Ce franco roumain arrive en France dans l'après-guerre, après des études de lettres et de théologie. Il se spécialise en ethnologie africaine à Paris sous la direction de Marcel Griaule. En 1948, il l'accompagne sur le terrain en pays dogon au Soudan français (actuel Mali), avec les ethnologues Solange de Ganay et Germaine Dieterlen, juste avant de prendre du service à l'Office du Niger à Ségou[446]. Zahan y travaillera jusqu'en 1958 en qualité de « sociologue, pour l'étude des problèmes sociaux et psychologiques posés par les immigrants africains installés sur les terres irriguées du Delta Central Nigérien »[447]. Durant ces dix années, il rédigera plusieurs rapports d'enquêtes destinés à

[444] Docteure en ethnologie, attachée temporaire d'enseignement et de recherche (ATER), Institut d'ethnologie, Faculté des sciences sociales, chercheure associée au laboratoire Dynamiques européennes, UMR 7367, Université de Strasbourg.

[445] En janvier 1964, Dominique Zahan est nommé « Professeur titulaire à titre personnel (Chaire d'Ethnologie) à la faculté des Lettres et Sciences Humaines de l'Université de Strasbourg » (Dominique Zahan, 1968a. *Curriculum Vitae,* Fonds Solange de Ganay, Archives des Ethnologues, Bibliothèque Éric-de-Dampierre, MAE, Université Paris Ouest Nanterre La Défense, France).

[446] Ganay (de), Solange, *Curriculum Vitae*, Fonds Solange de Ganay, Archives des Ethnologues, Bibliothèque Éric-de-Dampierre, MAE, Université Paris Ouest Nanterre La Défense, France.

[447] Dominique Zahan, 1968a, op. cit.

l'Office, aussi bien d'ordre statistique, sociologique, démographique qu'ethnologique[448]. Mais il rassemblera aussi un matériel ethnologique considérable qu'il exploitera pour son doctorat d'État présenté à la Sorbonne en 1960 sous la direction de Roger Bastide.

Je n'ai pas eu la chance de connaître Dominique Zahan, mais qu'il me soit tout de même permis de vous livrer ce témoignage sur ses années strasbourgeoises, à partir de ses travaux, des souvenirs de ses élèves, notamment de Pierre Erny qui deviendra son assistant et ami, et de ses archives de terrain léguées à l'université de Strasbourg[449]. Parler du fondateur de l'Institut d'ethnologie dans cet ouvrage dédié à la sociologie à Strasbourg est aussi l'occasion d'un travail épistémologique. En effet, il faut rappeler que la constitution de l'ethnologie en France est plus tardive que dans les pays anglo-saxons : s'il existe au XIXe siècle des musées, des sociétés savantes, des voyageurs et des missionnaires qui s'intéressent aux populations « exotiques », l'institutionnalisation de la discipline ne date que de 1925. Le savoir ethnologique n'a pas trouvé sa place dans le système universitaire du XIXe siècle, car par sa démarche empirique et par son objet visant la connaissance des « sauvages », il heurtait toute une tradition lettrée d'études portant sur les « hautes civilisations »[450].

Émile Durkheim et son école jouèrent un rôle fondamental dans la formation d'un savoir ethnologique. Pour des raisons propres à la nature du projet durkheimien d'une science de synthèse embrassant tous les aspects de la réalité sociale, la « matière ethnologique » allait être intégrée dans une théorie. L'ethnographie - toujours de seconde main - servait, en effet, de

---

448 *Les Mossi du delta central nigérien*, Office du Niger, multigr. ; *Les problèmes humains à l'Office du Niger*, Office du Niger, multigr. ; *Notes sur l'islamisation des colons de l'Office du Niger*, Office du Niger, multigr.

449 En 2006, j'ai été chargée de l'inventaire et de l'archivage des matériaux de terrain de Zahan dans le cadre du programme « Sources et matériaux de terrain des ethnologues » par l'Institut d'ethnologie de l'université de Strasbourg et la Maison Interuniversitaire des Sciences de l'Homme d'Alsace (MISHA) ; base de données des Archives Zahan : http://www.misha.fr/

450 Victor Karady, 1982, « Le problème de la légitimité dans l'organisation historique de l'ethnologie française », *Revue française de sociologie*, 23 (1), p. 21.

matériel aux réflexions sociologiques[451]. À cette époque, lorsque l'on parle de sociologie, il s'agit souvent du savoir ethnologique. Ce qui fera dire à Claude Lévi-Strauss : « Dans l'œuvre de Durkheim et de Mauss on ne peut pas séparer sociologie et ethnologie »[452].

Cette légitimité scientifique que l'École sociologique a procurée au savoir ethnologique contribua à faire naître une demande universitaire. La création de l'Institut d'ethnologie de l'université de Paris en 1925, sous l'impulsion de Marcel Mauss, Paul Rivet, Lucien Lévy-Bruhl et Marcel Cohen, peut se lire comme une réponse à cette sollicitation et jouera un rôle fondamental dans la naissance de l'ethnologie en tant que discipline autonome. Cet institut marque la fusion des deux grands courants qui ont nourri le savoir ethnologique : l'anthropologie physique, associée à Rivet, et l'École de sociologie française, représentée à la fois par un philosophe, Lévy-Bruhl, un sociologue, Mauss, et un linguiste, Cohen[453]. Le champ d'étude se restreint aux populations des espaces coloniaux : l'ethnologie devient synonyme de « sociologie exotique » ou « coloniale »[454] et son programme insiste sur les questions de méthode. Car l'institut constitue aussi le lieu de la synthèse entre « théorie » et « pratique » : désormais est reconnu le rôle méthodologique de l'enquête de terrain menée par l'ethnologue lui-même. Sur ce point, les enseignements d'« ethnographie descriptive » de Mauss sont déterminants. Considéré comme le père de l'ethnologie française, ce savant de cabinet forme la première génération d'ethnologues professionnels de terrain, notamment Marcel Griaule[455].

L'institut de l'université de Paris a donc contribué de manière décisive à l'autonomisation de l'ethnologie, grâce à l'impulsion de Marcel Mauss qui incarne le chaînon intermédiaire entre la

---

451 V. Karady, 1982, op. cit. p. 32.

452 Claude Lévi-Strauss, 1947, « La s*ociologie française* », in Gurvitch, G. (dir.), *La sociologie au XXe siècle*, Paris, PUF, p. 520.

453 Éric Jolly, 2001, « Marcel Griaule, ethnologue. La construction d'une discipline (1925-1956) », *Journal des africanistes*, 71(1), p. 150.

454 É. Jolly, 2001, op. cit. p. 152.

455 Ibid.

tradition durkheimienne et la recherche empirique[456]. Sur le plan intellectuel, la filiation est donc clairement tracée de Durkheim à Mauss et de Mauss à Griaule : Mauss, l'érudit qui « pense » le terrain, et Griaule qui expérimente la méthode[457].

Ce n'est donc qu'à partir de Griaule que l'on distingue véritablement l'ethnologie de la sociologie. Le fait qu'il devienne en 1942, à l'université de Paris, le premier professeur d'ethnologie de l'histoire universitaire française est à ce titre éloquent. Mais pendant toute la période de sa professionnalisation, de 1925 à 1950 environ, l'ethnologie restera fortement marquée par l'École de sociologie française, privilégiant l'analyse des représentations et des productions symboliques[458].

Au décès de Marcel Griaule en 1956, c'est André Leroi-Gourhan qui lui succède à la Sorbonne. La création d'un second enseignement en 1958 dispensé par Roger Bastide y renforcera la présence de la discipline. En province, seront créés des cours d'ethnologie à Lyon (1948), Bordeaux (1954), Montpellier (1958) et Strasbourg (1960).

Ce chapitre s'articulera autour de trois axes. Après avoir présenté le contexte universitaire strasbourgeois à l'arrivée de Dominique Zahan en 1960, je m'intéresserai à la contribution du premier professeur d'ethnologie au développement des sciences sociales à Strasbourg et à l'ouverture aux cultures africaines. Je montrerai, enfin, comment ses activités, dépassant parfois le strict cadre universitaire, ont participé au rayonnement de l'Institut d'ethnologie, notamment sur le continent africain.

L'Institut d'ethnologie et le Certificat d'études supérieures d'Ethnologie

Dans le contexte des indépendances, à une époque « où l'Afrique était à la mode comme jamais, l'Université de Strasbourg [...] créa une chaire d'ethnologie afin que le continent noir soit lui aussi représenté dans cette institution de

---

456 V. Karady, 1982, op. cit.
457 É. Jolly, 2001, op. cit. p. 179.
458 É. Jolly, 2001, op. cit.

province »[459]. Elle fut confiée à Dominique Zahan qui avait soutenu deux remarquables thèses sur les Bambara du Mali : la thèse principale d'ethnologie religieuse, sur les sociétés d'initiation, et la thèse complémentaire d'ethnolinguistique, sur la notion de parole et les différentes formes de littérature orale. Pour comprendre le contexte à l'arrivée de Zahan en octobre 1960, il faut rappeler que l'université de Strasbourg comportait sept facultés : cinq « traditionnelles » - droit, lettres, sciences, médecine et pharmacie - et deux « extraordinaires » : théologie catholique et théologie protestante, ce qui pour un homme s'intéressant aux questions religieuses, fut d'un grand intérêt[460].

Les sciences humaines, que la Faculté des lettres avait annexées, étaient alors en pleine révolution. Le témoignage de l'historien Georges Livet, doyen de la faculté de 1963 à 1969, nous apprend que jusque-là les disciplines - histoire, langues, littérature et philosophie - s'étaient développées dans des cadres plus ou moins propres : elles étaient « cantonnées suivant les "sections" dans les "Instituts" »[461]. Des cloisons les séparaient malgré quelques efforts de collaboration. Le doyen observe qu'il « restait dans la pratique encore beaucoup à faire à une époque "marquée depuis la fin de la Seconde Guerre mondiale par le foudroyant progrès de l'anthropologie, de la sociologie, de la psychologie, de la linguistique" [...] »[462]. Car, en effet, pour répondre à la nouvelle demande scientifique, il a été nécessaire de transformer l'université et de concevoir des relations d'interdépendance entre les disciplines pour constituer la base méthodologique de ces jeunes sciences. C'est ainsi que furent créés, au sein de la Faculté des lettres, les Instituts de philosophie, de sociologie, d'ethnologie et de psychologie.

C'est dans ce cadre que Dominique Zahan, dès son arrivée, fonda l'Institut d'ethnologie, le premier dans l'est de la France, et un Certificat d'études supérieures d'ethnologie. Ce certificat

---

459 Pierre Erny, 2001, « Un institut d'ethnologie : Strasbourg », in *L'homme divers et un : positions en anthropologie*, Paris, L'Harmattan, p. 289.

460 Georges Livet, 1992, « Dominique Zahan, l'ethnologie et la faculté des lettres. Quelques souvenirs », *L'ethnologie à Strasbourg*, 18, p. 6.

461 Georges Livet, 1992, op. cit., p. 8.

462 Ibid.

était une option pour d'autres filières, en particulier pour la sociologie qui depuis 1958 disposait d'une licence spécifique[463]. Il comportait deux heures de cours : les grands courants de pensée en ethnologie, d'une part, et une introduction à l'ethnologie africaine, d'autre part. Une heure de travaux dirigés (avec exposés d'étudiants) complétait cet enseignement[464].

Il est évident que la formation ethnologique ainsi dispensée était très sommaire ; il s'agissait d'une initiation venant en complément d'autres études, principalement de sociologie. Néanmoins, les enseignements de Dominique Zahan connurent rapidement un grand succès, si l'on en juge par le nombre d'étudiants et de personnes à haut niveau de formation qu'ils attiraient : des médecins, des psychologues, des enseignants de l'université, etc.[465] Et ce, en dépit de la modestie des locaux car à ses débuts, l'institut se situait dans un immeuble, aujourd'hui disparu, de la rue Goethe face au Palais Universitaire[466]. Zahan y forma de futurs enseignants de sociologie et d'ethnologie, notamment Pierre Erny, Suzie Guth, Stéphane Jonas, Freddy Raphaël ou encore Pierre Vogler[467].

En 1965, Pierre Erny fut engagé en tant qu'assistant. Deux heures de cours ont ainsi été assurées en supplément, consacrées à « un enseignement général, axé sur les grands courants de l'ethnologie, les concepts de base et la méthodologie »[468]. En 1966, alors que l'institut déménagea à l'Esplanade, dans les locaux plus fonctionnels de la nouvelle Faculté des lettres et sciences humaines, le certificat d'ethnologie fut complété par un second certificat en ethnolinguistique.

---

463 Michèle Jolé, 2008, « La sociologie urbaine à Strasbourg avec Henri Lefebvre », *Revue des sciences sociales*, 40, Presses universitaires de Strasbourg, p. 134.

464 Pierre Erny, 1992b. « Souvenirs de l'Institut d'ethnologie dans les années 60 », *L'Ethnologie à Strasbourg*, p. 20.

465 Erny, entretien le 17/09/2010.

466 Pierre Erny, 2001, op. cit., p. 289.

467 Pierre Erny, 1992a. « Dominique Zahan directeur de l'Institut d'Ethnologie de Strasbourg de 1960 à 1969 », *L'Ethnologie à Strasbourg*, 18, In Memoriam Dominique Zahan, p. 3.

468 Pierre Erny, 1992b, op. cit., p. 24.

Les enseignements de Zahan : l'ethnologie religieuse et l'étude de la pensée symbolique

Dominique Zahan à son arrivée à Strasbourg pouvait s'enorgueillir d'une solide expérience alors qu'il fut de 1948 à 1958 « Chef de la Section de l'Immigration » à l'Office du Niger. Ce service était chargé du recrutement des paysans devant exploiter les terres irriguées du Delta Central du Niger, de leur installation, de l'attribution des parcelles, mais aussi de l'amélioration de leur environnement physique et social. Pour favoriser l'adaptation des paysans colons, il a donc été fait appel à un « ethnographe spécialiste des questions sociales, psychologiques et religieuses ». Zahan observe qu'il lui revenait d'« étudier, d'abord, les difficultés sur le plan humain dans la société d'immigrants ; [de] dépister aussi les tendances migratoires des peuples vivant dans une aire géographique donnée et, ensuite, [de] suggérer des solutions [...] en vue d'une fixation de l'homme sur les terres qu'il vient travailler »[469]. Il précise que « la démographie et la statistique, à elles seules, seraient incapables de déterminer [...] toutes les coordonnées sociales et humaines dont la connaissance est indispensable pour assurer la réussite de la colonisation ».

Cette expérience de terrain, particulièrement longue et intense, lui permit de se faire connaître comme spécialiste de l'ethnologie appliquée aux problèmes de l'agriculture tropicale et de la migration, mais aussi de réunir un important matériel ethnographique. Ses archives de terrain nous renseignent sur ses thèmes d'enquêtes de l'époque : religion, linguistique, rites, histoire, mais aussi botanique, zoologie, astronomie, etc.[470], des enquêtes pluridisciplinaires qui répondaient aux choix méthodologiques d'exhaustivité de Griaule et énoncés par Mauss dès 1925. L'ethnographe se définissait par une somme de compétences lui permettant d'étudier sur le terrain toutes les facettes d'une société.

---

[469] D. Zahan, *Les problèmes humains à l'Office du Niger*, Office du Niger, multigr. p. 3.

[470] Gaëlle Weiss, 2006, *Archives Dominique Zahan*, Institut d'ethnologie, Maison Interuniversitaire des Sciences de l'Homme d'Alsace, multigr.

Ce matériel, il l'exploita dans le cadre de son doctorat. Dans sa thèse principale *Sociétés d'initiation Bambara : le n'domo, le kọrè*[471], tout en restant fidèle aux préceptes de Marcel Griaule, Dominique Zahan opta pour une approche originale en révélant que l'initiation n'avait pas seulement pour objectif d'introduire à une connaissance métaphysique, mais aussi de fournir aux initiés des enseignements moraux. Dans sa thèse complémentaire *La dialectique du verbe chez les Bambara*, il mit l'accent sur la portée de la parole et sur ses rapports avec les techniques et les institutions[472].

Dans le prolongement de son doctorat, ses travaux réalisés durant ses années strasbourgeoises, sont marqués par l'ethnologie religieuse et l'étude de la pensée symbolique. Ses enseignements portent principalement sur les religions africaines[473], les croyances en la réincarnation et la symbolique des couleurs et des éléments[474]. L'examen de ses publications strasbourgeoises confirme ce constat car elles traitent pour la plupart des sociétés d'initiation, des rites, des mythes, de l'art dans sa dimension sacrée et la pensée symbolique. Seules trois références sont liées à ses activités d'ethnologue à l'Office du Niger. Mais cela ne doit pas étonner car Zahan restait fidèle au courant d'anthropologie religieuse animé par Griaule, une ethnologie encore très marquée par l'École de sociologie française, privilégiant l'analyse des représentations et des productions symboliques. Par ses sujets de prédilection : la religion, la métaphysique, le système de pensée et de classification, Zahan se posait clairement en héritier de Griaule, poursuivant l'inventaire des richesses culturelles et spirituelles des sociétés africaines, en vue de leur valorisation.

---

471 Dominique Zahan, 1960, *Sociétés d'initiation bambara : le n'domo, le kọrè*, Paris, La Haye, Mouton.

472 Dominique Zahan, 1963a, *La dialectique du verbe chez les Bambara*, Paris, La Haye, Mouton

473 Dominique, Zahan, *La religion africaine,* cours de l'année 1966-1967, document tapuscrit, Bibliothèque des Sciences sociales, université de Strasbourg.

474 Dominique, Zahan, *Techniques, mythes et rites concernant le feu en Afrique noire,* cours de l'année 1964-1965 (d'après enregistrement), cours rédigé par Pledge, R., avec la collaboration de Chambrette, F. et de Lacoudre, C., Bibliothèque des Sciences sociales, université de Strasbourg.

Quand il débuta son enseignement à Strasbourg, Zahan se posa en disciple de Griaule, c'est-à-dire « comme tenant d'une ethnologie qui entend mettre l'homme au centre de la perspective, à un moment où l'école "symboliste" ou "humaniste" […] était déjà nettement passée de mode »[475].

Cependant, il n'avait rien d'un inconditionnel car il mettait ses étudiants en garde contre la conception trop envahissante du mythe qui, comme on le sait, valut à l'école Griaule de nombreuses critiques. Pour Zahan, le mythe n'est pas le reflet d'une réalité située, mais un « instrument opératoire de la pensée »[476]. Ce qui l'intéresse, ce ne sont pas les récits mythiques - ces derniers n'ayant qu'une valeur pédagogique -, mais ce qui est vivant : les paroles, les rites et les classifications qui dévoilent le système de pensée sous-jacent[477].

1960 est aussi l'époque où le structuralisme est en pleine effervescence en France. Aussi, si durant sa première année d'enseignement, Zahan s'est continuellement référé à Griaule, le recours au structuralisme devint progressivement plus important, non en tant que théorie mais en tant que méthode d'analyse, mais là encore selon une appropriation toute personnelle[478]. Dominique Zahan n'a que rarement exposé ses vues théoriques, hormis quelques cours et un ouvrage *La viande et la graine* (1969) qui consiste en une relecture structuraliste des mythes dogon rapportés par Griaule. Si bien qu'à son décès en 1991, Pierre Erny, avec la collaboration de Marie-Louise Witt, rassembla en un ouvrage posthume un ensemble de textes inédits autour du thème du feu, *Le feu en Afrique et thèmes annexes* (1995). Ce recueil illustrait parfaitement la méthode d'analyse de Zahan : l'œuvre de Junod sur les Bantous en constitue le point de départ mais « l'auteur procède à de multiples incursions chez les autres Bantous du Sud- Est, […] les peuples de la boucle du Niger, puis les Grecs, les Romains, dans l'Europe médiévale ou

---

[475] Pierre Erny, Marie-Louise Witt, 1996, « Dominique Zahan 1915-1991 », in Erny, P., Stamm, A., Witt, M.-L. (dir.), *Mort et vie : hommages au professeur Dominique Zahan, 1915-1991*, Paris, L'Harmattan, p. 9.

[476] Dominique, Zahan, 1969, *La viande et la graine : mythologie dogon*, Paris, Présence africaine, p. 165-167.

[477] Pierre Erny, Marie-Louise Witt, 1996, op. cit., p. 9.

[478] Pierre Erny, 1992b, « Souvenirs de l'Institut d'ethnologie… » op. cit., p. 21

classique, etc. »[479]. Erny dira que par « ses analyses, [Zahan] dépasse [...] le domaine purement ethnologique, centré sur la diversité humaine, pour déboucher sur le plan anthropologique où l'homme apparaît dans son unité. [Ces textes] procède [nt] à un incessant va-et-vient entre ces deux niveaux de la recherche, montrant bien que [pour lui], l'un n'avait de sens que par rapport à l'autre »[480].

Le rayonnement des sciences sociales strasbourgeoises

Rapprochements interdisciplinaires

Il faut reconnaître que la mission qui incombait à Zahan d'ouvrir les sciences sociales strasbourgeoises aux sociétés africaines, a été facilitée par l'existence de nouveaux centres de recherche et d'instituts qui, brisant les cadres anciens, « mettaient en vedette des thèmes "transversaux" » et faisaient intervenir l'anthropologie comparée[481]. C'est cet « esprit de Strasbourg » favorisant les collaborations interdisciplinaires qui furent pour Dominique Zahan fondamental, lorsqu'il multiplia les rapprochements avec d'autres disciplines. Il faut dire que le local occupé par l'institut, rue Goethe, facilitait les échanges car dans ce lieu cohabitaient la philosophie, la sociologie, la psychologie et l'histoire romaine[482]. Pierre Erny remarque que « les relations entre disciplines n'étaient jamais très développées, mais du fait d'un voisinage [...] elles avaient au moins le mérite d'exister. D. Zahan, très axé sur l'interdisciplinarité, les recherchait systématiquement, mais aussi sélectivement »[483].

Au premier plan, les collaborations avec le Centre de recherche d'histoire des religions dans lequel Zahan, sensible aux questions théologiques, « trouva un cadre à sa mesure » en organisant en 1963 le colloque *Réincarnation et vie mystique en*

---

[479] Dominique, Zahan, 1995, *Le feu en Afrique et thèmes annexes : variations autour de l'œuvre de H. A. Junod*, P. Erny et M.-L. Witt, Paris, L'Harmattan, p. 6.
[480] Ibid.
[481] Georges Livet, 1992, op. cit., pp. 8-9.
[482] Pierre Erny, 1992b. op. cit., p. 21.
[483] Pierre Erny, 1992b. op. cit., p. 22.

Afrique noire qui donna à « l'ethnologie à l'Université de Strasbourg ses lettres de noblesse »[484]. Dans ce colloque qui regroupait des spécialistes des religions africaines, Roger Bastide ou Germaine Dieterlen, Zahan apporta une contribution sur les représentations que les Bambara avaient de la personne.

D'autres collaborations lui permirent de faire rayonner l'ethnologie dans le cadre de conférences avec le Centre de géographie appliquée ou encore avec l'Institut des hautes études européennes[485]. Avec l'Institut de latin, en collaboration avec Robert Schilling, les sociétés africaines faisaient leur entrée dans les études érudites. Zahan et Schilling participaient à des séminaires communs et à des rencontres internationales organisées par l'un ou par l'autre. Le latiniste observe que tous deux aimaient se « "dépayser" en fréquentant le champ de l'autre »[486].

Intérêt pour la recherche appliquée

Zahan s'est toujours efforcé de relier l'enseignement à la recherche appliquée, y compris sur des terrains locaux. Ainsi, il créa à Strasbourg plusieurs associations, telles que l'Association Européenne de Recherches Ethnologiques qui effectuait des enquêtes dans différents domaines : économie, urbanisme, alimentation, loisirs ou croyances[487]. Il conçut le Centre Européen pour la Coopération et le Développement et l'Association pour le Développement et la Coopération qui « formaient des cadres désireux de participer au développement des pays du Tiers-Monde ». Enfin, il créa le Groupe de

---

484 Georges Livet, 1992, op. cit., p. 9.

485 Zahan donna plusieurs conférences à l'Institut des hautes études européennes, notamment « L'Office du Niger, exemple historique de coopération franco-africaine » à l'occasion de la table ronde sur les rapports entre *L'Europe et l'Afrique Noire* en 1962 et « Civilisation et culture nègre ».

486 Robert Schilling, 1992, « Adieu à un ami », *L'Ethnologie à Strasbourg*, 18 : 5.

487 L'Association Européenne de Recherches Ethnologiques réalisa plusieurs enquêtes, notamment sur l'implantation de nouvelles unités d'habitation dans le plan d'Urbanisme en 1966 près de Metz, sur l'implantation d'un centre commercial dans l'opération immobilière dite « Le Ried » en 1967 et, pour le compte de la SCI Strasbourg, sur la copropriété.

Recherche pour l'Étude des Nomades qui collabora à l'enquête nationale sur les Tziganes, confiée à Jean Servier de l'université de Montpellier par le Ministère des Affaires Sociales[488].

Ces initiatives avaient aussi pour but de valoriser l'ethnologie qui, selon Zahan, devait être consultée dès qu'il était question de problèmes humains. Elles étaient également destinées à procurer aux étudiants une première expérience relativement importante puisque les issues professionnelles des parcours en sciences sociales étaient plus aléatoires que les cursus dits « classiques ».

La collection ethnographique de l'université de Strasbourg

S'il y a un domaine qui permit à Zahan d'œuvrer en faveur du rayonnement des sciences sociales de Strasbourg, c'est bien celui de la culture matérielle et particulièrement de l'art africain. Là encore les préceptes de Griaule, lui-même influencé par Mauss qui présente l'objet collecté sur le terrain comme « la preuve du fait social »[489], sont déterminants. Pour Griaule, l'objet ethnographique est un « objet témoin » de sa culture d'origine, de son utilisation, etc. Il est une « pièce à conviction » qu'il convient d'archiver à des fins d'étude. Sur le terrain, chaque objet collecté donnait lieu à une fiche descriptive et s'accompagnait d'enquêtes destinées à recueillir les informations sur son contexte. Cette collecte méthodique, destinée à établir les « archives matérielles » des sociétés[490] illustrait le poids de la muséographie dans l'ethnologie française à ses débuts[491].

Sur le terrain, Zahan s'est intéressé à la culture matérielle des populations de la boucle du Niger, notamment aux masques bambara, en prenant soin de les relier aux usages rituels et d'en dégager le symbolisme. C'est aussi à Zahan que l'Institut d'ethnologie doit l'acquisition du fonds Lebaudy-Griaule en 1964, le premier des trois ensembles constituant aujourd'hui la collection ethnographique de l'université de Strasbourg, riche de

---

[488] Dominique Zahan, 1968a. *Curriculum Vitae,* op. cit.

[489] Marcel Mauss, 1967 [1947], *Manuel d'ethnographie*, Paris, Payot, p. 9.

[490] Marcel Mauss, 1967 [1947], *op. cit.* p. 16.

[491] Gaëlle Weiss, 2015, *Création africaine et mondialisation. La collection Lebaudy-Griaule : quel rapport à la création ?* Thèse de doctorat en ethnologie, sous la dir. de R. Somé, Université de Strasbourg, multigr.

349 objets[492]. Les soixante et onze objets du fonds Lebaudy-Griaule - d'origine principalement dogon -, furent collectés en 1938-1939 dans le cadre de la Mission Niger-Lac Iro menée en Afrique par Griaule en collaboration avec Jean Lebaudy, un industriel du sucre, passionné d'Afrique et mécène de l'expédition. Présentée dans le château de ce dernier transformé en musée à Cabrerets (Lot), cette collection fut acquise à la vente du château par l'Institut d'ethnologie par l'entremise de Zahan, pour le franc symbolique, avec pour condition d'être présentée de manière permanente, en vue d'éduquer le public et de servir à l'enseignement des étudiants[493].

Les masques, statuettes et serrures sculptées, jadis exposés à Cabrerets, furent ainsi introduits dès 1964 par Zahan dans ses cours. Ces objets ethnographiques constituaient pour le professeur « une source de connaissance pour la mentalité, la religion, la mythologie et la culture [...]. Décrypter les messages de ces objets d' "art" veut, en effet, dire : pénétrer dans l'univers de pensée de ceux qui les utilisent »[494]. Ainsi, la formation des ethnologues, telle que la concevait ce disciple de Griaule, passait encore par l'étude de la culture matérielle, à une époque où les orientations que prit la discipline l'avaient déjà nettement éloignée de ses fondements matérialistes.

Fidèle à son engagement, Zahan présenta la collection au grand public dans le cadre d'expositions temporaires. En 1964, il organisa l'exposition: *L'art africain* à la Société Générale Alsacienne de Banque à Strasbourg, une présentation inaugurée par le Président de la République du Sénégal, Léopold Sédar Senghor. En 1967, il conçut l'exposition *L'art Nègre* à l'Ancienne Douane de Strasbourg, puis au Musée de l'Impression à Mulhouse. À travers cette collection, Zahan fit également rayonner les sciences sociales strasbourgeoises sur le continent africain, en participant en avril 1966 à l'exposition l'*Art Nègre* du *Premier Festival Mondial des Arts Nègres* à Dakar au Sénégal. Deux masques koromba de la collection

---

492 Deux autres fonds sont venus ensuite enrichir la collection de l'institut, celui de Léon Morel résultant d'un don en 1967 et celui de Pierre Malzy en 1991.

493 Gaëlle Weiss, 2015, op. cit.

494 Dominique Zahan, 1968c. « L'objet d'art africain et sa signification », *L'Afrique littéraire et artistique*, déc. p. 40.

prirent place parmi les chefs-d'œuvre prêtés à l'occasion de cette manifestation[495]. Zahan y prononça une conférence, où il affirma que la « compréhension de l'*art* bambara » n'est possible qu'à la condition d'une connaissance de la société[496].

Le doyen Livet, particulièrement sensible à l'intérêt de cette collection pour le rayonnement de l'université, mit à la disposition de Zahan un important local dans la nouvelle Faculté des lettres, inauguré en novembre 1966 sous l'appellation « salle Lebaudy-Griaule » et qui présentera jusqu'en 1991 une exposition permanente des objets dans une vitrine longue de vingt mètres. En novembre 1968, Dominique Zahan quitte Strasbourg pour enseigner à La Sorbonne. Il ne se rendra plus qu'épisodiquement en Afrique, mais parallèlement à son enseignement il développera une activité internationale intense. Dominique Zahan aura durablement marqué les sciences sociales à Strasbourg, en les inscrivant dans la tradition de l'Afrique. Il a aussi su les rapprocher d'autres disciplines, les impliquer dans la recherche appliquée sur des terrains locaux et, à travers la collection ethnographique, ouvrir leurs champs à l'anthropologie de l'art et à la muséologie. Autant de domaines qui constitueront les principales orientations de l'Institut d'ethnologie pour les années à venir, qui ouvriront la voie à Viviana Pâques, qui lui succédera à la direction de l'institut et mettra en place un cursus complet, de la licence au doctorat..

---

[495] Gaëlle Weiss, 2015, op. cit.

[496] Dominique Zahan, 1967b. « Signification et fonction de l'art dans la vie d'une communauté africaine : les Bambara », in *Fonction et signification de l'art nègre dans la vie du peuple et pour le peuple*, 30 mars-8 avril 1966, Actes du colloque, 1er Festival mondial des arts nègres, Dakar 1-24 avril 1966, Paris, Présence africaine : 33-45.

Des mêmes auteurs

Roland Pfefferkorn

Résistances et émancipation de femmes au Sud. Travail et luttes environnementales, L'Harmattan, collection Logiques sociales (dir., avec Laurence Granchamp, 2017).

Colonial, postcolonial, décolonial, *Raison présente*, n° 199, Paris, Nouvelles éditions rationalistes, 2016, 144 pages (dir., avec Abdelhafid Hammouche et Gilbert Meynier).

La fabrique des imaginaires nationaux, *Raison présente*, n° 193, Paris, Nouvelles éditions rationalistes, 2015, 144 pages (dir., avec Jean-Noël Sanchez).

Dictionnaire des inégalités, Paris, Armand Colin, 2014, 444 pages (dir., avec Alain Bihr).

Précarités. Contraintes et résistances, L'Harmattan, collection Logiques sociales, 2014, 264 pages (dir., avec Daniel Bertaux et Catherine Delcroix).

Genre et santé au travail, *Raison présente*, n° 190, Paris, Nouvelles éditions rationalistes, 2014, 144 pages (dir., avec Hervé Polesi).

Sexualités. Normativités, *Raison présente*, n° 183, Paris, Nouvelles éditions rationalistes, 2012, 144 pages (dir., avec Patricia Legouge et Jean-Noël Sanchez).

Articuler les rapports sociaux. Classes, Sexes. Races, Raison présente, n° 178, Paris, Nouvelles éditions rationalistes, 2011, 144 pages (avec Xavier Dunezat).

Genre, politiques sociales et citoyenneté, Cahiers du genre, n° hors-série, Paris, L'Harmattan, 2011, 248 pages (avec Bérangère Marques-Pereira).

Migrations, racismes et résistances, Migrations-Sociétés, Vol. 23, n° 133, Paris, CIEMI, 2011, 212 pages (avec Daniel Bertaux et Catherine Delcroix).

Racisme, Race et Sciences Sociales, Raison présente, n° 174, Paris, Nouvelles éditions rationalistes, 2010, 140 pages. (avec Juan Matas).

Travail et rapports sociaux de sexe. Rencontres autour de Danièle Kergoat, Paris, L'Harmattan, Logiques sociales, 2010, 280 pages (avec Xavier Dunezat, Jacqueline Heinen, Helena Hirata).

Chemins de l'émancipation et rapports sociaux de sexe, Paris, La Dispute, Le genre du monde, 2009, 250 pages (avec Philippe Cardon et Danièle Kergoat).

Etat/Famille/Travail : "Conciliation" ou Conflit ?, Cahiers du genre, n° 46, Paris, L'Harmattan, 2009, 270 pages (avec Jacqueline Heinen et Helena Hirata).

Démonter le langage du pouvoir. Autour de Victor Klemperer, Raison présente, n° 167, Paris, Nouvelles éditions rationalistes, 2008 (avec Pierre Hartmann), 140 pages.

Le système des inégalités, Paris, La Découverte, Repères, série sociologie, 2008, 128 pages (avec Alain Bihr).

Critiques du libéralisme économique, Raison présente, n° 165, Paris, Nouvelles éditions rationalistes, 2008, 140 pages.

Inégalités et rapports sociaux. Rapports de classe, rapports de sexe, Paris, Editions La Dispute, Le genre du monde, 2007, 412 pages.

Métiers, identités professionnelles et genre, Paris, L'Harmattan, Logiques sociales, 2007, 254 pages (avec Jean-Yves Causer et Bernard Woehl).

L'autonomie des femmes en question. Antiféminisme et résstances en Amérique et en Europe, Paris, L'Harmattan, Bibliothèque du féminisme, 2006, 246 pages. (avec Josette Trat et Diane Lamoureux).

Hommes-Femmes, quelle égalité ? Paris, Editions de l'Atelier, Paris, 2002, 352 p. (avec Alain. Bihr).

Déchiffrer les inégalités, Paris, Syros - La Découverte, Collection « Alternatives économiques », Paris, 1999, 420 pages. [1e édition, 576 pages, Syros, 1995] (avec Alain. Bihr).

La résistance allemande contre le nazisme, Strasbourg, Association Nationale des Anciens Combattants de la

Résistance - Comité Régional Alsace, 1998, 210 pages (trad. allemande 1999).

Hommes-Femmes, l'introuvable égalité, Paris, Editions de l'Atelier, Collection Points d'Appui, Paris, 1996, 302 pages. (avec Alain. Bihr).

Suzie Guth

Les gangs de jeunes Italo-Américains. Les Forty Two de Chicago, Paris, L'harmattan,2017.

Dans l'intimité des cultures. Hommage à Pierre Erny, Paris, L'harmattan, 2013.

Saul Alinsky. Conflit et démocratie locale, Paris, L'Harmattan, 2013.

Robert E. Park.Itinéraire sociologique de Red Wing à Chicago, Paris, L'Harmattan, 2012.

Modernité de Robert Ezra Park, Paris, L'Harmattan, 2008.

Histoire de Molly, fille de joie.San Francisco 1912-1915, Paris, L'Harmattan 2007

Fondation de la sociologie américaine, Paris, L'Harmattan, 2000.

L'insertion sociale, tome 1 de Sociologie IV, Paris, L'Harmattan 1998.

Lycéens d'Afrique, Paris, L'Harmattan, 1997.

Une sociologie des identités est-elle possible ? tome 3, Paris L'Harmattan, 1994.

Les forces Françaises en Allemagne. La citadelle utopique, Paris L'Harmattan, 1991.

Aux origines de la sociologie qualitative, Paris, Téraèdre, 2011.

René Guth et Suzie Guth *Le Dictionnaire de l'enseignement en Afrique*, Aubenas, Librairie intercontinentale,1987, vol 10.

Structures éditoriales du groupe L'Harmattan

L'Harmattan Italie
Via degli Artisti, 15
10124 Torino
harmattan.italia@gmail.com

L'Harmattan Hongrie
Kossuth l. u. 14-16.
1053 Budapest
harmattan@harmattan.hu

L'Harmattan Sénégal
10 VDN en face Mermoz
BP 45034 Dakar-Fann
senharmattan@gmail.com

L'Harmattan Cameroun
TSINGA/FECAFOOT
BP 11486 Yaoundé
inkoukam@gmail.com

L'Harmattan Burkina Faso
Achille Somé – tengnule@hotmail.fr

L'Harmattan Guinée
Almamya, rue KA 028 OKB Agency
BP 3470 Conakry
harmattanguinee@yahoo.fr

L'Harmattan RDC
185, avenue Nyangwe
Commune de Lingwala – Kinshasa
matangilamusadila@yahoo.fr

L'Harmattan Congo
67, boulevard Denis-Sassou-N'Guesso
BP 2874 Brazzaville
harmattan.congo@yahoo.fr

L'Harmattan Mali
Sirakoro-Meguetana V31
Bamako
syllaka@yahoo.fr

L'Harmattan Togo
Djidjole – Lomé
Maison Amela
face EPP BATOME
ddamela@aol.com

L'Harmattan Côte d'Ivoire
Résidence Karl – Cité des Arts
Abidjan-Cocody
03 BP 1588 Abidjan
espace_harmattan.ci@hotmail.fr

L'Harmattan Algérie
22, rue Moulay-Mohamed
31000 Oran
info2@harmattan-algerie.com

L'Harmattan Maroc
5, rue Ferrane-Kouicha, Talaâ-Elkbira
Chrableyine, Fès-Médine
30000 Fès
harmattan.maroc@gmail.com

Nos librairies en France

Librairie internationale
16, rue des Écoles – 75005 Paris
librairie.internationale@harmattan.fr
01 40 46 79 11
www.librairieharmattan.com

Lib. sciences humaines & histoire
21, rue des Écoles – 75005 Paris
librairie.sh@harmattan.fr
01 46 34 13 71
www.librairieharmattansh.com

Librairie l'Espace Harmattan
21 bis, rue des Écoles – 75005 Paris
librairie.espace@harmattan.fr
01 43 29 49 42

Lib. Méditerranée & Moyen-Orient
7, rue des Carmes – 75005 Paris
librairie.mediterranee@harmattan.fr
01 43 29 71 15

Librairie Le Lucernaire
53, rue Notre-Dame-des-Champs – 75006 Paris
librairie@lucernaire.fr
01 42 22 67 13

www.ingramcontent.com/pod-product-compliance
Lightning Source LLC
LaVergne TN
LVHW010428230826
846092LV00009BA/1087

* 9 7 8 2 3 4 3 1 7 1 9 8 2 *